COLLECTION IDÉES

Lucien Goldmann

Marxisme
et sciences humaines

Gallimard

Tous droits de traduction, de reproduction et d'adaptation réservés pour tous les pays, y compris l'U.R.S.S.

Le chapitre intitulé « La sociologie de la littérature » a été publié en 1967 dans la *Revue internationale des Sciences sociales*. Reproduit avec l'autorisation de l'Unesco.

L'Introduction de Lucien Goldmann à *L'Idéologie allemande* de Karl Marx a été publiée en 1970 par Penguin Books Ltd. dans la collection Pelican Classics. Reproduite avec l'autorisation de Penguin Books.

© *Éditions Gallimard, 1970.*

Pour Michel et Philippe

PRÉFACE

Le lecteur ne s'étonnera pas si à la lumière des quinze dernières années et notamment de l'expérience du mouvement contestataire qui s'est développé depuis trois ou quatre ans, ma pensée s'est précisée et concrétisée par rapport aux articles réunis dans le présent volume.

Dans cette évolution, un point surtout m'apparaît important : un certain nombre de ces articles sont rédigés dans le contexte intellectuel antérieur à 1968 où d'importants théoriciens de droite comme Raymond Aron, du centre humaniste et libéral comme David Riesman ou même de l'extrême gauche comme Marcuse et l'École de Francfort affirmaient la stabilisation sinon définitive tout au moins durable de la nouvelle société technocratique et la tendance à la disparition de tout esprit contestataire — « fin des idéologies », « disparition du Radar intérieur », « Homme unidimensionnel » — où les structuralistes non génétiques ou, si l'on préfère, formalistes et d'inspiration linguistique, développaient une idéologie qui reléguait l'histoire, l'homme et la signification au rebut des vieux préjugés et nous proposaient une culture centrée uniquement sur la combinatoire des moyens, sans aucun intérêt pour les fins et les valeurs, alors que les socialistes yougoslaves lançaient l'idée d'autogestion et que des théoriciens marxistes italiens comme Victor Foa et Bruno Trentin suivis bientôt en France par Serge Mallet et André Gorz lançaient la théorie de la nouvelle classe ouvrière et du réformisme révolutionnaire.

C'est par rapport à cette discussion et à cette problématique que je prends position dans un certain nombre de mes articles en soulignant la nécessité d'abandonner la théorie marxienne de la paupérisation et du caractère révolutionnaire de la classe ouvrière, de reconnaître qu'il n'y a jamais eu de révolution proprement prolétarienne et que dans les pays industriels avancés le prolétariat s'est, depuis le début du siècle, déjà intégré à l'ordre social existant ; enfin, de concevoir la lutte pour le socialisme comme une lutte pour les consciences fondée sur les possibilités ouvertes par le développement des nouvelles couches moyennes salariées ou, si l'on préfère, de la nouvelle classe ouvrière que les mutations techniques développent progressivement et tendent à substituer non seulement aux anciennes couches moyennes indépendantes, aux notables, mais aussi à la classe ouvrière traditionnelle. Je partais notamment de l'idée que tant la perspective de R. Aron, Daniel Bell, Riesman et de Marcuse que celle de Trentin, Foa, Mallet et Gorz représentaient deux possibilités de l'évolution parmi lesquelles le devoir des penseurs et des militants socialistes était de lutter pour la réalisation de la seconde. Aujourd'hui ces analyses me paraissent à la fois justes — en grande partie tout au moins — et unilatérales et cela veut dire qu'elles ont besoin d'une précision et d'une mise au point dont j'essaierai d'esquisser ici les éléments les plus importants.

En ce qui concerne la classe ouvrière traditionnelle, s'il est vrai qu'elle a été intégrée dans les sociétés occidentales à l'ordre capitaliste et n'a jamais joué le rôle que lui attribuaient les analyses marxiennes, il n'en reste pas moins vrai que cette intégration a eu un caractère spécifique différent de l'intégration de toutes les autres couches sociales : celui de s'effectuer sur le plan épistémologique et culturel sous forme d'une contre-culture authentique et fortement oppositionnelle qui s'est manifestée par la créa-

tion de partis ouvriers politiquement intégrés, réformistes et conservateurs mais culturellement et idéologiquement oppositionnels et contestataires, depuis la social-démocratie et notamment la social-démocratie allemande d'avant-guerre jusqu'aux partis communistes contemporains.

Cela eut pour conséquence que, bien que n'ayant jamais déclenché de son propre chef une crise révolutionnaire, la classe ouvrière est néanmoins intervenue — sauf lorsque les intérêts immédiats de ses organisations, comme en 1914 en Allemagne par rapport aux intérêts stratégiques de l'Empire ou en 1933 et en 1939 par rapport aux intérêts de politique extérieure de l'U.R.S.S., ont réussi à empêcher toute action — depuis juin 1848 jusqu'à mai 1968, de manière active en tant que force oppositionnelle et contestataire, chaque fois qu'une pareille crise était née à partir de circonstances extérieures.

Le caractère spécifique de cette intégration et ses conséquences particulièrement importantes doivent bien entendu être analysés et fondés sur le plan théorique. Sur ce point, je voudrais formuler une hypothèse : l'intégration me paraît être le résultat non seulement de l'amélioration du niveau de vie et d'un certain nombre de conquêtes syndicales, mais aussi de la participation active et quotidienne au processus de production et, implicitement, au fonctionnement de la société capitaliste. Le caractère oppositionnel — culturellement et idéologiquement contestataire — de cette intégration me paraît s'expliquer — et ici l'analyse géniale de Marx reste entièrement valable — par le fait que les ouvriers n'ayant rien d'autre à vendre que leur force de travail — et cela veut dire en dernière instance eux-mêmes — devaient nécessairement rester, bien qu'à des degrés divers, rebelles à la réification, à l'adaptation au marché et à la transformation des biens en marchandises ; en d'autres termes, intégration fondée sur la participation à la production, les avantages matériels et les conquêtes syndicales, tendance à un refus existentiel de la quantification généralisée sur le marché et de la *transformation des biens et des hommes en marchandises caractérisées en premier lieu et même uniquement par leur prix.*

En ce qui concerne les perspectives de transformation sociale, je crois aujourd'hui que s'il s'agit toujours dans une grande mesure d'une lutte pour la conscience et notamment pour la conscience des ouvriers qualifiés et des techniciens, bref pour la conscience de la nouvelle classe ouvrière, les probabilités qu'une pareille transformation se produise effectivement sont beaucoup plus grandes que je ne le pensais au moment de la rédaction de certains articles du présent volume.

En dehors de la lutte pour la prise de conscience des salariés, il se trouve que dans les pays industriellement avancés les classes dominantes elles-mêmes, et notamment les technocrates, seront probablement amenées à s'orienter également dans cette même direction. On ne saurait imaginer en effet une société de classes dans laquelle les couches dirigeantes ne s'appuient pas sur une couche sociale plus large qui leur permet de dominer idéologiquement la majeure partie de la vie sociale. Dans le capitalisme libéral, et même dans le capitalisme monopoliste en crise des années 1914-1945, cette base sociale était constituée par les couches moyennes indépendantes et par certaines couches supérieures de la classe ouvrière traditionnelle. Or l'évolution technique et les transformations sociales et économiques qu'elle entraîne sont précisément en train d'amenuiser et de réduire considérablement ces deux catégories sociales.

A moins de s'opposer à cette transformation — et, implicitement, de rester en arrière —, ce qui n'est bien entendu pas exclu pour un certain nombre de pays, la bourgeoisie technocratique sera obligée de chercher elle-même une base sociale parmi les techniciens, et cela veut dire d'essayer de les gagner et de les intégrer par un certain nombre de concessions et de compromis.

Sa première réaction sera, bien entendu, de leur accorder des avantages matériels, mais à la longue cela ne saurait suffire, ne serait-ce que parce qu'en vertu d'une loi bien connue l'accumulation des avantages matériels doit, à partir d'un certain moment, diminuer leur poids et leur importance. Il est donc probable que les pays qui resteront à la pointe du progrès technique seront ceux dans lesquels les classes dirigeantes accepteront des modifications de structure, orientées vers la participation d'une couche plus ou moins large de salariés à la gestion des entreprises, pour pouvoir s'assurer un appui décisif parmi un large secteur de techniciens et de spécialistes salariés.

Il se dessine dans cette perspective, comme cela a été le cas pour la prise de pouvoir de la bourgeoisie en Europe occidentale, la possibilité de plusieurs chemins différents d'une évolution extrêmement probable. En nous limitant aux deux cas extrêmes : exactement comme la bourgeoisie a pu prendre le pouvoir en France à travers une révolution et une alliance avec les couches populaires, alors qu'elle a pris le pouvoir par une voie purement réformiste, pleine de soumissions et de compromis en Allemagne ; exactement comme il y a eu d'une part la révolution française et d'autre part l'Allemagne de Bismarck et de Guillaume II, il peut y avoir — pour employer une terminologie proposée par H. Lefebvre — une voie minimaliste et une voie maximaliste pour la modernisation de la vie sociale et de la production. Or, du point de vue de la dignité humaine et de la culture, et aussi, à moyen terme, du point de vue politique et social, la différence entre les deux voies est considérable et, étant donné le poids économique, social et politique des pays industriels avancés, engage l'avenir de l'humanité.

C'est à l'intérieur de ce champ de possibilités que se situe la crise des dernières années, et les jugements que nous devons porter sur elle. Comme la Fronde d'abord, comme la révolution française elle-même par la suite, elle est née de la conjonction des mécontentements que la trans-

formation économique et sociale a suscités parmi les couches anciennes frappées par elle — classes moyennes indépendantes, ouvriers traditionnels, minorités ethniques ou raciales — et de ceux qui se développent dans des groupes contestataires modernes nés précisément de cette transformation — étudiants dont l'université ne saurait plus satisfaire les besoins scientifiques et culturels, couches pauvres nées dans certains centres urbains à partir de la concentration et de la modernisation de l'industrie, aile radicale des techniciens et des intellectuels. Or l'action culturelle, sociale et politique de ces couches — cela devient de plus en plus probable, même si c'est encore loin d'être une certitude — peut avoir une influence salutaire sur l'orientation de l'évolution.

C'est ici que se situe l'appréciation historique et sociologique du gauchisme, des courants radicaux et même de ce phénomène social non négligeable qu'est le développement dans la jeunesse d'une contestation passive à caractère d'évasion, ce qu'on appelle couramment les hippies. Pour ce qui concerne les gauchistes et les radicaux, il ne s'agit pas de fermer les yeux devant l'insuffisance de leurs analyses sociales et politiques, le caractère utopique, à la fois naïf et généreux, de leurs idéologies; mais Sorel disait déjà, et toute l'expérience historique nous le confirme, que s'ils trouvent une base sociale, les mythes peuvent avoir une fonction positive et salutaire, même si leur contenu explicite n'est jamais réalisé. En ce sens, les mouvements radicaux sont à la fois un des symptômes des transformations en cours, et un des facteurs qui permettent d'espérer que ces transformations pourront prendre des formes progressistes et valables pour la culture, la dignité de l'homme et le socialisme. Il ne faut jamais oublier que s'il n'y a pas eu de fascisme en France et en Angleterre, alors qu'il y a eu un fascisme italien et allemand, c'est, entre autres, parce que les sociétés bourgeoises anglaise et française se sont constituées à travers une action révolutionnaire, alors que c'est par en haut que ce sont constituées les sociétés bourgeoises allemande et italienne.

En ce qui concerne le mouvement d'évasion qui se développe dans la jeunesse, il est évidemment facile de voir ce qu'il peut avoir d'insuffisant, de négatif, et même de hautement dangereux pour ceux qui y participent, notamment la drogue, le refus de la culture assez répandu parmi les hippies, etc. Mais il ne faut pas non plus oublier que ce mouvement, qui a pris une ampleur non négligeable, constitue l'expression sociale vague, imparfaite et contestable sans doute, d'une réaction saine de refus de la société moderne technocratique de consommation et aussi que, dans leur refus pacifique et non politique de cette société, ces jeunes gens et ces jeunes filles ont découvert une arme extrêmement puissante : la réduction extrême de leurs besoins, les possibilités de vivre en communauté de manière très pauvre et avec très peu d'argent.

Le même problème se pose bien entendu aussi bien pour les jeunes radicaux que pour les jeunes hippies : seront-ils, oui ou non, finalement récupérés (et si oui, dans quelle proportion ?) par l'establishment et la société de consommation ?

Pour les gauchistes, la réponse dépend en très grande mesure de la formation de mouvements socialistes non intégrés à la société existante et non inféodés à aucune sorte d'institution étatique, auxquels ils pourraient s'intégrer.

Pour les jeunes hippies, le problème est plus complexe. Il est évident que seule une toute petite minorité pourra vivre de manière durable en marge de la société et de la production. Ou bien ils seront pour la plupart amenés à se laisser récupérer et à réintégrer les milieux conformistes de la société de consommation, ou bien — et c'est le seul espoir positif que comporte leur courant — le mouvement de petites collectivités, de communes, qui est en train de se développer parmi eux, prendra de l'ampleur et réussira, étant donné le peu de besoins matériels de leurs membres, à s'insérer dans la production à travers des professions marginales demandant un travail irrégulier ou à temps partiel, créant ainsi des premiers îlots de vie humaine, communautaire et — pourquoi pas ? — socialiste, dans une société basée sur l'intérêt individuel et sur l'efficacité. Je n'oserai pas dire que les chances d'une telle évolution sont dès maintenant grandes, mais elles existent et il fallait les mentionner.

Un dernier mot pour terminer. La même expérience historique qui nous amène à voir l'importance des mouvements radicaux et du rôle qu'ils peuvent jouer dans l'hsitoire doit nous rendre attentifs aussi aux dangers qu'ils recèlent. Si la bourgeoisie française a pris le pouvoir en s'alliant au peuple et en s'appuyant sur lui, elle s'en est aussi débarrassé de manière aussi barbare que sanglante en juin 1848 et en 1871 après la chute de la Commune. Il n'est pas exclu qu'une évolution radicale vers la modernisation n'entraîne par la suite un conflit entre une minorité privilégiée de producteurs et les masses sur lesquelles cette minorité s'est appuyée pour réaliser ses aspirations mais qu'elle essaiera par la suite d'éliminer de la production et de la gestion, et dont elle voudra surtout éliminer l'influence. Je crois que c'est une des fonctions les plus importantes des penseurs socialistes contemporains que de contribuer, dans la mesure de leur pouvoir, à ce que de pareils affrontements soient réduits au minimum et que les conquêtes socialistes et humanistes soient non seulement un élément essentiel de l'évolution à venir mais gardent aussi un caractère durable.

Aujourd'hui encore, et malgré toutes les transformations et les modifications qu'il est extrêmement important d'analyser de manière positive et scientifique, l'alternative formulée par Marx et par Rosa Luxemburg reste toujours valable ; aux deux pôles extrêmes de l'évolution se dessinent les deux images extrêmes de la barbarie et du socialisme.

Quant à l'évolution historique, qui n'est rien d'autre

que le résultat global des actions humaines, je crois qu'on peut raisonnablement espérer qu'elle évitera la première, même si nous devons accepter comme réel le risque qu'elle ne réalise pas entièrement le second. L'essentiel étant de faire tout notre possible pour que cette évolution nous mène assez près du socialisme pour réduire la barbarie au minimum.

Paris, septembre 1970.

Genèse et structure

Pour commencer, je voudrais mettre cet exposé sous le signe d'une proposition que je viens de lire récemment dans un texte de Lukács, mais qui est, je crois, de Hegel : *Le problème de l'histoire, c'est l'histoire du problème et inversement.* Au fond cette affirmation contient à peu près tout ce que je me propose de dire aujourd'hui et qu'il s'agira simplement de développer et d'expliciter.

Cette phrase implique en effet l'assertion que, pour étudier de manière positive et compréhensive l'histoire d'un problème en essayant de dégager et de comprendre les transformations qu'il a subies, d'abord en tant que problème par suite des transformations des cadres mentaux dans les groupes sociaux où il était soulevé, transformations qui ont aussi permis d'entrevoir différentes réponses successives, on est obligé de mettre en relation ces phénomènes qui semblent relever uniquement de la vie intellectuelle avec l'ensemble de la vie historique et sociale ; c'est pourquoi toute tentative pour étudier à un niveau sérieux l'histoire d'un problème conduit nécessairement le chercheur à poser, pour l'époque qui l'intéresse, le problème de l'histoire dans son ensemble.

Permettez-moi d'ailleurs, dans une brève parenthèse, de remarquer que même des historiens spiritualistes comme Alexandre Koyré et le regretté Père Lenoble ont été conduits, par le simple souci de créer un cadre positif pour l'histoire des sciences, à abandonner la méthode traditionnelle et schématique qui présentait cette histoire comme une série linéaire de découvertes, et à la remplacer par une perspective considérant ces découvertes comme des événements compréhensibles seulement à l'intérieur de processus structuraux dans lesquels les tentatives avortées et les échecs sont pour le moins tout aussi importants.

Inversement cependant, tout essai de comprendre l'histoire globale non pas comme une somme d'événements plus ou moins marquants, mais comme l'histoire des transformations nécessaires des comportements significatifs des hommes qui l'on faite, implique bien entendu l'étude de la vie intellectuelle et consciente de ces hommes et la recherche des corrélations entre les transformations qu'elle a subies et les transformations des autres secteurs de la vie sociale ; de sorte que tout essai de poser, pour une période donnée, le problème de l'histoire de la société globale ne saurait atteindre un niveau positif que dans la mesure où il s'identifie à une étude positive et significative des problèmes qui se sont posés aux hommes de l'époque étudiée et des transformations qu'a subies la structure même de ces problèmes. En ce sens, on peut affirmer que pour toute époque particulière le problème de l'histoire et l'histoire du problème sont deux concepts partiellement identiques.

Ces quelques mots vous ont cependant, je l'espère, déjà indiqué que cette identité est valable seulement dans l'hypothèse structuraliste génétique dont un des principes fondamentaux est l'affirmation que tout comportement humain a un caractère de structure significative que le chercheur doit mettre en lumière. Dans cette perspective l'étude positive de tout comportement humain réside précisément dans l'effort pour rendre sa signification accessible par la mise en lumière des traits généraux d'une *structure partielle,* laquelle ne saurait être comprise que dans la mesure où elle est elle-même insérée dans l'étude d'une *structure plus vaste* dont le fonctionnement peut seul élucider sa genèse et la plupart des problèmes que le chercheur avait été amené à se poser au commencement de son travail. Il va de soi que l'étude de cette structure plus vaste exigerait à son tour son insertion dans une autre structure relative qui l'embrasserait et ainsi de suite.

C'est vous dire qu'en proposant pour ce colloque le thème « Structure et Genèse », nous avons voulu le centrer sur la discussion d'un des problèmes méthodologiques les plus actuels et les plus importants, problème qui rejoint d'ailleurs dans son aspect épistémologique une discussion déjà très ancienne concernant les fonctions de la *compréhension* et de l'*explication* des sciences humaines.

Dans ses formes anciennes, au niveau d'un structuralisme statique s'opposant à l'atomisme empiriste et rationaliste qui a régi les sciences humaines, au moins universitaires, dans la deuxième moitié du xixe siècle, et qui y règne dans une grande mesure encore aujourd'hui, cette discussion prenait la forme d'une alternative entre la description compréhensive et l'explication par la cause ou par la loi. (Il va de soi que cette dernière ne saurait être appelée *explication* que dans un sens extrêmement large.)

L'atomisme essayait en effet, et essaie encore, d'introduire dans les sciences humaines les principes qui, au xixe siècle, régissaient les sciences de la nature. Selon qu'il est rationaliste ou empiriste, il cherche ou bien des explications causales et nécessaires ou bien des corrélations universelles dont la découverte peut expliquer tel ou tel phénomène particulier.

A quoi le structuralisme non génétique, — et vous savez tous les noms célèbres qu'on désigne par ce terme, et qui vont de Husserl aux psychologues de la *Gestalt*, et, en France, à Lévi-Strauss et aux derniers travaux de Roland Barthes, — oppose l'existence de structures qui seules peuvent rendre compte de l'importance et de la signification de tel ou tel élément partiel. Dans la mesure cependant où ces structures sont conçues comme permanentes et universelles, toute idée d'*explication* perd sa signification à leur niveau.

Tout ce qu'on peut faire c'est de les décrire, et ici, le structuralisme non génétique semble se diviser en penseurs qui se contentent de descriptions compréhensives, alors que d'autres, je pense à Lévi-Strauss et à Barthes en particulier, semblent vouloir faire une synthèse entre un structuralisme purement descriptif et un atomisme explicatif dans la mesure où, sur le modèle de la linguistique, ils supposent non seulement l'existence de structures universelles non significatives, mais aussi celle de liaisons intelligibles entre différentes structures, liaisons dues à l'existence d'éléments communs que Lévi-Strauss appelle atomes de structure. C'est ainsi qu'il nous dit dans l'*Anthropologie structurale* que le groupe composé de l'homme, de la femme, de l'enfant et d'un membre masculin du groupe qui donne la femme au mari, constitue un *atome* de parenté qui se retrouve dans tous les systèmes de parenté que l'on peut rencontrer.

Il faut ajouter que chez Lévi-Strauss tout cela concerne seulement les structures universelles inconscientes et que bien entendu il admet sans difficulté l'utilité et même la nécessité d'une étude génétique des modalités concrètes dans lesquelles se manifestent ces structures au niveau de la conscience. Inutile de dire que malgré l'importance qu'il accorde à cette étude, il s'agit, dans sa perspective, d'un phénomène en dernière instance secondaire.

Or, dans cette discussion, le structuralisme génétique introduit des perspectives entièrement nouvelles dans la mesure où il pense que *compréhension* et *explication* ne sont pas seulement des processus intellectuellement connexes mais *un seul et même processus* rapporté seulement à deux niveaux différents du découpage de l'objet.

Les structures constitutives du comportement humain ne sont pas en réalité, pour cette perspective, des données universelles, mais des faits spécifiques nés d'une genèse passée et en train de subir des transformations qui ébauchent une évolution future. Or, à chaque niveau du découpage de l'objet le dynamisme interne de la structure est le résultat non seulement de ses propres contradictions internes mais aussi du dynamisme, étroitement lié à ces contradictions internes, d'une structure plus vaste qui l'embrasse et qui tend elle-même à sa propre équilibration ; ce à quoi il faut d'ailleurs ajouter que toute équilibration, à quelque niveau que ce soit, ne saurait être que provisoire, dans la mesure même où elle est constituée par un ensemble de comportements humains qui transforment le milieu ambiant et créent par cela même des conditions nouvelles grâce auxquelles l'ancien équilibre devient contradictoire et insuffisant.

Dans cette perspective, toute description d'une structure dynamique, ou (pour employer un terme que Piaget semble préférer aujourd'hui) toute description d'un processus de structuration (qui est d'ailleurs aussi par son côté complémentaire une description d'un processus de déstructuration de structures précédemment existantes) a un caractère *compréhensif* par rapport à l'objet étudié et un caractère *explicatif* par rapport aux structures plus limitées qui en sont les éléments constitutifs.

Du point de vue historique, le structuralisme génétique est apparu, me semble-t-il, pour la première fois comme idée fondamentale dans la philosophie, avec Hegel et Marx bien que ni l'un ni l'autre n'aient employé explicitement ce terme. Il n'en reste pas moins que les pensées hégélienne et marxiste sont, pour la première fois dans l'histoire de la philosophie, des positions rigoureusement monistes, structuralistes et génétiques. A un niveau immédiat ce phénomène peut être lié en partie au fait qu'avec Hegel et surtout avec Marx la philosophie moderne se détache progressivement des sciences mathématiques et physiques pour s'orienter en tout premier lieu vers la réflexion sur les faits historiques ; il me paraît important de constater que, loin d'être une découverte tardive en sciences historiques et sociales, le structuralisme génétique est au contraire une des premières positions élaborées par les penseurs qui se sont orientés sérieusement vers un essai de compréhension positive de ces faits.

Il y a sans doute entre Hegel et Marx des différences considérables ; il me semble cependant que leur structuralisme génétique commun est un des éléments les plus importants qui relient ces deux philosophies. Bien entendu les analyses concrètes de Hegel ont très souvent un caractère beaucoup plus spéculatif que celles de Marx.

Ici cependant une objection pourrait surgir qu'il vaut mieux aborder tout de suite. Dans l'œuvre de Marx, *Le Capital,* qui occupe une place considérable, pourrait sembler une analyse statique dans la mesure où il s'attache à mettre en lumière le fonctionnement interne d'une société capitaliste constituée uniquement de salariés et de patrons. Un livre récent et qui a eu beaucoup de succès, celui de Calvez, reprochait même à Marx, comme une inconséquence à l'intérieur de son propre système, d'avoir introduit la violence pour expliquer l'accumulation primitive alors que tout, selon Calvez, devrait s'y expliquer par des processus purement économiques. En réalité, il n'en n'est, bien entendu, rien.

Le Capital n'est pas un travail d'économie politique, mais, comme le dit son titre même, une *Critique de l'économie politique.* Il s'attache à montrer que les phénomènes économiques comme tels constituent des réalités historiques limitées apparues à un certain moment de l'évolution et appelées à disparaître au cours de transformations ultérieures, phénomènes qui se caractérisent en tout premier lieu par l'apparition à l'intérieur de la vie sociale globale d'un secteur autonome qui agit de plus en plus intensément et efficacement sur les autres tout en subissant de moins en moins leur influence. En ce sens et tant que ce secteur existe, les faits économiques présentent un caractère relativement autonome et ont même une valeur *explicative* pour l'étude des phénomènes qui se déroulent dans les autres secteurs de la vie sociale ; mais c'est précisément dans cette perspective que la genèse de la vie économique ne saurait avoir elle-même un caractère économique. Marx est ainsi tout à fait conséquent lorsqu'il montre que le système capitaliste dans lequel l'économie fonctionne comme une réalité relativement autonome n'a pu être engendré que par la violence et ne pourra être dépassé que par des processus non économiques.

Ajoutons que dans la pensée marxienne, ces processus devaient avoir eux-mêmes un caractère de violence puisqu'il s'agissait de la révolution prolétarienne. Il se peut que sur ce point la pensée marxienne ait besoin d'être révisée et qu'en ce qui concerne les sociétés industrielles avancées ce dépassement puisse se faire dans certains cas par une action syndicale et politique à caractère de transformation graduelle. Il n'en reste pas moins que dans ce cas aussi il s'agirait d'un processus à caractère non économique.

Ainsi les sciences humaines ont débuté par l'élaboration brillante des deux positions structuralistes génétiques de Hegel et de Marx. Très vite cependant le développement de la science universitaire a non seulement abandonné ce structuralisme génétique, mais même rompu tout contact avec lui. Le marxisme n'a, jusqu'à une époque récente, jamais pénétré dans les universités ; quant à l'hégélianisme il a été très vite traité par l'Université, pour employer un terme de Marx, comme un chien mort et, dès la deuxième moitié du XIXe siècle, le retour à Kant, le néo-kantisme (qui était d'ailleurs en réalité beaucoup plus un retour à Fichte) n'a plus vu dans l'hégélianisme qu'un galimatias ; vous savez tous que les temps ne sont pas encore si loin où l'on pouvait passer l'agrégation de philosophie sans avoir lu une ligne de Hegel, et en ignorant tout de sa pensée.

Sur ce plan l'entrée du structuralisme génétique dans les universités d'Europe occidentale est un phénomène extrêmement récent.

Une seconde étape importante dans l'histoire du structuralisme génétique a été constituée par l'apparition de la psychanalyse.

Bien que comme Marx et Hegel, Freud n'ait jamais employé le terme même, il nous paraît cependant évident que sa pensée est la première élaboration rigoureuse d'un structuralisme génétique en psychologie individuelle. L'idée centrale de Freud était précisément, comme tout le monde le sait, que des phénomènes en apparence aberrants et dépourvus de signification, lapsus, rêves, maladies mentales, etc. deviennent parfaitement significatifs si on les insère dans une structure globale embrassant à la fois le conscient et l'inconscient de l'individu dont on suit la genèse depuis la naissance.

Il se créait ainsi en psychologie une situation analogue à celle qui s'était produite en histoire ; à côté d'une science officielle qui ne saisissait que certains aspects abstraits des phénomènes à cause de sa perspective atomiste, s'était développée, en dehors du monde universitaire, une méthodologie structuraliste et génétique, ouvrant une voie vers la compréhension concrète des phénomènes humains en tant que structures significatives et dynamiques.

Bien entendu cela ne signifie nullement que les positions de Freud et de Marx soient identiques ; tous ceux qui connaissent les discussions récentes entre marxistes et psychanalystes savent d'ailleurs à quel point le problème est complexe. Nous nous permettrons sur ce point seulement quelques remarques.

Il nous semble, tout d'abord, qu'influencé malgré tout par la science universitaire de son temps, Freud n'est pas allé jusqu'au bout de la révolution méthodologique qu'il était en train d'accomplir, car s'il a introduit d'une part à un niveau très avancé l'idée de structures significatives dynamiques, élaborant ainsi une méthodologie à la fois *compréhensive* et *explicative*, il a curieusement gardé de la conception officielle de l'explication causale qui régnait en son temps l'idée que l'explication d'un état présent ne saurait se trouver que dans le passé, renonçant à introduire dans sa vision une dimension essentielle pour tout structuralisme génétique généralisé : celle de *l'avenir*. Il nous semble en effet, sans nullement être psychologue, que tout fait humain y compris les maladies psychiques ne saurait être compris que comme un état concret de tension entre les forces d'équilibration dynamique orientées vers l'avenir et leur blocage par des forces agissant en sens contraire qui tendent à empêcher ce développement. Or, à la différence de Hegel et de Marx, la lecture de Freud donne l'impression que l'accent est mis surtout sur les forces de blocage et très peu sur les facteurs d'équilibration.

Sans doute, par le fait même qu'il étudiait des lapsus, des rêves, et surtout des cas pathologiques, Freud s'intéressait-il précisément aux cas où les forces de blocage avaient réussi à empêcher toute équilibration rationnelle, et dans le cas du malade, avaient entièrement bloqué l'avenir. Il n'empêche que dans la mesure même ou la psychanalyse voulait nous donner une vision globale de l'homme, l'absence de la dimension de l'avenir apparaît comme une inconséquence dans cet important événement scientifique et culturel qu'a été la révolution freudienne.

Si je ne me trompe, d'autres psychiatres, et notamment Desoille avec la méthode du rêve éveillé, ont plus tard essayé de centrer leur thérapeutique non pas sur l'affaiblissement et la suppression des forces de blocage mais sur l'accentuation et le renforcement des forces d'équilibration. Il ne m'appartient bien entendu pas de juger de l'efficacité de cette méthode qui ne semble pas avoir eu beaucoup d'écho, d'ailleurs pour le problème que nous traitons ici, cette efficacité n'a pas une très grande importance. L'essentiel réside en ce que cette méthode mettait l'accent sur l'existence de forces certainement réelles et que Freud me semble avoir laissées dans l'ombre.

Ma deuxième remarque sur l'œuvre freudienne concerne le caractère extrêmement problématique de toutes les analyses d'inspiration psychanalytique portant sur des phénomènes sociaux, historiques et culturels.

Sans parler même du fait que, sur ce plan, l'absence de la dimension d'avenir et la concentration sur la pathologie individuelle deviennent des sources d'erreurs beaucoup plus lourdes que dans les analyses psychologiques, l'objection la plus importante réside dans le fait qu'il nous paraît impossible de transposer sans les modifier non pas la méthode du structuralisme génétique mais les analyses *concrètes* de la psychanalyse de l'échelon individuel à l'échelon collectif. Sans doute n'y a-t-il pas de société en dehors des individus qui la constituent, ni d'individus étrangers à toute vie sociale, mais l'hypothèse fondamentale du structuralisme génétique implique l'idée que tout phénomène appartient à un nombre plus ou moins grand de structures de niveaux différents, ou pour employer un terme que je préfère, de *totalités relatives*, et qu'il y a, à l'intérieur de chacune de ces totalités, une signification particulière. Ainsi pour n'en donner que deux exemples, toute création culturelle est à la fois un phénomène individuel et social et s'insère dans les deux structures constituées par la personnalité du créateur et le groupe social dans lequel ont été élaborées les catégories mentales qui la structurent. On peut par exemple mettre en liaison le théâtre de Kleist tout aussi bien avec sa situation familiale, ses relations avec son père et sa sœur, qu'avec le conflit entre les idéologies de liberté et d'autorité qui agitaient l'Allemagne de son temps. En laissant de côté toute considération sur la validité concrète de telle ou telle de ces analyses, il me paraît évident *du point de vue méthodologique* que la première ne saurait mettre en lumière que la signification biographique et individuelle de cette œuvre par rapport à l'individu Kleist, signification sans doute très importante pour le psychologue qui veut connaître cet individu, mais qui ne diffère pas essentiellement de celle que peuvent avoir dans cette même perspective de nombreux autres faits de la vie de Kleist qui n'ont aucune valeur esthétique. La seconde interprétation s'oriente par contre méthodologiquement en premier lieu vers la valeur universelle, c'est-à-dire esthétique, historique et sociale de l'œuvre.

De même, pour prendre une autre analyse, il se peut très bien que l'amour de l'argent soit sur le plan de la psychologie individuelle étroitement lié à la coprophagie ; il n'en reste pas moins évident que l'esprit mercantile, et plus tard l'esprit capitaliste, ont de tout autres origines et qu'on ne contribue en rien ni à leur compréhension structurale actuelle ni à celle de leur genèse en insistant sur un certain nombre de cas individuels où l'amour de l'argent est lié à la coprophagie.

Si Hegel, Marx et Freud représentent ainsi dans l'histoire des sciences humaines les grands jalons d'un structuralisme génétique à la fois compréhensif et explicatif, il n'en reste cependant pas moins vrai qu'à l'époque où leur œuvre a été élaborée le côté structuraliste et compréhensif de leur méthode a été fort peu aperçu tant par eux-mêmes que surtout par la science officielle. La perspective de l'explication causale non compréhensive dominait à tel point la pensée scientifique qu'on a vu dans le marxisme surtout une explication par les facteurs économiques et dans la psychanalyse une explication par la libido.

Un des côtés les plus importants de l'apport de ces penseurs à la pensée scientifique restait ainsi entièrement dans l'ombre et n'a été mis en lumière curieusement que plus tard et indépendamment d'eux par un penseur auquel ses découvertes ont assuré une renommée considérable bien que ses analyses soient élaborées à un tel niveau de dilettantisme et de « culture générale » qu'elles me paraissent entièrement inutilisables du point de vue de la recherche positive : Dilthey, qu'on regarde trop souvent comme celui qui a introduit l'idée de compréhension en sciences humaines et historiques ; ce malentendu résulte probablement du fait qu'il a longuement insisté sur le concept *méthodologique* de compréhension, alors que Hegel, Marx et Freud qui l'avaient depuis longtemps magistralement utilisé n'en avaient presque jamais parlé.

La prise de conscience méthodologique de la liaison entre les concepts de compréhension et ceux de structure me paraît être due dans une grande mesure au développement de la phénoménologie et, étroitement liées à elle, à celui des positions structuralistes non génétiques en psychologie et en sciences sociales, en tout premier lieu, bien entendu, à celui de la psychologie de la *Gestalt*.

Enfin c'est dans cette situation et ce contexte qu'il faut mentionner les deux penseurs contemporains qui ont, l'un dans les sciences humaines, l'autre en psychologie, introduit avec une clarté méthodologique exceptionnelle le concept de structure génétique tout en l'employant de manière positive dans des recherches concrètes dont l'importance ne saurait être surestimée, je veux parler de Georg Lukács et de Jean Piaget. Vous savez que nous avons la chance d'avoir parmi nous aujourd'hui ce dernier.

Il ne saurait être question d'analyser ici les œuvres concrètes de ces deux penseurs, chacune pouvant faire l'objet d'un congrès tout entier. Piaget nous parlera d'ailleurs lui-même de ses travaux. Je voudrais seulement remarquer que la rencontre entre ses positions méthodologiques et celles de Marx me paraît constituer un argument de poids contre le reproche si souvent adressé au marxisme d'être fondé sur des principes *a priori*. Piaget, qui n'a nullement été influencé par Marx, a retrouvé empiriquement dans la recherche de laboratoire presque toutes les positions fondamentales que Marx avait formulées cent ans plus tôt dans le domaine des sciences sociales ; rencontre d'autant plus remarquable que dans ce cas précis la spécificité des études psychologiques, sociologiques et épistémologiques reste entièrement sauvegardée et qu'il ne s'agit nullement de l'empiétement d'un domaine sur l'autre comme c'était le cas dans les travaux esthétiques, historiques ou sociologiques inspirés par la psychanalyse.

Permettez-moi enfin pour terminer, de soumettre à votre réflexion deux problèmes qui me préoccupent et dont je n'entrevois pas encore de solution valable. L'un concerne la biologie et a déjà été remarquablement formulé par mon ami Georges Goriely. Si le structuralisme génétique s'avère en effet être une méthode hautement opératoire en sciences économiques et sociales, nous assistons, il me semble, en biologie, à une sorte de mélange entre des positions structuralistes d'origine historique ou anthropologique et des méthodes s'inspirant des sciences physico-chimiques. Or ce mélange, cette oscillation même, me semble constituer la preuve que nous nous trouvons ici devant un domaine *sui generis* dont la science n'a pas réussi à formuler ce que l'on pourrait appeler, pour nous inspirer d'un terme phénoménologique l'ontologie régionale. D'ailleurs une des tâches les plus importantes de la pensée structuraliste génétique me paraît devoir être précisément l'essai d'établir le caractère spécifique des structures dans les différents secteurs de la réalité en général et de la réalité humaine en particulier. Au premier abord par exemple les structures linguistiques semblent différentes des structures philosophiques et littéraires. Des chercheurs comme Lévi-Strauss et Barthes essaient cependant de montrer que les mythes et la mode seraient régis par des structures analogues aux structures linguistiques. Même si on reste sceptique devant ces tentatives il faut néanmoins reconnaître l'existence de structures différentes et la nécessité de délimiter aussi soigneusement que possible leurs domaines respectifs.

Enfin, pour conclure, permettez-moi de signaler l'importance du problème de la finalité et de l'orientation vers l'avenir, problème devant lequel, sous l'influence de la pensée scientifique non structuraliste, même les penseurs structuralistes les plus importants ont en leur temps reculé.

Nous l'avons déjà indiqué pour Freud, mais cela vaut aussi pour Jean Piaget et il serait difficile de dire que les positions de Marx et de Lukács seraient entièrement dépourvues d'équivoque.

Personnellement, je pense qu'un structuralisme génétique suppose une synthèse entre les *jugements de fait* et les *jugements de valeur*, entre la *compréhension* et l'*explication*, entre le *déterminisme* et le *finalisme*. C'est cependant là une position que j'ai longuement développée dans mes ouvrages, mais que je sais assez controversée et sur laquelle j'espère que nous aurons l'occasion de revenir au cours de ce colloque.

Critique et dogmatisme
dans la création littéraire

La perspective dans laquelle j'aborde la création littéraire ne considère pas celle-ci comme un phénomène irrationnel et mystérieux, résultat de l'inspiration extraordinaire d'un génie éloigné des autres hommes et de la vie quotidienne, mais au contraire comme expression particulièrement précise et cohérente des problèmes qui se posent aux hommes moyens dans leur vie quotidienne et de la manière dont ils sont amenés à les résoudre. De sorte qu'en abordant la fonction de l'esprit critique et le dogmatisme dans la création littéraire, je parle finalement de problèmes apparentés à ceux qui se posent à chacun d'entre nous dans les différents secteurs de la vie sociale, économique et politique.

C'est pourquoi, en insistant quelque peu sur les liens entre la création culturelle et la vie quotidienne, mon exposé pourrait se rattacher facilement à l'ensemble de vos travaux.

Il y a cependant, en dehors de cette raison générale, une autre plus particulière, liée à la situation et à l'évolution contemporaines des sociétés occidentales dans lesquelles nous vivons. Il me semble en effet que, si nous essayons de penser sérieusement et de manière critique en évitant tout dogme et tout préjugé, la situation de l'homme dans les sociétés industrielles avancées qui, il faut toujours le rappeler, ne constituent qu'une partie du globe mais qui ont néanmoins leurs problèmes particuliers et spécifiques, nous découvrons que, plus que jamais dans l'histoire, plus que partout ailleurs, le problème de la prise de conscience et de son expression (dont la création culturelle et littéraire ne constitue qu'un secteur) a pris aujourd'hui une importance décisive, et en tout cas autrement décisive que celle qu'il comportait disons à l'époque où Marx élaborait sa réflexion théorique.

Dans l'ensemble des analyses classiques de Marx, auxquelles je vais essayer de me référer dans cette première partie de mon exposé, je pense que nous devons aujourd'hui distinguer deux secteurs ou, si vous préférez deux blocs différents : un qui me semble avoir, en grande mesure, perdu sa validité, tout au moins pour ce qui concerne les sociétés industrielles, et qu'il faudrait donc modifier sensiblement : c'est l'ensemble, que beaucoup d'entre vous connaissent, des théories de la paupérisation, de la misère croissante de la grande majorité des membres de la société et du fait qu'à partir de cette paupérisation et de cette misère le prolétariat doit, sinon nécessairement, du moins très probablement, aboutir à une prise de conscience révolutionnaire.

Sur ce point il me semble que, si nous voulons penser et comprendre réellement la réalité sociale dans laquelle nous vivons, il faut enfin prendre conscience du fait que l'évolution historique réelle a suivi un chemin, en fin de compte, différent de celui prévu et attendu par Marx ; aujourd'hui le monde industrialisé constitue, de ce point de vue — et seulement de ce point de vue — un secteur privilégié dans lequel les classes ouvrières des différents pays se sont, jusqu'à un certain point, intégrées aux sociétés globales, et dans lequel parler encore de paupérisation, de misère croissante et d'orientation révolutionnaire du prolétariat c'est tout simplement penser et vivre dans le mythe. Il n'en reste pas moins vrai que tout est loin d'être idéal ou tout simplement acceptable dans ces sociétés. Pour avoir pris des formes nouvelles les problèmes de l'homme, de son développement et de sa libération y restent particulièrement graves et j'en parlerai tout à l'heure. Cela ne change cependant rien au fait que tout ce secteur des analyses de Marx apparaît aujourd'hui dépassé, et cela même s'il était plus ou moins valable dans la seconde moitié du XIXe siècle. Il est certain que ce n'est plus sur ce plan que se pose aujourd'hui pour nous le problème de la libération de l'homme et de l'espoir d'avenir. Inutile de rappeler que « pour nous » signifie ici pour les membres des sociétés industrielles et que dans tout le tiers monde le problème de la misère a conservé toute son angoissante primauté.

Un autre secteur des analyses marxiennes a par contre non seulement gardé sa validité mais apparaît même aujourd'hui bien plus pertinent qu'il ne l'était du temps de Marx : c'est la célèbre analyse de la réification. Marx y avait montré que, déjà dans la société capitaliste libérale, les relations entre les hommes perdaient beaucoup de leur caractère qualitatif et humain pour se transformer en simples relations quantitatives. De plus, leur essence en tant que relations sociales et interhumaines disparaissait de la conscience des hommes pour réapparaître sous forme réifiée en tant que propriété des choses. Les exemples abondent et il suffit de citer celui des relations entre les participants aux différentes étapes de la production d'un produit fini, dont la coopération disparaît des consciences pour ne plus trouver son expression que dans une nouvelle propriété des marchandises : le prix, qui établit sur le marché le seul lien entre l'éleveur, le marchand de peaux, le tanneur, le cordonnier ou le fabricant de chaussures, le détaillant et le consommateur. Cette situation aboutit à une déformation fondamentale de l'individu, qui s'exprime sur les plans les plus différents, mais dont je me contenterai de mentionner un des aspects les plus importants : c'est le fait que dans les sociétés capitalistes l'individu se trouve scindé en deux et même en trois : le citoyen, l'agent de la vie économique ou professionnelle et l'individu privé, ayant dans chacun de ces secteurs des valeurs, des règles de conduite différentes, et ne pouvant plus réaliser l'unité de sa vie, le développement harmonieux de sa personnalité.

Or, par rapport au XIXe siècle ce processus de distorsion et d'étouffement de la personnalité humaine a atteint aujourd'hui un degré bien plus avancé. Car — et mon ami Marcuse nous a donné des analyses remarquables de ce phénomène — avec le développement de ce qu'on appelle, sous des noms différents, société de consommation, capitalisme d'organisation ou société de production de masse, même l'autonomie de l'individu qui était encore une réalité dans la société libérale, tout au moins pour les classes moyennes et les classes dirigeantes, est en train de s'évanouir et de disparaître. Dans la société libérale la réification était surtout la disparition des consciences de la totalité sociale transindividuelle au profit d'un individualisme, illusoire sans doute dans la mesure où il se voulait absolu, mais néanmoins réel en partie. Aujourd'hui, sauf pour quelques milieux dirigeants extrêmement limités, l'homme, l'individu même, trouve progressivement de moins en moins de secteurs de la vie sociale dans lesquels il peut encore avoir une initiative et une responsabilité, il devient de plus en plus un être à qui on ne demande que d'exécuter des décisions prises ailleurs, en lui assurant en échange une possibilité de consommation accrue, situation qui implique bien entendu un rétrécissement et un appauvrissement dangereux et considérable de sa personnalité.

Ajoutons que c'est là un processus qui n'en est encore qu'à ses débuts et qui risque de prendre une place toujours plus grande au fur et à mesure que se développe le capitalisme d'organisation. Dans une interview, j'ai employé un jour une boutade que je me permets de reprendre en disant que si la production de masse existe déjà dans beaucoup de domaines, si elle embrasse toutes sortes de biens (réfrigérateurs, automobiles, etc.), le vrai produit de masse du capitalisme d'organisation, celui dont la production peut-être encore assez restreinte, risque de se développer considérablement par la suite, est le spécialiste à la fois analphabète et diplômé d'université, l'homme qui connaît très bien un domaine de la production, qui a une haute qualification professionnelle lui permettant d'exécuter de manière satisfaisante et même remarquable les tâches qui lui sont assignées, mais qui perd progressivement tout contact avec le reste de la vie humaine et dont la personnalité est ainsi au plus haut point déformée et rétrécie. Le titre même du remarquable ouvrage de Marcuse *One Dimensional Man* formule en trois mots le problème le plus important qui se pose dans nos sociétés à tous ceux qui s'intéressent aux possibilités de mener encore une vie humaine et à ce qui est le sujet de notre colloque : la dialectique de la libération.

Ce rétrécissement de la personnalité humaine propre au capitalisme d'organisation, qui continuera à s'accentuer si l'évolution sociale garde son orientation actuelle, est le résultat d'une action que je n'ai pas le temps d'analyser en détail aujourd'hui et que la société exerce sur les plans les plus divers.

Il y a d'abord l'influence de la vie sociale et économique réelle des hommes qui, dans nos sociétés, est surtout constituée par la conjonction de trois éléments :

a. comportement de plus en plus exclusif d'exécutant ;

b. disparition de la responsabilité ;

c. niveau de vie croissant et possibilité de consommation accrue.

L'existence de ce troisième élément facilite bien entendu l'acceptation des deux autres ainsi que l'adaptation psychique à la société existante. Cette adaptation se fait cependant aussi, dans une très grande mesure, par toute une action intellectuelle que les sociologues qui ont étudié les communications de masse et la manière dont sont transmises les informations dans les sociétés industrielles ont depuis longtemps mise en lumière.

C'est pourquoi, si nous nous demandons aujourd'hui quelles sont les possibilités de réagir contre les tendances de l'évolution sociale, les possibilités de donner une orientation différente à cette évolution, de défendre la liberté de l'homme et l'espoir d'une société qui assurerait à celui-ci des possibilités d'épanouissement authentique, la réponse est précise : l'action doit être menée parallèlement et conjointement sur le plan de la réalité sociale et économique et sur le plan de la conscience. Car toute action qui ne serait que sociale et économique peut toujours être contournée par l'influence psychique et intellectuelle de la société existante sur ses membres. Le cas est fréquent, nous le savons, dans la plupart des pays dont nous parlons où les couches dominantes arrivent à contourner les mécontentements des travailleurs et même des cadres en empêchant les gens de prendre conscience du fait que leur mécontentement ne se situe pas seulement au niveau de la consommation, et des revenus, mais que derrière lui il y a un malaise plus vague peut-être mais plus général, une désadaptation de la structure humaine par rapport à une réalité sociale qui ne lui permet pas de s'exprimer et de se développer. De sorte que finalement le conflit peut être résolu et les individus intégrés en leur concédant un revenu un peu plus élevé et une amélioration de leur situation matérielle.

Mais inversement toute action purement culturelle est, elle aussi, condamnée d'avance si elle ne peut s'appuyer sur une réalité, ou tout au moins sur une action sociale et économique qui permettrait aux hommes de conserver et même de développer des structures psychiques favorisant la compréhension de leur condition et la prise de conscience.

C'est la grande découverte des socialistes yougoslaves qu'on ne saurait lutter contre la bureaucratie sans lui opposer des structures sociales et économiques à tendances anti-bureaucratiques et notamment l'autogestion.

Nos sociétés ont cependant une structure et un passé trop différents de la société yougoslave pour pouvoir reprendre simplement les idées des socialistes de ce pays de sorte que nous devons nous demander quelles sont, chez nous, les possibilités d'orientation vers un ordre social qui assurerait aux hommes une réelle responsabilité et une réelle participation aux décisions. Pour les sociétés occidentales, l'autogestion est une perspective fondamentale, importante et séduisante sans doute, mais non pas immédiate et je ne pense pas que nous pourrions la développer sans formuler comme étape intermédiaire l'exigence de la cogestion.

Mais si cela est vrai pour l'action sociale et politique, il reste l'autre versant du problème, celui de la possibilité de créer les conditions psychiques permettant aux membres de nos sociétés de comprendre ce programme et cette perspective.

En fait, la lutte pour la participation aux décisions et aux responsabilités, pour la cogestion comme étape vers l'autogestion de la vie économique et sociale par les travailleurs, me paraît le seul chemin à suivre pour leur donner des conditions de vie telles qu'ils puissent assimiler et vivre authentiquement cette réalité culturelle que les intellectuels, les chercheurs, les écrivains et les philosophes humanistes s'efforcent de leur transmettre. Mais en même temps, et c'est le sujet de cet exposé, les problèmes de la conscience et de son développement deviennent plus importants que jamais dans la lutte pour une société vraiment humaine. C'est pourquoi la réflexion sur les conditions du développement de la conscience et sur ses liens avec la vie réelle peut avoir sa place dans les problèmes que nous discutons ici.

Après ces considérations générales, je voudrais diviser mon exposé en deux parties : l'une, relativement brève, dans laquelle je parlerai de la structure de la connaissance en général et de la fonction qu'y remplissent les éléments dogmatiques et critiques, l'autre consacrée aux conditions spécifiques de la création littéraire (qui sont d'ailleurs, j'essaierai de le montrer, analogues aux conditions générales de la prise de conscience).

Pour l'épistémologie génétique et dialectique, la conscience et son développement ne sont bien entendu pas séparés du reste de la vie des hommes, mais comme il faudrait un cours de plus d'une année pour exposer l'épistémologie dialectique dans son ensemble, je me contenterai d'énumérer ici quelques idées qui me paraissent particulièrement importantes :

a. Un des mérites de la pensée dialectique a été de montrer que le sujet créateur de toute vie intellectuelle et culturelle n'est pas individuel mais social. Chaque fois que nous étudions, soit un événement historique, soit, ce qui paraît au premier abord moins évident, les grandes œuvres de l'histoire de la littérature, de la philosophie ou de l'art, nous constatons que le sujet, cette unité active et structurée qui permet de rendre compte de manière significative de l'action des hommes ou de la nature et du sens de l'œuvre que nous étudions, n'est pas un individu mais une réalité transindividuelle, un groupe humain.

Et il faut ajouter qu'il n'est pas non plus une somme de plusieurs individus, mais un groupe social spécifique, s'opposant bien entendu à d'autres groupes mais agissant aussi ensemble avec les groupes auxquels il s'oppose, et à l'intérieur de cette opposition, sur la nature. Je crois que c'est là une des différences les plus importantes entre toute sociologie dialectique et la pensée positiviste qui voit encore dans les faits immédiats, isolés et partiels, la réalité objective et dans les individus les sujets du comportement historique et de la création.

Pour éviter tout malentendu, il importe cependant de préciser que le sujet collectif n'existe que dans les limites de l'action historique et culturelle, et qu'il y a aussi un secteur à sujet individuel de la vie humaine, celui que Freud a exploré et désigné comme le domaine de la *libido* (et qu'on ne saurait oublier dans un colloque où les psychiatres ont une place aussi importante). Je suis loin de nier la réalité et la place de ce domaine dans la vie des hommes, mais je crois — et c'est ici que je formule une de mes réserves les plus importantes devant toute une partie de l'œuvre de Freud — que la *libido* et le comportement libidinal n'expliquent jamais de manière valable le sens d'aucune création historique ni surtout d'aucune création culturelle ; car on ne saurait réduire au désir individuel la signification d'aucune œuvre d'art valable, d'aucune pensée philosophique authentique et d'aucune création historique en général. Freud a remarquablement analysé le conflit entre les désirs individuels et les exigences de la société ; mais je pense qu'il a réservé la fonction créatrice aux premiers alors que, dans la vie des hommes, c'est le sujet collectif qui permet de rendre compte du sens et de la genèse de tout ce qui est historique et, implicitement, de ce secteur de la vie historique qu'est la culture et la création culturelle.

Je m'excuse de devenir maintenant un peu plus abstrait et difficile en soulevant un problème qu'il faudrait éventuellement discuter avec les psychiatres dans les débats qui vont suivre. Je crois que la tradition philosophique française, de Descartes à Sartre, a été beaucoup trop une philosophie de la conscience en général et de la conscience individuelle en particulier, et qu'elle ne s'est pas rendu compte d'un aspect fondamental de la réalité auquel elle n'a fait aucune place dans sa réflexion : le fait que la raison et le sens existent d'une part déjà au niveau biologique, et que d'autre part, au niveau humain, lorsque la conscience apparaît (en même temps que ses corollaires, le langage et la communication) elle devient un élément, indispensable et inévitable sans doute, mais un élément seulement de la signification non intégralement consciente du comportement collectif. Il résulte de cela — avec des nuances que je n'ai pas le temps de développer [1] — que la grande différence entre l'explication et la compréhension psychanalytiques et l'explication et la compréhension dialectiques réside entre autres en ceci : l'une et l'autre sont des structuralismes génétiques, l'une et l'autre partent de l'idée que tout comportement humain est significatif, que cette signification n'est que très partiellement consciente, et essaient de mettre cette signification en lumière ; seulement, lorsqu'un psychanalyste explique un rêve ou un délire il n'arrive à le rendre compréhensible qu'en le mettant en relation avec l'inconscient et en incorporant celui-ci à la structure qu'il dégage. Jamais, même après avoir été analysés, un rêve et un délire ne deviennent significatifs si nous nous limitons à leur contenu manifeste. Le psychanalyste ne peut les interpréter sans les expliquer, sans les relier aux désirs inconscients de l'individu.

Si nous passons par contre à l'histoire, et à la relation des événements historiques ou des créations culturelles avec le sujet transindividuel, nous nous trouvons dans une situation à la fois apparentée et différente. Il y a sans doute dans l'œuvre de Racine, de Malraux ou de Genet des significations ou des éléments de signification dont leurs auteurs n'étaient pas conscients ; mais une fois

---

1. Voir à ce sujet mon article sur « Le sujet de la création », *Revue de Sociologie de l'université de Montréal* n° 1, et *L'Homme et la Société* n° 6 (Éd. Anthropos, Paris).

l'analyse achevée, l'œuvre (si elle est suffisamment valable c'est-à-dire si elle a suffisamment de réalité historique) se présente comme ayant un sens en elle-même qui peut être mis en lumière sans y incorporer aucun élément extérieur ou explicatif.

Cela provient, nous semble-t-il, du fait que, au niveau de l'action collective, la conscience est un phénomène essentiel, ayant *une autonomie relative*, c'est-à-dire constituant — surtout dans les cas privilégiés des grandes œuvres culturelles et des grands événements historiques — une structure significative propre et *relativement* autonome, alors qu'inversement, au niveau de la *libido*, la conscience intervient sans doute, puisqu'il s'agit d'hommes vivant en société et dont le comportement présente toujours un aspect partiellement conscient, mais le comportement libidinal reste un comportement biologique analogue (bien que beaucoup plus complexe) à celui de l'animal asocial, à l'intérieur duquel l'élément conscient ne constitue jamais en tant que tel une structure significative et relativement autonome.

Aussi est-ce seulement au niveau du social que nous pouvons, sinon au cours de la recherche tout au moins à la fin de celle-ci, séparer de manière plus ou moins rigoureuse d'une part la *compréhension* interne — c'est-à-dire la mise en lumière d'une structure qui rende compte d'une grande partie de l'événement et dans le cas d'une œuvre littéraire (comme nous l'avons fait plusieurs fois) presque de l'intégralité du texte — et d'autre part *l'explication* qui est la mise en lumière de la relation fonctionnelle entre cette signification et le comportement d'un sujet collectif.

b. Je passe maintenant aux deux éléments qui constituent le sujet de cet exposé : le dogmatisme et l'esprit critique. Pour les aborder, je commencerai par examiner la structure normale et « saine » de la pensée (et plus tard de la création littéraire), structure à partir de laquelle se développent souvent, par l'excès de l'un ou de l'autre de ces deux éléments, les pathologies sociales et intellectuelles que seront le dogmatisme et l'esprit purement critique et négateur.

Dans la mesure en effet où la conscience des hommes est un élément de leur action sur la nature et sur les autres hommes, elle est toujours amenée à *introduire un ordre* dans la diversité infinie des sensations et des signaux qui lui viennent du monde extérieur. On ne peut agir sans introduire un élément statique et durable, un invariant, dans l'écoulement continu et permanent des sensations. Cela vaut à tous les niveaux de la réflexion et de la prise de conscience, et tout d'abord au simple niveau de la constitution de l'objet. Lorsque je dis qu'il y a ici un « verre », celui-ci n'est pas un simple donné du monde extérieur, il comporte une création de l'esprit humain, un invariant, l'objet, qui introduit un ordre et une permanence relative dans un ensemble de sensations en continuelle transformation (ces sensations ne sont pas les mêmes à midi et le soir, lorsque nous regardons de gauche ou de droite, et nous parlons cependant toujours du même verre). Il existe une plaisanterie enfantine qui pose le problème de manière pertinente : celle de Jeannot qui explique à ses camarades que son père a un couteau extraordinaire qu'il conserve depuis quarante ans. Tous les deux ans il change la lame, et les années intermédiaires le manche ! Dans ces conditions, qu'est-ce que le couteau du père de Jeannot ? une réalité permanente et durable, certainement pas ; un simple mot ? non plus ; c'est un concept qui permet de mettre de l'ordre et de transformer en information un ensemble de signaux qui viennent du monde extérieur, rendant ainsi possibles la praxis et le comportement.

Si nous passons maintenant au niveau le plus général, nous constatons que les hommes ont toujours été obligés d'introduire, pour pouvoir vivre et s'orienter, un ordre plus ou moins conscient dans l'ensemble de leur représentation du monde et que tout groupe tend à créer une pareille représentation que nous avons appelée, dans le cas des groupes privilégiés qui constituent les sujets de la création culturelle, *une vision du monde*. Bien entendu, ces créations de catégories mentales et de représentation de l'univers qui s'étendent, je le répète, depuis les constitutions d'objets, à travers les principes de conservation dans les sciences — conservation de l'énergie, de la matière, etc. — jusqu'aux représentations d'ensemble que les groupes humains construisent, des relations entre les hommes et des relations des hommes avec l'univers, ne sont valables que dans la mesure où, à partir d'une situation concrète, elles réussissent à rendre compte de la réalité empirique et à orienter le comportement. Il n'en reste pas moins qu'aucune action efficace n'est concevable sans de telles mises en ordre.

Si nous restons au niveau fondamental pour la prise de conscience du monde, au niveau des catégories mentales, nous devons constater que, comme nous l'ont montré Hegel et Marx, les structurations globales de ces catégories n'ont qu'une valeur temporaire, qu'elles sont, en général, valables pour tels groupes sociaux particuliers, dans telle situation concrète, mais que, dans la mesure où par l'action même des hommes, qui agissent à partir d'elles, ou bien par des influences externes, l'univers se transforme et les situations changent, les catégories mentales cessent d'être efficaces, perdent leur rationalité et doivent se transformer à leur tour. C'est pourquoi les mêmes visions du monde, les mêmes formes de pensée, qui étaient fonctionnelles et avaient permis aux hommes de vivre et d'agir à une certaine époque, deviennent dogmatiques face à une réalité changée à laquelle elles ne sont plus adaptées.

Le dogmatisme devient pathologique et maladif dans la mesure où, défendant des idées et des positions, des mises en ordre et des attitudes dans une situation qui ne leur correspond plus, il favorise le maintien de privilèges et d'institutions anciennes et s'oppose à l'action des hommes qui aspirent à la liberté. Et c'est dans cette mesure même que la critique de tout dogmatisme est valable, urgente et justifiée. Mais je voudrais souligner qu'il ne faut pas tomber dans l'excès opposé en oubliant que la mise en ordre du monde, la création d'invariants, l'élaboration d'une pensée théorique est absolument essentielle pour que les hommes puissent vivre, s'orienter et agir de manière efficace.

C'est pourquoi il est impossible de se contenter uniquement du second élément de toute conscience, de toute pensée théorique saine, dont je vais parler maintenant et qui est l'esprit critique.

C'est une des idées les plus importantes de la philosophie dialectique que la pensée est toujours un essai de trouver *un sens* à la vie dans certaines conditions concrètes et d'établir une praxis qui tend à changer la réalité dans le sens des aspirations des groupes humains, et aussi que l'ensemble de ce comportement exige toujours une synthèse vivante entre d'une part l'esprit rationnel, la mise en ordre et, d'autre part, son adaptation à la réalité et aux aspirations du sujet grâce à l'esprit critique.

Or tout ordre implique — jusqu'ici tout au moins, car peut-être un jour les choses seront-elles différentes — des renoncements et des répressions, Freud nous l'a montré, et beaucoup d'autres depuis. Tout d'abord une répression dans le domaine de l'adaptation de l'individu, de sa *libido*, de ses aspirations, de ses désirs, à la réalité sociale. Il est vrai que cette répression n'a pas toujours la même intensité ni la même ampleur et qu'un des problèmes que doit se poser une réflexion sur la dialectique de la libération est celui des possibilités de créer un ordre social assurant le minimum de répression des aspirations individuelles au bonheur et aussi une répartition équitable des sacrifices entraînés par ces répressions entre les diverses classes sociales. Il n'est pas moins important de savoir que jusqu'ici tout ordre social, toute tentative d'action historique en vue de maîtriser la nature, de développer une culture, de créer une technique, d'organiser les relations sociales et humaines, a toujours impliqué un certain nombre de sacrifices décisifs des aspirations de l'individu. L'exemple le plus élémentaire est celui de l'interdiction de l'inceste qui se rencontre dans presque toutes les sociétés humaines. Dès que la société apparaît, l'interdiction de l'inceste semble être une des premières conditions pour qu'elle puisse continuer à exister en évitant de se dissoudre en petits groupes renfermés sur eux-mêmes.

Au-delà de cet exemple, et de toutes les répressions et les refoulements que telle ou telle société exige de tous ses membres, il y a bien entendu aussi les nombreuses répressions fondées sur les privilèges que s'assure, à l'intérieur d'un ordre social donné, une minorité dirigeante en imposant aux masses les sacrifices correspondant à ces privilèges. Chacun de ces types de répression doit être, bien entendu, étudié avec le maximum d'attention par ceux qui se posent les problèmes de la liberté humaine, et il est très important de ne pas oublier que, même si certains sacrifices imposés aux groupes opprimés apparaissent à certaines époques nécessaires pour assurer le progrès de la société dans son ensemble, il arrivera toujours un moment où les modifications de la situation sociale rendront ces sacrifices superflus et permettront d'en exiger l'abolition.

Il se crée ainsi des situations où le maintien de la répression ne correspond plus à aucune nécessité de la société dans son ensemble et sert uniquement à la perpétuation de privilèges dépassés. C'est pourquoi il me paraît important de garder toujours une conscience aussi claire que possible de ce que tout ordre, même celui qui nous paraît à un certain moment rationnel, raisonnable et même désirable, comporte des sacrifices, et de ne jamais oublier que ces sacrifices ne doivent être acceptés que de manière tout à fait provisoire jusqu'au moment où il sera possible de les supprimer.

D'autre part, il importe de juger avec le maximum de rigueur ce qui à un moment donné est encore nécessité, douloureuse sans doute mais justifiée et inévitable, en le distinguant de ce qui est privilège et dogmatisme dépassé et irrationnel et ne se maintient que par l'appui de ceux qu'il favorise et le manque de compréhension et de conscience de ceux qu'il opprime. C'est dire que l'esprit critique est absolument nécessaire, non seulement — ce qui paraît évident — pour favoriser la libération actuelle de tout ce qui n'est plus que survivance dogmatique du passé, mais aussi, même en face d'un dogmatisme aujourd'hui encore rationnel et nécessaire, pour créer les conditions virtuelles de son dépassement ultérieur et de la libération à venir.

Mais, s'il y a une pathologie du dogmatisme, il importe de mentionner qu'il y a aussi une pathologie correspondante de l'esprit critique. Elle consiste dans le fait d'oublier que la critique doit toujours être formulée par rapport aux possibilités existantes des hommes dans une situation donnée, aux besoins et exigences de la praxis, et qu'elle ne doit jamais devenir unilatérale en oubliant la nécessité inéluctable de la mise en ordre. L'esprit dialectique c'est avant tout l'essai de maintenir les deux bouts opposés de la chaîne en restant toujours sur ses gardes contre les déformations qui peuvent aller soit dans un sens soit dans l'autre.

En abordant maintenant les problèmes de la création littéraire, je voudrais rappeler que tous mes travaux sont fondés sur une définition de l'art et de la valeur esthétique formulée au fond pour la première fois par Kant et qui se retrouve, avec des modifications et des précisions, chez Hegel et après lui dans toute l'esthétique littéraire marxiste : c'est la définition de l'œuvre valable comme tension dépassée, sur *un plan non conceptuel*, entre *l'extrême unité* et *l'extrême richesse*, entre d'une part la multiplicité d'un univers imaginaire complexe et d'autre part l'unité et la rigueur de la création structurée. Vous voyez d'emblée comment ces deux éléments, ces deux pôles si vous voulez, de l'œuvre, correspondent sur le plan de l'esthétique à ce que je vous ai désigné comme l'élément critique et l'élément dogmatique dans l'analyse épistémologique. A cette définition kantienne très générale et anhistorique, Hegel a cependant par la suite apporté une précision capitale ; celle que l'unité n'est pas la même toujours et partout mais se transforme d'une époque historique à l'autre, et enfin le structuralisme génétique a remplacé une historicité purement intellectuelle par celle de l'histoire concrète et positive dans laquelle l'unité intellectuelle est chaque fois fonctionnellement reliée à l'évolution de l'ensemble de la structure sociale.

Ceci dit, si j'examine maintenant le travail de critique littéraire inspirée par l'école lukacsienne à laquelle je me rattache, je dirai que, tout en admettant en principe la position que je viens d'indiquer, les tenants de cette école se sont astreints en premier lieu à montrer d'une manière scientifique et positive, dans un certain nombre de cas précis, l'unité de l'œuvre d'art, la vision du monde à laquelle elle correspond et les relations entre cette vision du monde et certains groupes sociaux dont elle est l'expression, notamment certaines classes sociales. Si je prends à titre d'exemple mon cas particulier, je dirai que je me suis en tout premier lieu efforcé de montrer l'existence d'une vision du monde unitaire et cohérente à la base des œuvres de Racine, de Pascal, de Malraux ou de Genet.

Les raisons de cette attitude, au fond assez unilatérale, étaient, me semble-t-il, dues en premier lieu au fait que, par rapport à la critique universitaire érudite, impressionniste ou thématique, c'était ce qui paraissait être la tâche à la fois la plus urgente et la plus difficile étant donné que cette critique montrait, dans le meilleur des cas, dans l'univers de l'œuvre certains éléments de la richesse et de la multiplicité, mais laissait entièrement de côté l'unité qu'elle n'a presque jamais essayé de dégager sérieusement en tenant compte de l'intégralité du texte. Mais, en expliquant ainsi mon attitude et celle de mes collaborateurs, je suis peut-être optimiste, et il n'est pas exclu que le privilège que nous avons accordé à l'univers de l'œuvre sur la multiplicité et la richesse de son univers puisse être rattaché à la prédominance du dogmatisme pendant toute une période de l'histoire de la pensée marxiste. Dans ce cas il ne pourrait s'agir bien entendu que d'une relation implicite et non consciente, car explicitement non seulement moi-même mais la plupart des chercheurs de cette orientation ont défendu l'esprit critique et se sont opposés clairement et explicitement à tout dogmatisme. Quoi qu'il en soit, il n'en est pas moins certain qu'en consacrant la plupart de nos travaux à l'unité de l'œuvre d'art et au lien entre cette unité et la conscience de certains groupes sociaux, nous avons en réalité négligé la richesse et la multiplicité de l'univers de l'œuvre, même si nous n'avons jamais cessé de reconnaître son importance. Car cette reconnaissance était beaucoup plus de principe que de fait et, au fond, nous pensions probablement que la richesse se rattachait en premier lieu à l'individualité de l'écrivain et ne saurait être abordée par l'étude sociologique. Ce en quoi nous cédions d'ailleurs à un préjugé constamment affirmé par la critique universitaire.

Dans les analyses dont je parle, je pense avoir montré que, contrairement aux travaux psychanalytiques qui ont mis en lumière dans le rêve ou le délire l'action des désirs individuels opposés à la structure sociale, la création culturelle comporte une unité et une cohérence qui favorisent la prise de conscience collective; en somme, que la création littéraire a, entre autres, pour fonction d'aider le groupe à prendre conscience de ses problèmes et de ses aspirations alors que le rêve ou le délire s'opposent à cette prise de conscience et essayent de la tourner à l'aide de la sublimation et du symbolisme (la prise de conscience n'étant importante que dans l'analyse qui a pour but d'éviter les mauvaises adaptations et de résoudre les problèmes que posent les situations pathologiques).

Il me semble cependant, qu'au niveau même de cette prise de conscience collective il existe un autre élément constitutif de toute œuvre authentiquement valable que nous avons négligé. Il ne suffit pas en effet d'affirmer en principe que l'œuvre de Racine, de Pascal ou de Molière est grande parce qu'elle introduit une structuration unitaire rigoureuse dans un univers riche et multiple. Il faut aller plus loin, étudier concrètement cette richesse et mettre en lumière ce que l'œuvre littéraire affirme comme sacrifice, nécessaire sans doute à l'ordre qu'elle représente et qu'elle reconnaît comme valable mais néanmoins sacrifice et limitation. C'est, au fond, ce qui dans cette œuvre se rattache à la nécessité de l'esprit critique et par cela même indique la possibilité et l'espoir d'un avenir qui dépassera l'ordre qu'elle défend aujourd'hui.

Bien entendu de pareilles analyses doivent présenter un caractère concret, porter sur telle ou telle œuvre précise, ou sur tel ou tel écrivain particulier. Mais c'est là un programme d'avenir. Aujourd'hui je voudrais simplement, à la suite de quelques études qui viennent de paraître, indiquer l'existence de trois domaines vers lesquels devraient s'orienter, je pense, les recherches de ce genre et dans lesquels la fonction critique me paraît un élément constitutif de toute œuvre littéraire importante, élément à travers lequel elle indique non seulement les aspirations actuelles d'un groupe social privilégié mais aussi l'espoir de dépasser un jour ces aspirations vers un ordre encore plus vaste et encore plus humain.

Suivant en cela l'article de Julia Kristeva sur Bakhtine [1], je pense que ces domaines sont les suivants :

a. Un domaine social et culturel dont l'exploration est en tout cas du domaine de la sociologie de la culture. Toute grande œuvre littéraire comporte, nous l'avons déjà dit et montré par ailleurs dans plusieurs livres, une vision du monde unitaire qui organise son univers. Pour que cette œuvre soit vraiment grande, il faut cependant pouvoir y trouver aussi une prise de conscience des autres valeurs refusées et même réprimées par la vision qui constitue l'unité de l'œuvre elle-même et des sacrifices humains qu'implique le refus et la répression de ces valeurs. Que Racine condamne la passion unilatérale et exclusive, c'est possible et même vrai, mais on ne comprendra la grandeur de l'œuvre racinienne que si on montre à quel point elle comporte aussi la compréhension de la fonction humaine de cette passion, de la valeur possible et du sacrifice humain que comporte son refus. Que, dans *Le Misanthrope,* Molière refuse le jansénisme, nous paraît incontestable et nous avons essayé de montrer à quel point cette condamnation se justifiait dans la perspective du groupe qu'il exprime (dans le cas précis celui de la noblesse de cour), mais il n'est pas moins important pour comprendre cette pièce de voir à quel point Molière y a dit la valeur humaine de l'esprit d'absolu et la limitation que la défense du bon sens imposait à l'homme en refusant d'intégrer un personnage de la grandeur d'Alceste.

b. Un autre domaine, de nature non plus sociologique mais ontologique, se situe lui aussi du côté opposé à l'unité, du côté de la richesse : nous avons déjà dit que toute vision du monde a un caractère fonctionnel par rapport à certains groupes sociaux privilégiés qu'elle se présente comme un moyen d'aider ces groupes à vivre

---

1. *Critique*, n° 239, 1967.

et à maîtriser les problèmes que leur posent leurs relations avec les autres groupes sociaux et avec la nature. Ce faisant, toute vision du monde se heurte cependant à une réalité ontologique inévitable qu'elle ne saurait supprimer : celle de la mort. C'est pourquoi il est important, si on veut étudier de manière valable la structure d'une philosophie ou d'une œuvre d'art, de se demander de quelle manière elle a, sinon résolu, tout au moins intégré l'affrontement avec cette réalité fondamentale de l'existence humaine (par exemple en l'ignorant, en l'intégrant dans l'espoir de survie de la collectivité ou dans l'espoir d'une survie individuelle, ou en la mettant au centre même de la prise de conscience).

c. Enfin il y a le domaine des conflits entre les aspirations individuelles et l'ordre social et la réalité des sacrifices que tout ordre exige sur le plan de la vie individuelle. Car, si la critique d'inspiration psychanalytique a eu selon moi le tort de vouloir mettre ces aspirations à l'origine de la création culturelle comme telle, il n'en reste pas moins vrai que celle-ci et notamment la création littéraire, tout en défendant au contraire l'unité et la rigueur collective des aspirations du groupe, implique aussi une conscience plus ou moins aiguë des sacrifices que ces aspirations exigent sur le plan de la vie individuelle. La *libido* constitue ainsi un élément important de l'œuvre, mais non pas du côté de l'unité et du sens, comme le pensent les psychanalystes, mais au contraire du côté de la multiplicité et de la richesse qui s'opposent à la structuration.

Permettez-moi enfin de terminer cet exposé par une remarque critique concernant mon dernier livre. Dans le chapitre consacré au Nouveau Roman, à l'œuvre de Robbe-Grillet et de Nathalie Sarraute, j'ai insisté comme dans mes analyses antérieures sur l'unité de ces œuvres, sur leur caractère réaliste, et sur le fait qu'elles nous aidaient à comprendre le monde dans lequel nous vivons. J'avais par exemple montré que *Les Gommes* de Robbe-Grillet transposent dans un univers imaginaire un des mécanismes fondamentaux de la société contemporaine et du capitalisme d'organisation : l'autorégulation économique et sociale ; que *Le Voyeur* est centré sur la passivité des hommes dont la croissance est une des données fondamentales des sociétés industrielles contemporaines, que *La Jalousie* est centrée sur la réification, et ainsi de suite. J'ai essayé dans cette étude de montrer, à l'encontre de nombreux adversaires du Nouveau Roman, à quel point ces œuvres comportaient une vision réaliste, critique et parfaitement cohérente de la société contemporaine, et à quel point cet univers imaginaire faisait d'elles des œuvres littéraires valables et authentiques.

On m'avait alors opposé — et à l'époque j'avais résisté mais je pense maintenant que l'objection était valable — ce qu'on appelait d'une manière générale la pauvreté et la sécheresse de cette création. Car il est vrai que si l'unité de ces ouvrages est rigoureuse, l'autre pôle, l'intégration dans cette unité même des possibilités et des virtualités des réalités humaines qu'elle ignore ou dont elle exige le sacrifice y occupe une place relativement réduite. Prenons l'exemple du premier roman de Robbe-Grillet, *Les Gommes*. C'est l'histoire d'un groupe de tueurs qui suppriment tous les mois un individu quelconque, dans le cas précis un individu appelé Dupont. Or, un jour, ils se trompent et Dupont leur échappe. L'autorégulation de l'univers fonctionne cependant de manière telle qu'à la fin du livre le personnage qui enquête sur l'assassinat imaginaire et sans victime finit par tuer réellement Dupont de sorte que les choses rentrent dans l'ordre et que les assassins peuvent passer à l'exécution du Dupont suivant. La transposition imaginaire de l'autorégulation y est rigoureuse, mais tout ceci est raconté sans aucune angoisse, aucune réprobation, et on n'y trouve même pas ébauchée la possibilité, que cet univers refuse et nie, d'un autre monde dans lequel des forces tout aussi puissantes pouvaient s'attacher à conduire les Dupont non pas à la mort mais à la vie, et même à une vie plus authentique et plus riche.

C'est pourquoi je serais aujourd'hui enclin à penser que, même si nous avons affaire dans ces cas-là, à des œuvres littéraires authentiques et représentatives, elles expriment néanmoins un appauvrissement général de la création littéraire et culturelle, analogue et parallèle à celui que Herbert Marcuse a mis en lumière comme caractéristique du monde moderne en constatant que, des deux dimensions de l'existence, le réel et le possible, qui caractérisent l'homme, la dernière, sur laquelle est fondé l'essentiel de la création littéraire, tend à disparaître progressivement des consciences pour aboutir à ce qu'il a appelé l'homme à une seule dimension.

Le rétrécissement de cette dimension du possible implique sans doute un considérable appauvrissement du champ dans lequel se déroule la création littéraire, mais il ne suffit pas de le constater et de le dire, car le problème n'est que dans une très faible mesure celui de la volonté ou du talent de l'écrivain. C'est bien plutôt celui du statut de l'homme dans la société moderne, statut à l'intérieur duquel la création culturelle est un secteur important mais finalement seulement un secteur. Aussi est-ce en luttant pour une transformation de cette réalité globale, pour l'élargissement du champ du possible, sur le plan à la fois de la participation aux responsabilités et aux décisions et sur celui de la pensée et de la conscience que nous pourrons peut-être un jour contribuer à un changement d'orientation dans l'évolution actuelle de la société et à la défense de l'espoir d'une humanité plus libre et d'une culture plus authentique qui ne sont au fond que deux aspects d'un seul et même problème et, espérons-le, un jour à venir, d'une seule et même réalité.

La sociologie de la littérature :
statut et problèmes de méthode

La sociologie structuraliste génétique de la culture a donné lieu à un ensemble de travaux caractérisés — entre autres — par le fait qu'en voulant établir une méthode opératoire pour l'étude *positive* des faits humains, et notamment de la création culturelle, leurs auteurs ont été obligés de revenir à une réflexion philosophique qu'on pourrait caractériser de manière assez générale comme dialectique.

Il en résulte qu'on peut exposer cette position aussi bien comme effort de recherche positive ayant intégré un ensemble de réflexions à caractère philosophique qu'inversement comme position philosophique préoccupée en premier lieu de recherche positive et ayant abouti à constituer le fondement méthodologique de tout un ensemble de recherches concrètes.

Ayant plus d'une fois choisi le premier de ces procédés d'exposition, nous essaierons d'adopter aujourd'hui le second. Ce faisant, il importe cependant de souligner dès le début — sans beaucoup d'espoir quant à l'utilité de cette mise en garde, car les préjugés ont la vie dure — que les quelques remarques de nature générale et philosophique qui vont suivre n'ont pas d'intention spéculative et sont formulées uniquement dans la mesure où elles sont essentielles à la recherche positive.

La première constatation générale sur laquelle repose la pensée structuraliste génétique est que toute réflexion sur les sciences humaines se fait non pas de l'extérieur mais *de l'intérieur* de la société, qu'elle est une partie — plus ou moins importante selon les cas, bien entendu — de la vie intellectuelle de cette société et, à travers celle-ci, de la vie sociale globale. De plus, dans la mesure même où la pensée est une partie de la vie sociale, son simple développement transforme plus ou moins, selon son importance et son efficacité, cette vie sociale elle-même.

Le sujet de la pensée se trouve ainsi, partiellement tout au moins et avec un certain nombre de médiations, faire partie en sciences humaines de l'objet qu'il étudie.

D'autre part, cette pensée ne constitue pas un commencement absolu et est en très grande mesure organisée par les catégories de la société qu'elle étudie ou d'une société qui en dérive : c'est dire que l'objet étudié est un élément constitutif, et même un des plus importants, de la structure de la pensée du ou des chercheurs.

Tout ceci Hegel l'a résumé dans une formule concise et brillante : « l'identité du sujet et de l'objet de la pensée », formule dont nous avons simplement atténué le caractère radical — résultant de l'idéalisme hégélien, pour lequel toute réalité est Esprit — en la remplaçant par une autre plus conforme à notre position matérialiste dialectique — selon laquelle la pensée est un aspect important, mais un aspect seulement de la réalité — en parlant de l'identité *partielle* du sujet et de l'objet de la recherche, identité valable non pas pour toute connaissance mais seulement pour les sciences humaines.

Quoi qu'il en soit cependant de cette différence entre les deux formules, l'une et l'autre impliquent l'affirmation que les sciences humaines ne sauraient avoir un caractère aussi objectif que les sciences naturelles et que l'intervention de valeurs particulières à certains groupes sociaux dans la structure de la pensée théorique y est aujourd'hui à la fois générale et inévitable.

Ceci dit, cela ne signifie nullement que ces sciences ne puissent en principe atteindre à une rigueur analogue à celle des sciences de la nature, cette rigueur sera seulement différente et devra intégrer l'intervention des valorisations impossibles à éliminer.

La seconde idée fondamentale de toute sociologie dialectique et génétique est que les faits humains sont des réponses d'un sujet individuel ou collectif, constituant une tentative de modifier une situation donnée dans un sens favorable à ses aspirations. Cela implique que tout comportement, et donc tout fait humain, a un caractère *significatif* qui n'est pas toujours évident mais que le chercheur doit, par son travail, mettre en lumière.

On peut aussi formuler la même idée de plusieurs manières différentes en disant par exemple que tout comportement humain (et probablement même animal) tend à modifier une situation ressentie comme un déséquilibre par le sujet dans le sens d'un établissement d'équilibre ; ou bien encore que tout comportement humain, et probablement tout comportement animal, peut être traduit *par le chercheur* en termes d'existence d'un problème pratique et de tentative de le résoudre.

Partant de ces principes, la conception structuraliste et génétique préconise une transformation radicale des méthodes en sociologie de la littérature dont Georg Lukács a été sans conteste l'initiateur. Tous les travaux antérieurs — et la plupart des travaux universitaires depuis — portaient et portent encore, dans cette discipline, sur le *contenu* des œuvres littéraires et la *relation entre ce contenu et le contenu de la conscience collective*, c'est-à-dire les manières de penser et de se comporter des hommes dans la vie quotidienne. Dans cette perspective, ils aboutissaient naturellement au résultat que ces rapports sont d'autant plus nombreux et la sociologie littéraire d'autant plus efficace que l'auteur des écrits étudiés a fait preuve de moins d'imagination créatrice et s'est contenté de raconter ses expériences en les transposant le moins possible. De plus ce type d'étude doit, par sa méthode même, briser l'unité de l'œuvre en s'intéressant surtout à ce qui, en elle, n'est que reproduction de la réalité empirique et de la vie quotidienne. En bref, cette sociologie s'avère d'autant plus féconde que les œuvres étudiées sont plus médiocres. De surcroît, ce qu'elle recherche dans ces œuvres est plus le document que la littérature.

Rien d'étonnant, dans ces conditions, à constater que la grande majorité de ceux qui s'intéressent à la littérature considèrent ce genre de recherches, dans le meilleur des cas comme des travaux auxiliaires plus ou moins utiles, lorsqu'ils ne le refusent pas entièrement.

La sociologie structuraliste génétique part en revanche de prémisses non seulement différentes, mais même opposées, dont nous voudrions ici mentionner cinq parmi les plus importantes :

a) La relation *essentielle* entre la vie sociale et la création littéraire ne concerne pas le contenu de ces deux secteurs de la réalité humaine, mais seulement *les structures mentales*, ce qu'on pourrait appeler les catégories qui organisent à la fois la conscience empirique d'un certain groupe social et l'univers imaginaire créé par l'écrivain.

b) L'expérience d'un seul individu est beaucoup trop brève et trop limitée pour pouvoir créer une pareille structure mentale; celle-ci ne peut être que le résultat de l'activité conjointe d'un nombre important d'individus se trouvant dans une situation analogue, c'est-à-dire constituant un groupe social privilégié, individus ayant vécu longtemps et d'une manière intensive un ensemble de problèmes et s'étant efforcés de leur trouver une solution significative. C'est dire que les structures mentales ou, pour employer un terme plus abstrait, les structures catégorielles significatives, ne sont pas des phénomènes individuels, mais des phénomènes sociaux.

c) La relation déjà mentionnée entre la structure de la conscience d'un groupe social et celle qui régit l'univers de l'œuvre constitue, dans les cas les plus favorables pour le chercheur, une homologie plus ou moins rigoureuse, mais souvent aussi une simple relation significative.

Il peut donc arriver, dans cette perspective, et il arrive même le plus souvent, que *des contenus entièrement hétérogènes et même opposés, soient structurellement homologues ou bien se trouvent dans un rapport fonctionnel sur le plan des structures catégorielles.*

Un univers imaginaire, tout à fait étranger en apparence à l'expérience empirique, celui d'un conte de fées par exemple, peut être rigoureusement homologue, *dans sa structure*, à l'expérience d'un groupe social particulier ou, tout au moins, relié à elle d'une manière significative. Il n'y a plus aucune contradiction entre l'existence d'une relation étroite de la création littéraire avec la réalité sociale et historique et l'imagination créatrice la plus puissante.

d) Dans une telle perspective, les sommets de la création littéraire peuvent non seulement être étudiés tout aussi bien que les œuvres moyennes, mais ils se révèlent même particulièrement accessibles à la recherche positive. D'autre part, les structures catégorielles sur lesquelles porte ce genre de sociologie littéraire constituent précisément ce qui confère à l'œuvre son unité, c'est-à-dire un des deux éléments fondamentaux de son caractère spécifiquement esthétique et, dans le cas qui nous intéresse, de sa qualité proprement littéraire.

e) Les structures catégorielles, qui régissent la conscience collective et sont transposées dans l'univers imaginaire créé par l'artiste, ne sont ni conscientes ni inconscientes dans le sens freudien du mot qui suppose un refoulement, mais des processus non conscients du même type, par certains côtés, que ceux qui régissent le fonctionnement des structures musculaires ou nerveuses et déterminent le caractère particulier de nos mouvements et de nos gestes, sans pour cela être ni conscients ni refoulés.

C'est pourquoi, dans la plupart des cas, la mise en lumière de ces structures et, implicitement, la compréhension de l'œuvre, n'est accessible ni à une étude littéraire immanente, ni à une étude orientée vers les intentions conscientes de l'écrivain ou vers la psychologie des profondeurs, mais seulement à une recherche de type structuraliste et sociologique.

Or ces constatations ont d'importantes conséquences méthodologiques. Elles signifient que l'étude positive en sciences humaines doit toujours commencer par la recherche d'un *découpage de l'objet* qu'elle étudie tel que cet objet apparaisse comme un ensemble de comportements significatifs dont la structure puisse rendre compte de la très grande majorité des aspects empiriques partiels qu'ils présentent au chercheur.

Dans le cas de la sociologie de la littérature, cela signifie que, pour comprendre l'œuvre qu'il étudie, le chercheur doit s'attacher en tout premier lieu à la recherche d'une structure qui rende compte *de la presque totalité du texte* en partant d'une règle fondamentale — que malheureusement les spécialistes de la littérature ne respectent que très rarement — à savoir que le chercheur doit tenir compte *de tout le texte et ne rien ajouter à celui-ci* ; et qu'il doit aussi en expliquer la genèse en essayant de montrer comment et dans quelle mesure l'élaboration de la structure qu'il a mise en lumière dans l'œuvre a un caractère fonctionnel, c'est-à-dire constitue un comportement significatif pour un sujet individuel ou collectif dans une situation donnée.

Cette manière de poser le problème implique de nombreuses conséquences qui modifient profondément les méthodes traditionnelles d'étude des faits sociaux et, en particulier, des faits littéraires. Énumérons-en quelques-unes des plus importantes :
1. Le fait de ne pas accorder, dans la *compréhension* de l'œuvre, une importance particulière aux intentions conscientes des individus et, dans le cas des œuvres littéraires, aux intentions conscientes de leurs auteurs.

La conscience ne constitue, en effet, qu'un élément partiel du comportement humain et a, le plus souvent, un contenu non adéquat à la nature objective de ce comportement.

Contrairement aux thèses d'un certain nombre de philosophes, tels Descartes ou Sartre, la signification n'apparaît pas avec la conscience et ne s'identifie pas avec celle-ci. Un chat qui poursuit une souris a un comportement parfaitement significatif sans qu'il y ait nécessairement, et même probablement, conscience, même rudimentaire [1].

Sans doute, lorsque l'homme et, avec lui, la fonction symbolique et la pensée, apparaissent dans l'échelle biologique, le comportement devient incomparablement plus complexe, les sources de problèmes, de conflits et de difficultés, et aussi les possibilités de les résoudre, plus nombreuses et plus enchevêtrées, mais rien n'indique que la conscience recouvre souvent ou même parfois l'ensemble de la signification objective du comportement. Dans le cas de l'écrivain ceci peut se dire d'une manière beaucoup plus simple : il arrive

---

1. Aussi Descartes est-il obligé de réduire le chat à une machine, c'est-à-dire de le supprimer en tant que réalité spécifique, et Sartre ne lui laisse-t-il aucune place dans *L'Être et le Néant* qui ne connaît que l'En-soi inerte et le Pour-soi conscient.

très souvent que son souci d'unité esthétique lui fasse écrire une œuvre dont la structure globale, traduite en langage conceptuel par la critique, constitue une vision différente et même opposée à sa pensée, à ses convictions et aux intentions qui l'animaient lorsqu'il a rédigé cette œuvre.

C'est pourquoi le sociologue de la littérature (et le critique en général) doit traiter les intentions conscientes de l'auteur comme un indice parmi beaucoup d'autres, une sorte de réflexion sur l'œuvre, qui lui apporte des suggestions comme n'importe quel autre ouvrage critique, mais qu'il doit juger à la lumière du texte sans lui accorder aucun privilège.

2. Le fait de ne pas surestimer, dans *l'explication* qui est avant tout la recherche du sujet individuel ou collectif pour lequel la structure mentale qui régit l'œuvre a un caractère fonctionnel et significatif, l'importance de l'individu.

L'œuvre a sans doute presque toujours une fonction significative individuelle pour son auteur, mais le plus souvent — comme nous le verrons — cette fonction individuelle n'est pas, ou n'est que très peu, liée à la structure mentale qui régit le caractère proprement littéraire de l'œuvre, et en tout cas ne la crée en aucune manière.

Le fait d'écrire des pièces de théâtre, et plus précisément les pièces qu'il a réellement écrites, a sans doute eu une signification pour l'individu Racine, à partir de sa jeunesse passée à Port-Royal, de ses relations ultérieures avec les gens du théâtre et avec la cour, de ses relations avec le groupe janséniste et avec la pensée de celui-ci, et aussi à partir de nombreux événements de sa vie qui nous sont plus ou moins connus. Mais l'existence de la vision tragique était déjà une donnée constitutive des situations à partir desquelles Racine a abouti à la rédaction de ses pièces, alors que son élaboration, à travers les idéologues du groupe janséniste de Port-Royal et de Saint-Cyran s'est effectuée comme *réponse fonctionnelle et significative* de la noblesse de robe à une situation historique donnée. Et c'est par rapport à ce groupe et à son idéologie plus ou moins élaborée que se sont posés, par la suite, à l'individu Racine un certain nombre de problèmes pratiques et moraux qui ont abouti à la création d'une œuvre structurée par une vision tragique poussée à un degré extrêmement avancé de cohérence.

3. Le fait que ce qu'on appelle couramment « les influences » n'a *aucune valeur explicative* et constitue tout au plus une donnée et un problème que le chercheur doit expliquer.

Il y a à chaque instant un nombre considérable d'influences susceptibles de s'exercer sur un écrivain ; ce qu'il faut expliquer c'est pourquoi ce n'est qu'un petit nombre d'entre elles ou même une seule qui s'est réellement exercée et aussi pourquoi la réception des œuvres qui ont exercé cette influence s'est faite avec un certain nombre de distorsions et précisément ces distorsions particulières dans l'esprit de celui qui l'a subie. Or ce sont là des questions dont *la réponse se situe du côté de l'œuvre de l'auteur étudié* et non pas — comme on le pense d'habitude — du côté de l'œuvre qui est censée l'avoir influencée.

Bref, la compréhension est un problème de cohérence interne du texte qui suppose qu'on prenne *à la lettre le texte, tout le texte et rien que le texte*, et qu'on recherche à l'intérieur de celui-ci une structure significative globale ; l'explication un problème de recherche du sujet individuel ou collectif (dans le cas d'une œuvre culturelle nous pensons, pour les raisons que nous avons indiquées plus haut [1], qu'il s'agit *toujours* d'un sujet collec-

---

[1]. Voir Lucien Goldmann : *Le dieu caché*, Paris, Gallimard, 1956; *Sciences humaines et philosophie*, Paris, Gonthier, 1966 ; *Recherches dialectiques*, Paris, Gallimard, 1959; « Le sujet de la création culturelle », Communication au IIe Colloque international de Sociologie de la littérature, 1965.

tif) par rapport auquel la structure mentale qui régit l'œuvre a un caractère fonctionnel et, par cela même, significatif.

Ajoutons qu'en ce qui concerne les statuts respectifs de l'explication et de l'interprétation, deux choses qui nous paraissent importantes ont été mises en lumière par les travaux de la sociologie structuraliste génétique et leur confrontation avec les travaux psychanalytiques :

1. *Le fait que le statut de ces deux procédés de recherche n'est pas le même dans les deux perspectives.*

Lorsqu'il s'agit de *libido*, il est impossible de séparer l'interprétation de l'explication, non seulement pendant la période de recherche, mais aussi après l'achèvement de celle-ci, alors qu'à ce moment-là elles peuvent être séparées dans l'analyse sociologique. Il n'y a pas d'interprétation *immanente* d'un rêve ou du délire d'un aliéné [1], et cela probablement pour la simple raison que la conscience n'a même pas d'autonomie relative sur le plan de la *libido*, c'est-à-dire du comportement à sujet individuel, orienté directement vers la possession d'objet. Inversement, lorsque le sujet est transindividuel, la conscience prend une importance beaucoup plus grande — il n'y a pas de division du travail et, partant, d'action possible sans communication consciente entre les individus qui composent le sujet — et tend à constituer une structure significative.

Sociologie génétique et psychanalyse ont au moins trois éléments en commun, à savoir :

a) l'affirmation que tout comportement humain fait partie d'au moins une structure significative ;

1. C'est pourquoi d'ailleurs en France, où le célèbre livre de Freud *Trumdeutung* a été publié sous le titre *Science des rêves*, il a fallu de longues années avant que certains psychanalystes s'aperçoivent que « *Deutung* » signifie « interprétation ». Au fond, si ce titre n'a pas, pendant longtemps, soulevé de problème, c'est avant tout parce qu'il était aussi valable que le titre original. Il est en effet impossible de séparer, dans les analyses freudiennes, l'interprétation de l'explication, l'une et l'autre faisant appel à l'inconscient.

b) le fait que pour le comprendre il faut l'insérer dans cette structure — que le chercheur doit mettre en lumière ;

c) l'affirmation que cette structure n'est réellement compréhensible que si on la saisit dans sa genèse, respectivement individuelle ou historique.

En résumé, comme la sociologie que nous préconisons, la psychanalyse est un structuralisme génétique.

L'opposition se situe avant tout sur un point : la psychanalyse essaie de réduire tout comportement humain à un sujet individuel et à une forme, manifeste ou sublimée, du désir d'objet. La sociologie génétique sépare les comportements libidinaux qu'étudie la psychanalyse des comportements à caractère historique (dont fait partie toute création culturelle) qui ont un sujet transindividuel et ne peuvent s'orienter vers l'objet que par la médiation d'une aspiration à la cohérence. Il en résulte que, même si tout comportement humain s'insère à la fois dans une structure libidinale et dans une structure historique, sa signification n'est pas la même dans un cas ou dans l'autre, et le découpage d'objet ne sera pas non plus identique. Certains *éléments* d'une œuvre d'art ou d'un écrit littéraire (mais non pas l'œuvre ou l'écrit dans leur totalité) peuvent s'insérer dans une structure libidinale, ce qui permettra aux psychanalystes de les comprendre et de les expliquer en les mettant en relation avec l'inconscient de l'individu. Les significations révélées auront cependant dans ce cas un statut du même ordre que celui de tout dessin et de tout écrit de n'importe quel aliéné. Par ailleurs, ces mêmes œuvres littéraires ou artistiques, insérées dans une structure historique, constitueront des structures relatives à peu près cohérentes et unitaires, jouissant d'une très grande autonomie relative ; c'est là un des éléments constitutifs de leur valeur proprement littéraire ou proprement artistique.

Tout comportement humain et toute manifestation

humaine sont, en effet, à un degré divers, des mélanges de significations de l'un et de l'autre ordre. Selon cependant que la satisfaction libidinale prédomine au point de détruire presque entièrement la cohérence autonome, ou qu'inversement, elle s'insère dans cette dernière en la laissant presque intacte, nous aurons affaire à une œuvre d'aliéné ou à un chef-d'œuvre, étant entendu que la plupart des manifestations humaines se situent quelque part entre ces deux extrêmes.

2. *Le fait que*, en dépit de l'énorme discussion universitaire qui s'est déroulée notamment dans l'Université allemande sur la compréhension et l'explication, *ces deux procédés de recherche ne sont nullement opposés et ne sont même pas différents l'un de l'autre.*

Il nous faut tout d'abord, sur ce point, éliminer la vaste littérature romantique sur la sympathie, l'« empathie » ou l'identification nécessaires pour comprendre une œuvre. La compréhension nous paraît un procédé rigoureusement intellectuel, elle consiste dans *la description, aussi précise que possible, d'une structure significative*. Il va de soi que, comme tout procédé intellectuel, elle est favorisée par l'intérêt immédiat que le chercheur porte à son sujet, et cela veut dire par la sympathie ou l'antipathie, ou bien inversement par l'indifférence que l'objet de recherche lui inspire : mais, d'une part l'antipathie est un facteur tout aussi favorable à la compréhension que la sympathie (personne n'a mieux compris et défini le jansénisme que ses persécuteurs en formulant les célèbres « Cinq Propositions » qui sont une définition rigoureuse de la vision tragique) et, d'autre part, beaucoup d'autres facteurs peuvent être favorables ou défavorables à la recherche et, par exemple, une bonne disposition psychique, une bonne santé ou, inversement, un état dépressif ou un mal de dents : tout cela n'a rien à faire avec la logique ou l'épistémologie.

Il faut cependant aller plus loin. Compréhension et

explication ne sont pas deux procédés intellectuels différents, mais un seul et même procédé référé à des coordonnées différentes. Nous venons de dire que la compréhension est la mise en lumière d'*une structure significative immanente à l'objet étudié*, dans le cas précis, à telle ou telle œuvre littéraire. L'explication n'est rien d'autre que l'insertion de cette structure, en tant qu'élément constitutif et fonctionnel, dans une structure immédiatement englobante, que le chercheur n'explore cependant pas de manière détaillée, mais seulement dans la mesure où cela est nécessaire pour rendre intelligible la genèse de l'œuvre qu'il étudie. Il suffit cependant de prendre pour objet d'étude la structure englobante, pour que ce qui était explication devienne compréhension et que la recherche explicative doive se rapporter à une nouvelle structure encore plus vaste. A titre d'exemple : comprendre les *Pensées* ou les tragédies de Racine, c'est mettre en lumière la vision tragique qui constitue la structure significative régissant l'ensemble de chacune de ces œuvres ; mais *comprendre* la structure du jansénisme extrémiste c'est *expliquer* la genèse des *Pensées* et des tragédies raciniennes. De même, *comprendre* le jansénisme c'est *expliquer* la genèse du jansénisme extrémiste ; *comprendre* l'histoire de la noblesse de robe au XVIIe siècle, c'est *expliquer* la genèse du jansénisme ; *comprendre* les relations de classe dans la société française du XVIIe siècle, c'est *expliquer* l'évolution de la noblesse de robe, etc.

Il en résulte, entre autres, que toute recherche positive en sciences humaines doit nécessairement se situer à deux niveaux différents : celui de l'objet étudié et celui de la structure immédiatement englobante, la différence entre ces niveaux de recherche résidant surtout dans le degré d'avancement auquel on pousse l'investigation sur chacun des plans.

On ne saurait en effet considérer comme suffisante l'étude d'un objet donné (texte, réalité sociale, etc.)

que lorsqu'on en a dégagé une structure qui rende suffisamment compte d'un nombre notable de données empiriques, et surtout de celles qui semblent présenter une importance particulière [1], pour qu'il soit, sinon exclu, du moins improbable qu'une autre analyse puisse proposer une autre structure arrivant aux mêmes résultats ou à des résultats meilleurs.

La situation est différente lorsqu'il s'agit de la structure englobante. Celle-ci n'intéresse le chercheur que par sa fonction *explicative* par rapport à son objet d'étude ; c'est d'ailleurs la possibilité de mettre en lumière une telle fonctionalité qui déterminera le choix de celle-ci parmi le plus ou moins grand nombre de structures englobantes qui apparaissent possibles au moment où on commence la recherche. Son étude s'arrêtera donc au stade où le chercheur aura mis suffisamment en lumière la relation entre la structure étudiée et la structure englobante pour rendre compte de la genèse de la première en tant que fonction de la seconde. Il va de soi cependant qu'il peut aussi pousser la recherche beaucoup plus loin, mais dans ce cas l'objet de l'étude se trouve changé à un certain moment et ce qui était, par exemple, une étude sur Pascal peut devenir une étude sur le jansénisme, sur la noblesse de robe, etc.

Ceci dit, si dans la pratique de la recherche, interprétation immanente et explication par l'englobant sont inséparables, et si le progrès ne saurait être obtenu dans chacun de ces domaines que par une permanente oscillation entre l'une et l'autre, il n'en est pas moins

---

1. Nous avons déjà dit que dans le cas des textes littéraires le problème est plus simple car, en raison de la structuration avancée des objets sur lesquels porte la recherche, et du nombre limité des données (le texte tout entier, et rien que le texte) on peut, sinon en théorie, du moins *dans la pratique* remplacer le plus souvent ce critère qualitatif par un critère QUANTITATIF : *une partie suffisamment grande du texte.*

important de les séparer rigoureusement dans leur nature et dans la présentation des résultats. De même il faut toujours garder présent à l'esprit le fait que non seulement l'interprétation est toujours *immanente* aux textes étudiés, alors que l'explication leur est toujours *extérieure* ; mais aussi le fait que *tout ce qui est mise en relation du texte avec des faits qui lui sont extérieurs* — qu'il s'agisse du groupe social, de la psychologie de l'auteur ou des taches du soleil — a un caractère *explicatif* et doit être jugé sous cet angle [1].

Or, si ce principe semble facile à respecter, des préjugés tenaces le font transgresser en permanence dans la pratique et nos contacts avec des spécialistes de l'étude littéraire nous ont montré à quel point il est malaisé à obtenir qu'ils aient, devant le texte étudié,

---

1. Nous insistons sur ce point parce qu'il nous est très souvent arrivé, en discutant avec des spécialistes de la littérature, de les voir prétendre refuser l'explication et se contenter de l'interprétation, alors qu'en réalité leurs idées étaient *tout aussi explicatives* que les nôtres. Ce qu'ils refusaient était l'explication *sociologique* au profit d'une explication *psychologique* qui, traditionnellement acceptée, était devenue presque implicite.

En fait, et c'est là un principe particulièrement important, l'interprétation d'une œuvre doit comprendre tout le texte au niveau littéral et sa validité se juge *uniquement et exclusivement en regard de l'importance de la partie de ce texte qu'elle réussit à intégrer*. L'explication doit rendre compte de la genèse du même texte, et se juge uniquement et exclusivement par la possibilité d'établir au moins une corrélation rigoureuse et autant que possible une relation significative et fonctionnelle entre d'une part le devenir d'une vision du monde et la genèse d'un texte à partir de celle-ci, et d'autre part certains phénomènes extérieurs à ce dernier.

Les deux préjugés les plus répandus et les plus dangereux pour la recherche étant d'une part celui de penser qu'un texte doit être « sensé » c'est-à-dire acceptable pour la pensée du critique, et d'autre part d'exiger une explication conforme aux idées générales soit du critique lui-même, soit du groupe auquel il appartient et dont il intègre les idées : dans un cas comme dans l'autre on exige que les faits soient conformes aux idées du chercheur au lieu de chercher au contraire les difficultés, les données surprenantes et qui contredisent en apparence les idées reçues.

une attitude sinon identique du moins proche de celle qu'a un physicien ou un chimiste lorsqu'il enregistre les résultats d'une expérience. Pour ne citer que quelques exemples au hasard, c'est un spécialiste d'histoire littéraire qui nous a expliqué un jour que Hector ne peut parler, dans *Andromaque*, puisqu'il est mort et qu'il s'agit par conséquent de l'illusion d'une femme qu'une situation extraordinaire et sans issue a poussée à l'extrême exaspération. Malheureusement, rien de tout cela ne se trouve *dans le texte de Racine* qui nous laisse seulement savoir par deux fois que Hector, le mort, a parlé.

De même, un autre historien de la littérature nous a expliqué que Don Juan ne peut pas se marier chaque mois puisque ceci était, même au XVIIe siècle, pratiquement impossible et qu'il fallait par conséquent donner à cette affirmation dans la pièce de Molière un sens ironique et figuré. Inutile de dire que si l'on admet ce principe, il est très facile de faire dire à un texte n'importe quoi et jusqu'au contraire de ce qu'il affirme explicitement [1].

Que dirait-on d'un physicien qui nierait les résultats d'une expérience, en leur en substituant d'autres de son cru, pour la seule raison que les premiers lui paraissent invraisemblables!

De même, il est assez difficile de faire admettre aux partisans des interprétations psychanalytiques le fait élémentaire que — quelle que soit l'opinion que l'on ait de la valeur de ce type d'explication, et même si on la met à un niveau extrêmement élevé — on ne saurait

---

[1]. De même, dans un ouvrage assez connu sur Pascal, l'auteur, citant l'affirmation de ce dernier selon laquelle « les choses sont vraies ou fausses selon la face par où on les regarde » ajoutait, en bon cartésien, que Pascal s'était bien entendu mal exprimé et qu'il voulait dire que les choses « paraissent » vraies ou fausses selon la face par où on les regarde.

parler d'un inconscient d'Oreste ni d'un désir d'Œdipe d'épouser sa mère, puisque ni Oreste ni Œdipe ne sont des hommes vivants mais *des textes*, et qu'on n'a pas le droit d'ajouter quoi que ce soit à un texte qui ne parle ni d'inconscient ni de désir incestueux.

Le principe explicatif ne peut résider, même pour une explication psychanalytique sérieuse, que dans l'inconscient de Sophocle ou d'Eschyle, mais jamais dans l'inconscient d'un personnage littéraire qui n'existe que par ce qui en est explicitement affirmé.

Sur le plan de l'explication, il y a chez les littéraires une fâcheuse tendance à privilégier l'explication psychologique, indépendamment de son efficacité et de ses résultats, simplement parce qu'elle leur paraît la plus plausible, alors que, de toute évidence, la seule attitude véritablement scientifique est d'examiner d'une manière aussi impartiale que possible toutes les explications proposées, même les plus absurdes en apparence (c'est pourquoi nous avons évoqué plus haut les taches du soleil, bien que personne ne les ait proposées sérieusement) en faisant son choix uniquement et exclusivement d'après les résultats auxquels on aboutit en les utilisant, et la part plus ou moins importante du texte de laquelle on peut rendre compte à l'aide de chacune d'entre elles.

Partant d'un texte qui représente pour lui un ensemble de données empiriques analogues à celles devant lesquelles se trouve d'ailleurs, à son point de départ, n'importe quelle autre recherche sociologique, le premier problème qui se pose au sociologue de la littérature sera celui de savoir dans quelle mesure ces données constituent un objet significatif, une structure sur laquelle une recherche positive pourrait opérer de manière fructueuse.

Ajoutons que le sociologue de la littérature et de l'art a, devant ce problème, une situation privilégiée par rapport aux chercheurs dans les autres domaines ;

car on peut admettre que, dans la plupart des cas, les œuvres qui ont survécu à la génération pendant laquelle elles sont nées, constituent une pareille structure significative [1], alors qu'il n'est nullement probable que les découpages de la conscience quotidienne ou même des théories sociologiques courantes coïncident dans les autres domaines avec des objets significatifs. Il n'est nullement certain, par exemple, que des objets d'étude comme « le scandale », « la dictature », « le comportement culinaire », etc., constituent de pareils objets. Quoi qu'il en soit, le sociologue de la littérature doit — comme tous les autres sociologues — contrôler ce fait et ne pas admettre d'emblée que telle œuvre ou tel groupe d'œuvres qu'il étudie, constitue une structure unitaire.

Sur ce point, le procédé d'investigation est le même dans tout le domaine des sciences de l'homme : il faut que le chercheur obtienne un schéma, un modèle, composé d'un nombre limité d'éléments et de relations, à partir duquel il doit pouvoir rendre compte de la grande majorité des données empiriques qui sont censées constituer l'objet étudié.

Ajoutons qu'étant donné la situation privilégiée des créations culturelles en tant qu'objet d'étude, les exigences du sociologue de la littérature peuvent être beaucoup plus élevées que celles de ses confrères. L'exigence que son modèle rende compte d'au moins les trois quarts ou quatre cinquièmes du texte n'a, dans la pratique, rien d'exagéré et un certain nombre d'études qui paraissent y satisfaire existent déjà. Si nous employons le terme « paraissent », c'est parce que — pour des simples raisons d'insuffisance de moyens matériels — nous n'avons jamais pu effectuer sur une œuvre un contrôle alinéa par alinéa ou réplique par réplique

---

[1]. Ce fait constituant lui-même la condition épistémologique et psychosociologique de cette survivance.

qui, du point de vue méthodologique, ne présente bien entendu aucune difficulté [1].

Il est évident que, le plus souvent en sociologie générale et très souvent en sociologie de la littérature lorsque la recherche porte sur plusieurs ouvrages, le chercheur sera amené à éliminer, à partir de cette exigence, toute une série de données empiriques qui paraissent initialement faire partie de l'objet d'étude proposé et, au contraire, à en ajouter d'autres auxquels il n'avait pas pensé en premier lieu.

Pour ne mentionner qu'un seul exemple : lorsque nous avons commencé une étude sociologique sur les écrits de Pascal nous avons été très vite amené à séparer les *Provinciales* des *Pensées*, comme correspondant à deux visions du monde, et donc à deux modèles épistémologiques différents, ayant des fondements sociologiques distincts : le jansénisme centriste et mi-cartésien, dont les représentants les plus connus étaient Arnauld et Nicole, et le jansénisme extrémiste, inconnu jusqu'alors et que nous avons dû chercher et trouver dans la figure de son principal théologien Barcos, abbé de Saint-Cyran, duquel se rapprochaient, entre autres, Singlin, directeur de Pascal, Lancelot, un des éducateurs de Racine et la Mère Angélique [2]. La mise en lumière de

---

1. Ajoutons sur ce point qu'une première tentative que nous avons entreprise à Bruxelles sur *Les Nègres* de Jean Genet a permis de rendre compte, pour les premières pages, au-delà de l'hypothèse initiale sur la structure de l'univers de la pièce, de toute une série d'éléments formels du texte. Voir L. Goldmann. *Structures mentales et Création culturelle*. Éd. Anthropos. Paris.

2. La difficulté majeure de la plupart des études sur Pascal provient d'ailleurs du fait que les auteurs de ces travaux, partant d'une explication psychologique explicite ou implicite n'imaginaient même pas que Pascal ait pu passer en quelques mois, et peut-être même en quelques semaines, d'une position philosophique à une autre rigoureusement opposée, qu'il était de plus le premier à formuler avec une extrême rigueur dans la pensée occidentale, et admettaient comme allant de soi l'existence d'une parenté entre les *Provinciales* et les *Pensées*.

Or comme les deux textes ne se prêtaient, et ne se prêtent pas à

la structure tragique, qui caractérisait les pensées de Barcos et de Pascal, nous a d'autre part amené à intégrer à l'objet de recherche quatre des principales pièces de Racine, à savoir : *Andromaque*, *Britannicus*, *Bérénice* et *Phèdre*, résultat d'autant plus surprenant que jusqu'alors, trompés par les manifestations de surface, les historiens de la littérature qui essayaient de trouver des relations entre Port-Royal et l'œuvre de Racine les cherchaient sur le plan du contenu et s'orientaient surtout vers les pièces chrétiennes, *Esther* et *Athalie*, et non pas vers les pièces païennes dont les catégories structurelles correspondaient pourtant rigoureusement à la structure de pensée du groupe janséniste extrémiste.

Théoriquement, la réussite de cette première étape de la recherche et la validité d'un modèle de cohérence s'établissent bien entendu par le fait que ce modèle rend

une interprétation unitaire, ils étaient obligés de recourir à toutes sortes de procédés : affirmation qu'il s'agit d'exagérations de style, de textes écrits pour les libertins, de textes dans lesquels ce sont les libertins qui parlent et non Pascal, etc., pour expliquer que ce dernier voulait dire, ou tout au moins pensait, autre chose que ce qu'il avait effectivement écrit. Nous sommes parti au contraire d'une démarche inverse, en commençant par constater le caractère rigoureusement cohérent de chacune des deux œuvres et leur opposition presque totale, et en ne posant qu'ensuite la question de savoir comment un individu — si génial fût-il — a pu passer aussi rapidement d'une position à une autre, différente et même opposée, ce qui nous a amené à la découverte de Barcos et du jansénisme extrémiste, qui a brusquement éclairci le problème.

Effectivement, pendant qu'il rédigeait les *Provinciales*, Pascal trouvait en face de lui, le critiquant et refusant précisément celles-ci, une pensée théologique et morale élaborée et jouissant d'un très grand prestige dans le milieu janséniste, de sorte qu'il a dû se poser pendant plus d'un an la question de savoir si c'est lui qui avait raison ou bien ses critiques extrémistes. La décision de changer de position a donc mûri lentement, et il n'y a rien d'étonnant à admettre qu'un penseur de l'envergure de Pascal, réfléchissant pendant un temps prolongé sur une position et finissant par y adhérer, puisse la formuler d'emblée par la suite à un niveau plus radical et plus cohérent que ne l'avaient fait ses principaux théoriciens.

compte de presque l'intégralité du texte. Dans la pratique, il y a cependant un autre critère — *non pas de droit mais de fait* — qui est un indice assez sûr qu'on se trouve sur la bonne voie : le fait que certains détails du texte, qui n'avaient nullement attiré l'attention du chercheur jusqu'alors, apparaissent brusquement à la fois importants et significatifs.

Citons là aussi trois exemples.

A une époque où la vraisemblance constitue une règle presque unanimement admise, Racine dans *Andromaque* fait parler un mort. Comment rendre compte d'une telle incongruité apparente ?

Il suffit d'avoir trouvé le schéma de la vision qui régit la pensée du jansénisme extrémiste pour constater que, pour ce dernier, le silence de dieu et le fait qu'il est simplement spectateur, est lié comme corollaire à l'autre fait qu'il n'existe aucune issue intramondaine permettant de sauvegarder la fidélité aux valeurs, aucune possibilité de vivre valablement dans le monde, et que toute tentative de le faire se heurte aux exigences irréalisables et d'ailleurs pratiquement inconnues de la divinité, exigences qui se présentent le plus souvent sous une forme contradictoire. La transposition profane de cette position dans les pièces de Racine aboutit à l'existence de deux personnages muets, ou de deux forces muettes, qui incarnent des exigences contradictoires : Hector qui demande la fidélité d'Andromaque, Astyanax qui demande sa protection ; l'amour de Junie pour Britannicus qui demande qu'elle le protège, et la pureté de celle-ci qui demande qu'elle ne fasse aucun compromis avec Néron ; le peuple romain et l'amour pour Bérénice ; plus tard le Soleil et Vénus dans *Phèdre*.

Si cependant le mutisme de ces forces ou de ces êtres dans les pièces qui incarnent ces exigences absolues est lié à l'absence de solution intramondaine, il va de soi qu'à l'instant où Andromaque trouve, au contraire, une solution où il lui apparaît possible d'épouser Pyrrhus pour protéger Astyanax et de se donner la mort avant de devenir son épouse pour sauvegarder sa fidélité, le mutisme d'Hector et d'Astyanax ne correspond plus à la structure de la pièce, et l'exigence esthétique, plus forte que la règle extérieure, aboutit à l'extrême invraisemblance du mort qui parle et indique une possibilité de surmonter la contradiction.

Nous prendrons comme second exemple la célèbre scène de l'appel à la magie du *Faust* de Gœthe dans laquelle Faust s'adresse aux Esprits du Macrocosme et de la Terre qui correspondent aux philosophies de Spinoza et de Hegel. La réponse du second résume l'essence même de la pièce et encore plus de sa première partie : l'opposition entre, d'une part la philosophie des Lumières dont l'idéal était le savoir et la compréhension, et d'autre part la philosophie dialectique centrée sur l'action. La réplique de l'Esprit de la Terre « Tu ressembles à l'esprit que tu comprends, et pas à moi » n'est pas seulement un refus, elle est aussi sa justification : Faust est encore au niveau du « comprendre », c'est-à-dire au niveau de l'Esprit du Macrocosme qu'il voulait précisément dépasser. Il ne pourra rejoindre l'Esprit de la Terre qu'au moment où il trouvera la vraie traduction de l'Évangile de saint Jean « Au commencement était l'action » et où il acceptera le pacte avec Méphistophélès.

De même, dans *La Nausée* de Sartre, si l'autodidacte — qui représente lui aussi l'esprit des Lumières — lit les livres de la bibliothèque dans l'ordre du catalogue, c'est que l'auteur a, consciemment ou inconsciemment, orienté sa satire sur un des traits les plus importants de la pensée des Lumières : l'idée qu'on peut transmettre le savoir à l'aide de dictionnaires où les connaissances sont rangées par ordre alphabétique (il suffit de penser au *Dictionnaire* de Bayle, au *Dictionnaire philosophique* de Voltaire, et surtout à l'*Encyclopédie*).

Une fois que le chercheur a avancé aussi loin que possible dans la recherche de la cohérence interne de l'œuvre et de son modèle structural, il doit s'orienter vers l'explication.

Ici nous devons cependant intercaler une digression sur un point que nous avons déjà effleuré. Il y a en effet — nous l'avons déjà dit — une différence radicale entre la relation de l'interprétation et de l'explication au cours de la recherche, et la manière dont cette relation se présente à la fin de celle-ci. Au cours de la recherche, en effet, explication et compréhension se renforcent mutuellement de sorte que le chercheur est amené à revenir en permanence de l'une à l'autre et inversement, alors qu'au moment où il arrête la recherche pour présenter ses résultats, il peut et doit même, séparer de manière assez rigoureuse ses hypothèses interprétatives immanentes à l'œuvre de ses hypothèses explicatives transcendantes à celle-ci.

Voulant cependant insister sur la distinction entre les deux procédés, nous développerons le présent exposé dans la supposition *fictive* d'une interprétation extrêmement avancée grâce à l'analyse immanente et qui ne s'oriente que par la suite vers l'explication.

Rechercher l'explication signifie rechercher une réalité extérieure à l'œuvre qui se trouve avec la structure de celle-ci au moins dans un rapport de variation concomitante (ce qui dans le cas de la sociologie de la littérature est extrêmement rare) ou, comme c'est le plus souvent le cas, dans une relation d'homologie ou dans une relation simplement fonctionnelle (dans le sens qu'a ce mot en sciences de la vie ou en sciences de l'homme) c'est-à-dire en tant que structure remplissant une fonction.

Il est impossible de dire *a priori* quelles sont les réalités extérieures à l'œuvre qui peuvent remplir une pareille fonction explicative *par rapport à ses caractères spécifiquement littéraires.* C'est cependant une donnée de fait que jusqu'à aujourd'hui, dans la mesure où les historiens de la littérature et les critiques se sont intéressés à l'explication, ils se sont référés de manière prédominante à la psychologie individuelle de l'auteur et parfois, de manière moins fréquente et surtout depuis un temps relativement court, à la structure de pensée de certains groupes sociaux. Il est donc pour l'instant inutile d'envisager d'autres hypothèses explicatives bien qu'on n'ait aucun droit de les éliminer *a priori*.

Contre les explications psychologiques se présentent cependant — dès qu'on y réfléchit de manière un peu plus sérieuse — plusieurs objections péremptoires.

La première, et la moins importante, est celle que nous sommes très peu renseignés sur la psychologie d'un écrivain que nous n'avons pas connu et qui, le plus souvent, est mort depuis des années ; de sorte que la plupart des soi-disant explications psychologiques sont simplement des constructions plus ou moins intelligentes et spirituelles d'une psychologie imaginaire, créée le plus souvent à partir des témoignages écrits et notamment de l'œuvre elle-même. Il y a dans ce cas non seulement cercle, mais cercle vicieux, car la psychologie soi-disant explicative n'est rien d'autre qu'une paraphrase de l'œuvre qu'elle est censée expliquer.

Un autre argument — beaucoup plus sérieux — contre les explications psychologiques est le fait qu'à notre connaissance elles n'ont jamais réussi à rendre compte d'une partie notable du texte et qu'en fait il s'agit toujours de quelques éléments partiels ou de quelques traits extrêmement généraux. Or, nous l'avons déjà dit, toute explication qui rend compte seulement de 50 à 60 % du texte ne présente aucun intérêt scientifique majeur puisqu'on peut en construire toujours plusieurs autres expliquant une partie du texte de même ordre de grandeur bien que ce ne soit naturellement pas la même. Si on se contente de résultats de ce type, on peut n'importe quand fabriquer un Pascal mystique, cartésien ou thomiste ; un Racine cornélien, un Molière existentialiste, etc. Le critère du choix entre plusieurs interprétations devient alors l'esprit brillant ou l'intelligence de tel ou tel critique par rapport à un autre, ce qui n'a bien entendu plus aucune relation avec la science.

Enfin la troisième objection — et peut-être la plus importante — contre les explications psychologiques est le fait que si elles rendent compte — comme c'est sans doute le cas — de certains aspects et de certaines caractéristiques de l'œuvre, il s'agit toujours d'aspects et de caractéristiques qui, dans le cas de la littérature n'ont pas un caractère littéraire, dans le cas de l'œuvre d'art n'ont pas un caractère esthétique, dans le cas de l'œuvre philosophique n'ont pas un caractère philosophique, etc. Même l'explication psychanalytique la meilleure et la plus réussie d'une œuvre ne parviendra jamais à nous dire en quoi cette œuvre se distingue d'un écrit ou d'un dessin d'aliéné, que la psychanalyse peut expliquer au même degré et peut-être mieux à l'aide de procédés analogues.

La raison de cette situation nous semble provenir en premier lieu du fait que, si l'œuvre est à la fois expression d'une structure individuelle et d'une structure collective, elle se présente, en tant qu'expression individuelle, surtout comme :

a) satisfaction sublimée d'un désir de possession d'objet (voir les analyses freudiennes ou d'inspiration freudienne) ;

b) produit d'un certain nombre de montages psychiques particuliers qui peuvent s'exprimer dans certaines particularités de l'écriture ;

c) reproduction plus ou moins fidèle ou déformée d'un certain nombre de connaissances acquises ou d'expériences vécues.

Or rien de tout cela ne constitue une signification littéraire, esthétique ou philosophique, bref une signification culturelle.

Pour rester sur le plan de la littérature, le signifié d'une œuvre n'est ni tel ou tel récit — ce sont les mêmes événements que nous trouvons dans l'*Orestie* d'Eschyle, dans *Electre* de Giraudoux et dans *Les Mouches* de Sartre, trois œuvres qui de toute évidence n'ont rien d'essentiel en commun — ni la psychologie de tel ou tel personnage, ni même telle particularité stylistique qui revient plus ou moins souvent. Le signifié de l'œuvre, en tant qu'elle est œuvre littéraire, a toujours le même caractère, à savoir : un univers cohérent à l'intérieur duquel se déroulent les événements, se situe la psychologie des personnages, et à l'intérieur de l'expression cohérente duquel s'intègrent les automatismes stylistiques de l'auteur. Or ce qui sépare une œuvre d'art de l'écrit d'un aliéné c'est précisément le fait que ce dernier ne parle que de ses désirs et non pas d'un univers avec ses lois et les problèmes qui s'y posent.

Il se trouve, inversement, que les explications sociologiques de l'école lukacsienne — si réduit que soit encore leur nombre — posent précisément le problème de l'œuvre en tant que structure unitaire, des lois qui régissent son univers et du lien entre cet univers structuré et la forme dans laquelle il est exprimé. Il se trouve aussi que ces analyses — lorsqu'elles réussissent — rendent compte d'une partie beaucoup plus grande du texte et qui approche souvent de l'intégralité. Il se trouve enfin que très souvent elles font non seulement voir l'importance et la signification d'éléments qui avaient entièrement échappé à la critique en permettant d'établir des liens entre ces éléments et le reste du texte, mais qu'elles mettent aussi en lumière des relations importantes et jusqu'alors inaperçues entre les faits étudiés et beaucoup d'autres phénomènes auxquels ni les critiques ni les historiens n'avaient pensé jusqu'alors. Là aussi nous nous contenterons de quelques exemples :

On savait depuis toujours qu'à la fin de sa vie Pascal était revenu aux sciences et au monde, puisqu'il a même organisé un concours public sur le problème de la roulette, et les premiers transports en commun : les carrosses à cinq sols. Personne n'avait cependant mis en relation ce comportement individuel avec la rédaction des *Pensées* et notamment avec le fragment central de cette œuvre, celui du *Pari*. C'est seulement dans notre interprétation, lorsque nous avons relié le silence de dieu et la certitude de son existence dans la pensée janséniste, à la situation particulière de la noblesse de robe en France après les guerres de religion, et à l'impossibilité de trouver une solution intramondaine satisfaisante aux problèmes qu'elle rencontrait, que le lien nous est apparu entre la forme la plus extrémiste de cette pensée, qui pousse l'incertitude à son expression la plus radicale en l'étendant de la volonté divine à l'existence même de la divinité, et le fait de situer le refus du monde non pas dans la solitude, à l'extérieur de celui-ci, mais à l'intérieur, en lui donnant un caractère intramondain [1].

De même, une fois que nous avons mis en relation la genèse du jansénisme parmi les gens de robe avec le changement de la politique monarchique et la naissance de la monarchie absolue, il a été possible de constater que la conversion de l'aristocratie huguenote au catholicisme n'était que l'autre face de la même médaille et les deux évolutions constituaient un seul et même processus.

---

1. Ce retour aux sciences, qui était un comportement rigoureusement conséquent a, bien entendu, choqué les autres jansénistes qui, certains de l'existence non paradoxale de dieu, n'admettaient pas le Pari; d'où la légende puérile du mal de dents qui a provoqué la découverte de la roulette.

Un dernier exemple, qui va jusqu'au problème de la forme littéraire. Il suffit de lire le *Dom Juan* de Molière pour voir qu'il a une structure différente des autres pièces du même auteur. En effet, s'il y a en face d'Orgon, d'Alceste, d'Arnolphe et d'Harpagon un monde de relations interhumaines, une société, et pour les trois premiers un personnage qui exprime le bon sens mondain et les valeurs qui régissent l'univers de la pièce (Cléante, Philinte et Chrysalde), il n'y a rien de semblable dans *Dom Juan*. Sganarelle n'a que la sagesse servile du peuple que nous trouvons chez presque tous les valets et les servantes des autres pièces de Molière ; de sorte que les dialogues de *Dom Juan* ne sont en réalité que des monologues dans lesquels différents personnages Elvire, le Père, le Spectre, qui n'ont aucune relation les uns avec les autres, critiquent le comportement de Dom Juan et lui disent qu'il finira par provoquer la colère divine, sans que celui-ci se défende en aucune manière. De plus, la pièce contient une impossibilité absolue : l'affirmation que Dom Juan se marie tous les mois, ce qui était de toute évidence exclu dans la vie réelle de l'époque. Or l'explication sociologique rend facilement compte de toutes ces particularités. Les pièces de Molière sont écrites dans la perspective de la noblesse de cour, et les grandes comédies de caractère ne sont ni des descriptions abstraites ni des analyses psychologiques, mais des satires de groupes sociaux réels, dont l'image est concentrée dans un trait psychologique ou caractériel particulier : elles visent le bourgeois, qui aime l'argent et ne pense pas que celui-ci est fait avant tout pour le dépenser, qui veut affirmer son autorité dans la famille, qui veut devenir gentilhomme ; le dévot et le membre de la Compagnie du Saint-Sacrement qui se mêlent de la vie des autres et combattent la morale libertine de la cour ; le janséniste — respectable sans doute — mais trop rigide et qui refuse le moindre compromis.

A tous ces types sociaux, Molière peut opposer la réalité sociale telle qu'il la voit et sa propre morale, libertine et épicurienne : liberté de la femme, disposition au compromis, mesure en toutes choses. Dans le cas de *Dom Juan*, par contre, il ne s'agit pas d'un groupe social différent, mais des individus qui, à l'intérieur du groupe même qu'exprime l'œuvre de Molière, exagèrent et dépassent la mesure. C'est pourquoi il est impossible d'opposer à Dom Juan une morale différente de la sienne. Tout ce qu'il y a à lui dire c'est qu'il a raison de faire ce qu'il fait, mais non pas d'exagérer et d'aller à l'absurde. D'ailleurs, dans le seul domaine où la morale de la cour — en théorie du moins — accepte le fait d'aller à l'extrême limite et ne connaît pas d'exagération : celui du courage et de la bravoure, Dom Juan devient un personnage entièrement positif. Par ailleurs, il a raison de donner l'aumône au mendiant, mais non pas de le faire sur un mode blasphématoire. Il n'est pas absolument nécessaire de payer ses dettes, mais il ne faut pas trop se moquer de Monsieur Dimanche (encore sur ce point l'attitude de Dom Juan n'est-elle pas réellement antipathique). Enfin, le principal problème controversé lorsqu'il s'agit de morale libertine étant, bien entendu, le problème des relations avec les femmes, Molière devait faire comprendre que Dom Juan a raison de faire ce qu'il fait mais que, là aussi, il dépasse la mesure. Or, en dehors du fait clairement indiqué qu'il exagère en s'attaquant même aux paysannes et en ne tenant pas son rang, cette mesure ne pouvait être définie de manière précise. Molière ne pouvait pas dire que Dom Juan avait tort de séduire une femme tous les mois, alors qu'il devrait se contenter d'en séduire une tous les deux ou tous les six mois ; d'où la solution qui exprime exactement ce qui était à dire : Dom Juan se marie, et il n'y a rien de répréhensible à cela, c'est même très bien de le faire, mais malheureusement il se marie tous les mois, ce qui est vraiment exagéré !

Ayant parlé dans cet article surtout des différences entre la sociologie structuraliste de la littérature d'une part, et l'explication psychanalytique ou l'histoire littéraire traditionnelle, nous voudrions aussi consacrer un paragraphe aux difficultés complémentaires qui séparent le structuralisme génétique du structuralisme formaliste d'une part, et de l'histoire empiriste et non sociologique de l'autre.

Pour le structuralisme génétique, l'ensemble du comportement humain (nous employons ce terme dans son sens le plus vaste, qui embrasse aussi le comportement psychique, la pensée, l'imagination, etc.) a un caractère structural. A l'opposé donc du structuralisme formaliste qui voit dans les structures le secteur essentiel, mais un secteur seulement du comportement humain global et qui laisse de côté ce qui est trop étroitement lié à une situation historique donnée ou à un moment biographique précis, aboutissant ainsi à une sorte de séparation entre les structures formelles et le contenu particulier de ce comportement, le structuralisme génétique pose en principe l'hypothèse que l'analyse structurale doit aller beaucoup plus loin dans le sens de l'historique et de l'individuel et devra constituer un jour, lorsqu'elle sera beaucoup plus avancée, l'essence même de la méthode positive en histoire.

Mais c'est ici qu'il rencontre, lorsqu'il se trouve devant l'historien attaché avant tout au fait individuel dans son caractère immédiat, une difficulté opposée à celle qui le séparait du formaliste ; car, malgré l'opposition entre l'historien et le formaliste, ils admettent tous deux un point essentiel, l'incompatibilité entre l'analyse structurale et l'histoire concrète.

Or il est évident que les faits immédiats n'ont pas un caractère structural. Ils sont ce qu'en langage scientifique on pourrait appeler un *mélange* d'un nombre considérable de processus de structuration et de déstructuration qu'aucun homme de science ne saurait étudier tels quels dans la forme dans laquelle ils sont immédiatement donnés. On sait que le progrès considérable des sciences exactes est dû, entre autres, précisément à la possibilité de créer expérimentalement en laboratoire des situations qui remplacent le mélange, l'interférence de facteurs agissants, que constitue la réalité quotidienne, par ce qu'on pourrait appeler des situations pures : celle dans laquelle, par exemple, ayant rendu tous les autres facteurs constants, on peut faire varier un élément et étudier son action. En histoire, une pareille situation est malheureusement impossible à réaliser ; il n'en reste pas moins qu'ici, comme dans tous les autres domaines de la recherche, l'apparence immédiate ne coïncide pas avec l'essence des phénomènes (sans quoi, comme l'a dit un jour Marx, la science serait inutile), de sorte que le principal problème méthodologique des sciences sociales et historiques est précisément celui de dégager les techniques permettant de mettre en lumière les principaux éléments dont le mélange et l'interférence constituent la réalité empirique. Tous les concepts importants de la recherche historique (Renaissance, capitalisme, féodalisme, et aussi jansénisme, christianisme, marxisme, etc.) ont un statut méthodologique de cet ordre, et il est très facile de montrer qu'ils n'o t jamais coïncidé de manière rigoureuse avec la réalité empirique particulière. |Il n'en reste pas moins vrai que les méthodes structuralistes génétiques ont permis de dégager aujourd'hui des concepts qui serrent déjà des réalités moins globales mais qui continuent, bien entendu, à garder un statut méthodologique du même ordre. Sans pouvoir ici insister sur le concept fondamental de conscience possible, précisons tout au moins que, dans son orientation vers le concret, la recherche structuraliste ne saurait jamais aller jusqu'au mélange individuel et doit s'arrêter aux structures cohérentes qui en constituent les éléments.

C'est aussi peut-être le lieu d'indiquer que, la réalité n'étant jamais statique, l'hypothèse même qu'elle est *intégralement* constituée par des processus de structuration implique la conclusion que chacun de ces processus comporte une face complémentaire : celle d'être en même temps un processus de *déstructuration* d'un certain nombre de structures antérieures aux dépens desquelles il est en train de s'effectuer. Le passage, dans la réalité empirique, de la prédominance des structures anciennes à la prédominance de la structure nouvelle est précisément ce que la pensée dialectique désigne comme *passage de la quantité à la qualité*.

Il serait donc plus exact de dire que la réalité sociale et historique à un moment donné se présente toujours comme un mélange extrêmement enchevêtré, non pas de structures, mais de processus de structuration et de déstructuration dont l'étude n'aura un caractère scientifique que le jour où les principaux d'entre ces processus auront été dégagés avec suffisamment de rigueur.

Or c'est précisément sur ce point que l'étude sociologique des sommets de la création culturelle acquiert une valeur particulièrement importante pour la sociologie générale. Nous avons déjà souligné que, dans l'ensemble des faits historiques et sociaux, la caractéristique et le privilège des grandes créations culturelles réside dans leur structuration extrêmement avancée, et dans la faiblesse et le petit nombre d'éléments hétérogènes qu'elles intègrent. C'est dire que ces créations sont beaucoup plus facilement accessibles à une étude structuraliste que la réalité historique qui les a engendrées et dont elles font partie. C'est dire aussi que la mise en relation de ces créations culturelles avec certaines réalités sociales et historiques une fois établie, elles constituent des indices précieux concernant les éléments constitutifs de ces réalités.

On voit à quel point il est important d'intégrer leur étude à l'ensemble des recherches sociologiques et à la sociologie générale [1].

Un autre problème important pour la recherche est celui de la vérification. En l'abordant, nous voudrions mentionner un projet que nous envisageons depuis quelque temps mais que nous n'avons pas encore pu réaliser. Il s'agit de passer de la recherche individuelle et artisanale à une recherche plus méthodique et, surtout, à caractère collectif. L'idée nous en est venue à partir de travaux d'analyse de textes littéraires sur cartes perforées qui, dans la plupart des cas, ont un caractère analytique et partent des éléments dans l'espoir d'arriver à une étude d'ensemble, ce qui nous a toujours paru pour le moins problématique.

La discussion est ancienne ; elle dure, à l'époque moderne, depuis Pascal et Descartes : c'est la discussion entre la dialectique et le positivisme. Si le tout, la structure, l'organisme, le groupe social, la totalité relative, sont plus que la somme des parties, il est illusoire de penser qu'on puisse arriver à les comprendre à partir de l'étude de leurs éléments constitutifs, quelle que soit la technique qu'on emploie dans la recherche. Inver-

---

1. Dans la mesure où les grandes œuvres littéraires s'orientent vers l'essentiel de la réalité humaine d'une époque, leur étude peut aussi apporter des indications précieuses sur la structuration psycho-sociologique des événements. C'est ainsi que Molière pourrait, nous semble-t-il, avoir saisi et décrit un aspect essentiel de la réalité historique lorsqu'il sépare, dans la Cabale des dévots, l'effort de grouper la bourgeoisie dans la résistance contre les transformations sociales récentes et contre la nouvelle morale qu'elles ont fait naître notamment à la cour, des quelques ralliements des grands seigneurs. Pour Tartuffe, la tentative de séduire Orgon est essentielle. Pour Dom Juan, la décision de jouer hypocritement à l'homme de bien et au dévot n'est qu'une exagération parmi d'autres, et se situe sur le même plan que, par exemple, le libertinage et son attitude provocatrice et outrée dans la scène du mendiant.

sement, cependant, il est vrai qu'on ne peut pas se contenter non plus de l'étude du tout puisqu'aussi bien celui-ci n'existe que comme ensemble de ses parties et des relations qui les unissent.

En fait, notre recherche consistait toujours en une permanente oscillation entre l'ensemble et les parties, par laquelle le chercheur essayait d'élaborer un modèle qu'il confrontait avec les éléments pour revenir ensuite à l'ensemble, le préciser, retourner aux éléments et ainsi de suite jusqu'à l'instant où il estimait à la fois que le résultat était assez riche pour mériter d'être publié, et qu'une continuation de son travail sur le même objet demandait un effort disproportionné par rapport aux résultats supplémentaires qu'il pouvait espérer atteindre.

C'est dans ce déroulement de la recherche que nous avons pensé qu'on pourrait introduire — non pas au début, mais à une étape intermédiaire — un procédé plus systématique et surtout collectif.

Une fois que le chercheur a, en effet, élaboré un modèle qui lui paraît présenter un certain degré de probabilité, il nous a semblé qu'il pourrait, à l'aide d'une équipe de collaborateurs, le contrôler par une confrontation avec tout l'ouvrage étudié, alinéa par alinéa si c'est un texte en prose ; vers par vers s'il s'agit d'un poème ; réplique par réplique s'il s'agit d'une pièce de théâtre, en établissant :

a) dans quelle mesure chaque unité analysée s'insère dans l'hypothèse globale ;

b) la liste des éléments nouveaux et des relations nouvelles non prévus dans le modèle initial ;

c) la fréquence, à l'intérieur de l'œuvre, des éléments et des relations prévus dans le modèle.

Une pareille vérification devrait permettre par la suite au chercheur :

a) de corriger son schéma de manière à rendre compte de l'intégralité du texte ;

b) de donner à ses résultats une troisième dimension : celle de la fréquence, dans l'œuvre donnée, des différents éléments et relations constitutifs du schéma global.

N'ayant jamais pu entreprendre une recherche de ce genre suffisamment vaste, nous nous sommes décidé dernièrement à l'entreprendre à titre pour ainsi dire expérimental, comme une sorte de prototype, avec mes collaborateurs de Bruxelles, sur *Les Nègres* de Genet, ouvrage au sujet duquel nous avions déjà une hypothèse assez avancée [1]. Bien entendu, les progrès sont extrêmement lents, et la seule étude d'un texte comme *Les Nègres* demandera plus d'une année universitaire. Mais les résultats de l'analyse des dix premières pages ont été surprenants dans la mesure où, au-delà de la simple vérification, ils nous ont permis de faire les premiers pas avec notre méthode dans le domaine de la forme dans le sens le plus étroit du mot, domaine que nous croyions jusqu'ici réservé à des spécialistes dont nous avions toujours cruellement déploré l'absence dans nos groupes de travail.

Enfin, pour terminer cet article introductif, nous voudrions mentionner une possibilité d'extension des recherches que nous n'avons pas encore utilisée mais que nous envisageons depuis quelque temps, à partir de l'étude de Julia Kristeva sur Bakhtine, publiée dans *Critique* [2].

Sans que nous l'ayons dit explicitement dans le présent article, il est évident qu'à l'arrière-plan de toutes nos recherches il y a un concept précis de la valeur esthé-

---

[1] Voir Lucien Goldmann : « Le théâtre de Genet : Essai d'étude sociologique », *Cahiers Renaud-Barrault*, novembre 1966.
[2] Précisons que nous ne sommes pas intégralement d'accord avec les positions de Kristeva, et que les considérations que nous exposons dans le présent paragraphe sont seulement développées à l'occasion de la lecture de son étude, sans coïncider rigoureusement avec les siennes.

tique en général et de la valeur littéraire en particulier. C'est l'idée développée par l'esthétique classique allemande, de Kant, à travers Hegel et Marx, jusqu'au jeune Lukács, qui définit cette valeur comme une tension surmontée entre d'une part la multiplicité et la richesse sensible, et d'autre part l'unité qui organise cette multiplicité dans un ensemble cohérent. Dans cette perspective, une œuvre littéraire apparaît comme étant d'autant plus valable et plus importante que cette tension est à la fois plus forte et plus efficacement surmontée, c'est-à-dire que la richesse et la multiplicité sensible de son univers est plus grande et que cet univers est plus rigoureusement organisé, et constitue une unité structurale.

Ceci dit, il est non moins évident que presque tous mes travaux, et même ceux de tous les chercheurs qui s'inspirent des écrits du jeune Lukács, ont centré leur recherche sur un seul élément de cette tension : l'unité, en précisant que dans la réalité empirique elle prend la forme d'une structure historique significative et cohérente dont le fondement se trouve dans le comportement de certains groupes sociaux privilégiés. Toutes les recherches de sociologie de la littérature de cette école étaient jusqu'ici en tout premier lieu orientées vers la mise en lumière de structures cohérentes et unitaires, régissant l'univers global qui constitue, selon leurs auteurs, le signifié de toute œuvre littéraire importante ; ces recherches viennent de faire, récemment seulement, nous l'avons dit plus haut, leurs tout premiers pas du côté du lien structurel entre l'univers et la forme qui l'exprime.

Dans tout cela, cependant, l'autre pôle de la tension, la multiplicité, la richesse, était simplement admis comme une donnée sur laquelle nous pouvions tout au plus dire qu'elle était, dans le cas d'une œuvre littéraire, constituée par une multiplicité d'êtres individuels et vivants se trouvant dans des situations particulières, ou bien par des images individuelles, ce qui permettait de différencier la littérature de la philosophie qui exprime les mêmes visions du monde sur le plan des concepts généraux (il n'y a pas « la mort » dans *Phèdre*, ni « le mal » dans le *Faust* de Gœthe, mais seulement Phèdre mourante et le personnage strictement individualisé de Méphistophélès. Inversement, il n'y a pas de personnages individuels ni chez Pascal ni chez Hegel, mais seulement « le mal » et « la mort »).

En poursuivant nos recherches de sociologie de la littérature, nous avons cependant toujours agi comme si l'existence de Phèdre ou de Méphistophélès était un donné sur lequel cette science n'avait pas de prise, et comme si le caractère plus ou moins vivant, concret et riche de ces personnages était un aspect purement individuel de la création lié en premier lieu au talent et à la psychologie de l'écrivain.

Les idées de Bakhtine, telles que les expose Kristeva, et la forme probablement plus radicale qu'elle leur donne lorsqu'elle développe ses propres positions [1], nous ont paru ouvrir tout un champ nouveau et complémentaire à l'investigation sociologique sur la création littéraire.

Exactement comme nous avons, dans nos études concrètes, insisté presque exclusivement sur la vision du monde, la cohérence et l'unité de l'œuvre littéraire, Kristeva [2], caractérisant à juste titre dans son étude-programme cette dimension de la structure mentale comme liée au faire, à l'action collective et — à la li-

---

1. A la division des œuvres littéraires en monologiques et dialogiques, Kristeva ajoute le fait que même les œuvres littéraires que Bakhtine qualifie de monologiques contiennent, si elles sont littérairement valables, un élément dialogique et critique.
2. Ne connaissant pas le russe et n'ayant pu lire les écrits de Bakhtine, il nous serait difficile de départager clairement ses idées de leur prolongement chez Kristeva. C'est pourquoi nous nous référons dans cet article à l'ensemble de la position en l'attribuant à cette dernière.

mite — au dogmatisme et à la répression, insiste surtout sur sa mise en question, sur ce qui s'oppose à l'unité et qui a, selon elle (et nous pensons qu'elle a raison sur ce point aussi) une dimension non-conformiste et critique. Or il nous semble que tous les aspects de l'œuvre littéraire mis en lumière par Bakhtine et Kristeva correspondent tout simplement au pôle de richesse et de multiplicité dans la conception classique de la valeur esthétique.

Cela veut dire que, selon nous, Kristeva reste unilatérale en voyant dans la création culturelle en premier lieu, bien que non exclusivement, sa fonction de contestation et de multiplicité (de « dialogue » opposé au « monologue » pour employer sa terminologie) mais que ce qu'elle a décrit ne représente pas moins une dimension réelle de toute œuvre littéraire vraiment importante. De plus, en soulignant le lien entre la vision du monde, la pensée conceptuelle cohérente et le dogmatisme, Kristeva a implicitement attiré l'attention sur le caractère sociologique non seulement de ces éléments, mais aussi de ce qu'ils refusent, contestent ou condamnent.

En intégrant ces réflexions aux considérations que nous avons développées jusqu'ici, on aboutit à l'idée que *presque toutes* les grandes œuvres littéraires ont une fonction partiellement critique dans la mesure où, créant un univers riche et multiple de personnages individuels et de situations particulières, univers organisé par la cohérence d'une structure et d'une vision du monde, elles sont amenées à incarner aussi les positions qu'elles condamnent et, pour rendre les personnages qui les incarnent concrets et vivants, à exprimer tout ce qu'on peut humainement formuler en faveur de leur attitude et de leur comportement.

C'est dire que ces œuvres, même si elles expriment une vision du monde particulière, sont amenées, déjà pour des raisons littéraires et esthétiques, à formuler aussi les limites de cette vision et les valeurs humaines qu'il faut sacrifier pour la défendre.

Il en résulte que sur le plan de l'analyse littéraire on pourrait bien entendu aller beaucoup plus loin que nous ne l'avons fait jusqu'ici, en mettant en lumière tous les éléments antagonistes de l'œuvre que la vision structurée doit surmonter et organiser. Certains de ces éléments sont de nature ontologique, notamment la mort ; qui constitue une difficulté importante pour toute vision du monde en tant que tentative de donner *un sens à la vie* ; d'autres sont de nature biologique, notamment la libido avec tous les problèmes du refoulement étudiés par la psychanalyse ; mais il y a aussi un certain nombre non négligeable d'éléments de nature sociale et historique. C'est pourquoi la sociologie peut, sur ce point, apporter une contribution importante en montrant pourquoi l'écrivain, dans une situation historique particulière, choisit parmi un grand nombre d'incarnations possibles des positions et attitudes antagonistes qu'il condamne, précisément les quelques-unes qu'il ressent comme particulièrement importantes.

La vision des tragédies raciniennes condamne de manière radicale ce que nous avons appelé « les fauves » dominés par la passion et « les pantins » qui se trompent en permanence sur la réalité. Mais c'est dire une chose presque évidente que de rappeler à quel point la réalité de la valeur humaine d'Oreste, d'Hermione, d'Agrippine ou de Néron, de Britannicus, d'Antiochus, d'Hippolyte ou de Thésée est incarnée dans la tragédie racinienne, et à quel point le texte de Racine exprime de manière compréhensive leurs aspirations et leurs souffrances.

Tout cela devrait faire l'objet d'analyses littéraires détaillées. Il nous semble cependant probable que, si la passion et la recherche du pouvoir politique trouvent une expression littéraire beaucoup plus forte et plus puissante dans l'œuvre de Racine que la vertu passive et incapable de comprendre la réalité, cette différence d'intensité dans l'expression littéraire est fondée dans les réalités sociales, psychiques et intellectuelles de la société dans laquelle vivait Racine et dans la réalité des forces sociales auxquelles s'opposait le groupe janséniste.

Nous avons déjà indiqué la réalité des groupes sociaux auxquels correspondaient Harpagon, Georges Dandin, Tartuffe, Alceste et Dom Juan chez Molière (bourgeoisie, Compagnie du Saint-Sacrement et Cabale des dévots, jansénistes, aristocrates de la cour qui exagèrent) ou bien Wagner dans le *Faust* de Gœthe (la pensée des Lumières).

Nous arrêtons ici notre étude. Il est évident que ce dernier paragraphe a, pour l'instant, seulement valeur de programme dont la réalisation dépend du développement que prendront à l'avenir les recherches sociologiques portant sur la création culturelle.

Le sujet de la création culturelle

Si j'ai choisi ce thème, c'est parce qu'il me semble le plus apte à mettre en lumière à la fois les convergences profondes et les divergences fondamentales qui existent entre d'une part, l'étude sociologique et dialectique et, d'autre part, l'étude psychanalytique de la création culturelle.

Il importe en effet tout autant de ne pas laisser de côté ce que la psychanalyse peut, même dans la perspective d'un sociologue, apporter à la compréhension de l'homme et de la création culturelle, que de ne pas estomper les oppositions pour arriver à une sorte d'irénisme aussi éclectique que vague, qui ne saurait que nuire à la recherche positive.

En quoi consistent tout d'abord les éléments communs ? Je crois que Ricœur l'a déjà indiqué ce matin. Sociologie dialectique et psychanalyse partent en effet l'une et l'autre d'une affirmation commune : celle que, sur le plan humain, rien n'est jamais dépourvu de sens. Cela ne veut pas dire, comme on l'a affirmé souvent de l'hégélianisme, que la dialectique est un panlogisme, d'autant plus qu'étant donné le développement contemporain de la logique formelle, on risquerait facilement de donner à ce terme un sens trop étroit. Peut-être vaudrait-il mieux créer un terme non pas à partir de « logique » mais de « signification », et parler de *pansignifiance.* A condition, bien entendu (c'est une idée que j'ai déjà eu l'occasion de développer dans une discussion avec Paul Ricœur à Montréal), de rester conscient du fait que la signification ne commence pas avec l'homme et encore moins avec la pensée et le langage, et surtout qu'elle n'est pas toujours consciente.

Si nous avions dans cette chambre un chat plus ou moins affamé et si une souris longeait le mur de gauche, le fait pour le chat de s'orienter de ce côté et d'attraper la souris serait une action parfaitement significative adaptée à la fois au problème qui se pose au chat (celui d'apaiser sa faim et de trouver la nourriture) et au contexte dans lequel il se pose, celui d'une souris qui longe le mur de gauche vers lequel le chat doit s'orienter pour l'attraper.

Or, bien que nous ne sachions pas grand-chose sur la psychologie des animaux, il n'est nullement certain, il est même très peu probable, que le chat soit conscient du problème et du procédé qu'il emploie pour le résoudre. Son comportement n'en est pas moins significatif dans le sens où *signification* veut dire résolution biologique, corporelle, implicite, d'un problème posé dans une situation donnée.

Quoi qu'il en soit cependant de la conscience du chat, ce qui importe c'est le fait que depuis l'apparition de l'homme, la signification passe toujours chez celui-ci à travers la conscience (vraie ou fausse), la communication, la parole et le langage, de sorte que nous trouvons cette conscience signifiante chaque fois que nous avons affaire soit à une réalité humaine contemporaine, soit à une réalité humaine passée qui nous a laissé suffisamment de vestiges et de témoignages pour que nous puissions l'étudier.

Or, ce qui est commun à des penseurs comme Hegel, Marx, Lukács, Freud et je crois pouvoir ajouter Piaget, c'est l'affirmation que chaque fois que nous nous trouvons devant un comportement humain, une expression linguistique, une phrase écrite, une indication quelconque de communication [1], quelle que soit par ailleurs l'impression immédiate que produit ce fragment ou ce comportement, et même si nous ne voyons pas d'emblée sa rationalité, la manière dont il pourrait contribuer à la solution d'un problème, c'est en fait un fragment de sens qui, si nous réussissons à l'intégrer à l'ensemble dont il fait partie, *va se révéler* significatif.

Aussi, tant les analyses de Marx que celles de Freud, qu'il s'agisse d'économie, d'étude des idéologies, d'histoire politique, d'histoire de la littérature, de philosophie, de religion et de pensée scientifique, ou bien d'analyse de rêves, de névroses ou de lapsus, aboutissent à mettre en lumière le caractère significatif — et cela veut dire à la fois structurel et fonctionnel — de tel témoignage ou comportement humain qui paraissait à l'origine plus ou moins, et parfois même entièrement dépourvu de signification.

C'est là un premier élément commun.

Le deuxième réside dans la manière dont Hegel, Marx, Lukács et Freud s'y prennent pour rétablir le sens à partir d'un fragment qui n'est pas en lui-même significatif ou qui paraît au premier abord avoir une signification différente de celle qu'aboutira à mettre en lumière la recherche dialectique ou psychanalytique.

Cette manière d'y parvenir est, pour tous ces penseurs, l'intégration de l'objet étudié à une totalité relative plus vaste, qu'on l'appelle structure, vie sociale, réseau d'images ou psychisme inconscient ; je me permets d'ajouter que dans cette perspective la notion de polysémie dont on a beaucoup parlé dans ce colloque

[1]. Cette affirmation s'étend aussi au comportement biologique car, au niveau humain, le biologique lui-même devient signifiant au niveau symbolique, devient au moins, comme le disait Sartre « conscience (de) soi », et peut devenir par la suite conscience réflexive.

devient parfaitement acceptable et signifie tout simplement la possibilité d'intégrer de manière valable l'objet étudié à plusieurs structures différentes, tant sur le plan de la conscience que sur celui de la vie historique et peut-être aussi (je ne suis pas assez compétent pour me prononcer) biologique.

Troisième point commun : l'idée que les structures ne sont pas invariables et permanentes mais constituent l'aboutissement d'une genèse ; aussi ne peut-on comprendre le caractère significatif d'une structure qu'à partir d'un ensemble de situations actuelles à l'intérieur duquel elle est née des tentatives du sujet *déjà structuré lui-même par son devenir antérieur*, de modifier des structures anciennes pour répondre aux problèmes posés par ces situations : tentatives de réponse qui, à l'avenir, au fur et à mesure que des influences externes ou bien le comportement du sujet et son action sur le monde ambiant transformeront les situations et poseront des problèmes nouveaux, modifieront progressivement la structuration actuelle du sujet.

En bref, aussi bien la pensée de Freud que celle de Marx (et bien entendu, ces deux noms ont ici une valeur plus générale et signifient toute sociologie dialectique et positive et toute psychanalyse d'inspiration freudienne) sont des structuralismes génétiques.

Ceci dit, il faut cependant insister aussi sur les différences qui séparent le marxisme de la psychanalyse.

Celles-ci me paraissent se situer en premier lieu au point que je me propose de traiter aujourd'hui, celui du sujet du comportement humain et, à partir de là, de la signification et du langage significatif ; et, à l'intérieur de ce comportement et de ce langage, celui de la distinction entre le sujet du comportement libidinal et le sujet de l'action historique et de la création culturelle qui en fait partie.

La différence essentielle entre toute sociologie dialectique et la pensée freudienne me paraît résider dans la manière de concevoir ce sujet. Pour deux raisons qui se sont conjuguées Freud a en effet, me semble-t-il, pensé que le sujet était toujours et partout un individu. Il l'a fait d'abord dans la mesure où il se situait encore dans le prolongement de la pensée des Lumières [1] et où cette philosophie — qui a constitué pendant plusieurs siècles la forme de pensée prédominante du monde occidental — partait, sous une forme ou une autre, toujours de l'individu. *Cogito* cartésien ou husserlien, sensations ou propositions protocolaires des empiristes, c'était toujours l'individu qu'elle voyait comme unique sujet possible de l'action, de la pensée et du comportement.

Cela aboutissait d'ailleurs parfois à des formes à la fois aussi paradoxales, aussi révélatrices que celle que j'ai citée dans un de mes livres : une grammaire pour la classe de troisième ou de quatrième dans laquelle on pouvait lire, comme s'il s'agissait d'une vérité évidente, que « Je est un pronom qui n'a pas de pluriel ; *Nous* signifie Je et Tu ». Bref, pour la pensée des Lumières, et pour Freud à sa suite, il n'y a que des individus, le sujet est toujours un « Je ».

Or cette position individualiste a été renforcée chez Freud par le fait, que même là où se situent ses grandes découvertes, notamment celles de l'inconscient, et où par ces découvertes il dépassait de manière essentielle la pensée des Lumières et s'orientait vers une conception dialectique de la personnalité, il s'est trouvé en tout premier lieu devant l'aspect biologique ou immédiatement dérivé du biologique de celle-ci, en face de la sexualité, de ce qu'on a appelé ici le désir, mais qu'il serait peut-être préférable, pour éviter toute confusion avec Hegel, de désigner par le terme libido.

---

[1]. Ce qui explique entre autres sa profonde hostilité contre la religion, dont parlait ce matin Ricœur (c'est là un trait extrêmement fréquent chez les philosophes des Lumières) et le court-circuit du raisonnement grâce auquel il réduisait la religion à l'illusion et à l'idéologie.

Or, même si la structure de la libido ou du désir n'est pas particulièrement génitale — et Freud fut le premier à découvrir et à enseigner qu'elle ne l'est certainement pas — je crois qu'on peut la définir d'une manière assez rigoureuse par le fait qu'elle embrasse exclusivement des pulsions dont le sujet est, du point de vue biologique, un individu pour lequel les autres individus ne sauraient être que des objets et, plus précisément, des objets de satisfaction ou des obstacles à celle-ci tels par exemple la mère et le père dans le complexe d'Œdipe.

Ceci dit, il est cependant évident que, une fois intégrées à une personnalité capable de pensée symbolique et de langage, ces tendances elles-mêmes deviennent plus complexes et acquièrent certaines caractéristiques nouvelles, notamment la possibilité de penser le Je, de l'intégrer à une conscience réflexive et, à partir de là, d'en faire l'objet de la pulsion. On aboutit ainsi au narcissisme qui est une particularité humaine et a ceci de caractéristique qu'il présente, au niveau du sujet individuel — qui, selon nous, n'est qu'un facteur secondaire dans la création culturelle — une des particularités les plus importantes des sommets de la conscience collective : l'identité du sujet et de l'objet.

Qu'elles qu'en soient cependant les raisons, c'est un fait que les analyses freudiennes de la création culturelle sont une sorte de transposition rigoureuse et à peine modifiée sur quelques points secondaires, des analyses du comportement individuel et de la libido individuelle.

Or, si la psychologie structuraliste est incontestablement fondée, jusqu'à un certain point — nous l'avons nous-même souligné au début de cette conférence — la transposition du sujet individuel du domaine biologique et libidinal à la vie sociale et à la création culturelle nous paraît au plus haut point problématique et nous craignons qu'elle ne mette en question tout intérêt positif et scientifique de ces analyses.

Avant d'aborder cependant l'essentiel du problème, je voudrais rappeler qu'un certain nombre de particularités, à la fois importantes et contestables, de la pensée freudienne, semblent découler de cette position. Je me contenterai d'en mentionner une seule : l'absence de la catégorie de l'avenir.

L'avenir de l'individu est en effet limité ; il s'arrête à la mort, aussi serait-il difficile d'en faire une catégorie fondamentale de la pensée individualiste.

De plus, la disparition de la catégorie de totalité dans l'individualisme entraîne, elle aussi, pour une pensée conséquente, la disparition de l'idée de temps et son remplacement par les deux autres catégories équivalentes et atemporelles de *l'instant* et de *l'éternité*. Ce n'est pas un hasard si cette atemporalité caractérise les deux grandes pensées rationalistes : celle de Descartes et celle de Spinoza. De même on pourrait montrer que, si l'engagement politique des penseurs des Lumières au XVIIIe siècle les a amenés à lutter pour un avenir meilleur, il n'en était pas moins très difficile de fonder cette idée d'avenir, qu'ils concevaient d'ailleurs très souvent sous une forme atemporelle, dans leurs systèmes.

Aussi n'y a-t-il rien d'étonnant dans le fait que la pensée de Freud, malgré son caractère génétique, ignore l'avenir et semble évoluer dans une temporalité à deux dimensions : le présent et le passé, avec une nette prédominance de celui-ci. Si je ne me trompe, le mot avenir ne se trouve qu'une seule fois dans le titre d'un de ses livres : *L'Avenir d'une illusion*, lequel démontre précisément que cette illusion n'a pas d'avenir.

Revenons cependant au problème qui nous intéresse : Freud l'a soulevé lui-même dans *Malaise dans la civilisation*. Il y constate en effet que la libre satisfaction des tendances libidinales qui prennent pour objet les premiers êtres que rencontre l'enfant, et notamment, comme on l'a si souvent dit dans ce congrès, la mère et le père, aurait pour conséquence la création de très petits groupes autonomes et empêcherait toute constitution d'une société plus vaste.

Or les hommes ont créé de pareilles sociétés et pour ce faire ils ont, entre autres, interdit la satisfaction des pulsions libidinales les plus intenses : celles qui correspondent précisément au complexe d'Œdipe. L'interdiction de l'inceste est une des institutions sociales les plus répandues et les plus générales que nous connaissons. Freud se pose le problème de savoir qu'est-ce qui a pu amener les hommes à accepter librement une frustration aussi grave et aussi douloureuse pour créer la vie sociale et la civilisation, et affirme que c'est là un des problèmes les plus importants des sciences humaines, à la solution duquel les hommes de science n'auraient jusqu'ici formulé aucune hypothèse sérieuse. Or cette réponse, qui met en question, il est vrai tout l'individualisme freudien, la pensée marxiste l'avait formulée depuis longtemps.

Avec le développement de la fonction symbolique, du langage et de la communication, des moyens tout à fait nouveaux et révolutionnaires de satisfaire l'autre besoin fondamental de l'homme, à côté de la libido, la protection de la vie (contre la faim, le froid, etc.) étaient apparus. Nous résumerons l'ensemble des comportements correspondant à ce deuxième besoin par le terme « maîtrise de la nature ».

Or si la libido, malgré tout le développement et les modifications apportées par l'apparition de la conscience, de la fonction symbolique et du langage, restait toujours individuelle, le comportement correspondant au besoin de maîtriser la nature pour améliorer les conditions de vie changeait du tout au tout ; avec la communication et le langage se développait, en effet, la possibilité d'une division du travail qui réagissait à son tour sur la fonction symbolique, et ainsi de suite — c'est ce que Piaget a appelé le choc en retour — engendrant quelque chose d'entièrement nouveau et inconnu jusqu'ici : *le sujet constitué par plusieurs individus.*

Si, comme je l'ai dit hier, je soulève une table très lourde avec mon ami Jean, ce n'est pas moi qui soulève la table, et ce n'est pas Jean non plus. Le sujet de cette action, au sens le plus rigoureux du mot, est constitué par Jean et moi (et, bien entendu, pour d'autres actions on devrait ajouter d'autres individus en nombre beaucoup plus grand), c'est pourquoi les relations entre Jean et moi ne sont pas des relations de sujet-objet, comme dans le domaine de la libido, du complexe d'Œdipe par exemple, ni des relations intersubjectives, comme le pensent les philosophes individualistes qui prennent les individus comme des sujets absolus, mais ce que je proposerais de désigner par un néologisme, des relations *intrasubjectives*, c'est-à-dire des relations entre individus qui sont chacun des éléments partiels du véritable sujet de l'action.

Mais, pour que nous puissions soulever la table ensemble, il faut que nous puissions la désigner, et désigner toute une série d'autres choses ; il faut donc qu'il y ait une pensée théorique. Aussi, tout ce qui sera dit sur le plan de la théorie sera-t-il, dans la mesure où il reste lié au comportement qui prend pour objet, soit le monde naturel ambiant, soit d'autres groupes humains, un domaine où le sujet sera transindividuel, et où toute communication entre Jean et moi concernant la table que nous sommes en train de soulever reste une communication à l'intérieur du sujet, une communication, nous venons de le dire, *intrasubjective.*

C'est ici que me paraît se situer la rupture fondamentale entre la sociologie dialectique et la psychanalyse. Car Freud, qui a découvert le domaine des pulsions inconscientes et des comportements destinés à les satisfaire, a vu aussi naturellement celui des pulsions créées ou tout au moins assimilées par la société et dont la satisfaction est par essence liée à la conscience, le domaine des comportements orientés, directement ou indirectement, vers la maîtrise de la nature et la création culturelle.

Malheureusement il n'a pas enregistré le changement de nature du sujet, qui s'établit au passage des unes aux autres, et c'est pourquoi il les a toujours rapportées à un sujet individuel. Il est hautement caractéristique qu'il les ait désignées sous le terme global de « Ichtriebe », c'est-à-dire « pulsions du moi », alors que ce qui caractérise précisément l'apparition de l'homme, la naissance de la civilisation et, liée à elle, l'apparition de la conscience et de la division du travail, c'est d'avoir rendu possible le développement d'un secteur de la vie et du comportement à sujet transindividuel et infiniment extensible, sujet qui agit, il faut le rappeler, non seulement sur le monde naturel, mais aussi sur d'autres hommes ou sur d'autres groupes d'hommes, lesquels constituent alors l'objet de sa pensée et de son action.

La véritable opposition n'est pas, comme le pensait Freud, entre les pulsions du Ça, sujet individuel à prédominance inconsciente et biologique et les pulsions du Moi, sujet individuel lui aussi mais à prédominance consciente et socialisée. Elle se situe entre les pulsions du Ça et celles qui structurent la conscience d'un être qui, tout en restant biologiquement un individu, ne représente plus, en tant qu'être conscient et socialisé, *qu'un élément partiel d'un sujet qui le transcende.*

Ajoutons qu'il n'y a, dans cette perspective, aucune difficulté à admettre que l'énergie dépensée dans le comportement social trouve son origine dans la transformation des pulsions libidinales. Le caractère véridique ou erroné de cette affirmation est un problème de psychologie.

Il nous reste à souligner que la conception du sujet comme individuel ou transindividuel n'est pas un simple problème terminologique — auquel cas nous ne lui attacherions aucune importance — mais un problème décisif pour toute recherche en sciences humaines. Il s'agit en effet ni plus ni moins que de savoir par rapport à quel sujet se situe l'intelligibilité fondamentale de tout comportement à caractère même partiellement conscient.

Pour la psychanalyse, cette intelligibilité reste toujours individuelle, l'éventuelle intelligibilité sociale n'ayant qu'un caractère secondaire, dérivé, et finalement imposé de l'extérieur bien qu'intériorisé par la suite.

Pour la pensée dialectique, au contraire, c'est l'intelligibilité par rapport au sujet collectif qui est primordiale, l'éventuelle intelligibilité par rapport au sujet individuel ayant, tant que nous ne sommes pas devant des phénomènes irrationnels comme la folie, le rêve ou même le lapsus, un caractère subordonné et secondaire.

Bien entendu, il n'est pas question dans tout cela d'une conscience collective qui se situerait en dehors des consciences individuelles et il n'y a d'autre conscience que celle des individus. Seulement, certaines consciences des individus se trouvent en relations non pas intersubjectives mais *intrasubjectives* l'une avec l'autre et constituent ainsi le sujet de toute pensée et de toute action à caractère social et culturel.

En résumé, le sens que la psychanalyse découvre dans les manifestations humaines qui paraissent au premier abord absurdes (lapsus, rêves, névroses) et les significations objectives que l'analyse sociologique découvre derrière les significations apparentes ou l'absence apparente de signification des faits sociaux historiques et culturels, se situent par rapport à des sujets différents. Un sujet individuel coïncidant avec le sujet biologique dans le premier cas, un sujet transindividuel, ou si l'on veut pluriel, dans le second.

Ajoutons, pour éviter tout malentendu, que dans

certaines conditions le sujet pluriel qui élabore la pensée théorique et les visions du monde, peut aussi élaborer une vision individualiste; celle-ci n'est alors en rien moins collective que toutes les autres formes de pensée. Pour être isolé sur son île, Robinson n'en est pas une création moins collective que les visions et les formes de pensée qui nient toute réalité à l'individu.

Bien entendu cette forme de communauté intrasubjective que je vous ai décrite pour simplifier, la relation entre deux personnes qui se proposent de soulever une table, est idyllique et très éloignée de la réalité sociale effective.

Elle suffisait cependant pour illustrer le problème car je n'ai pas le temps d'insister sur les nombreuses formes de pathologie sociale analysées en premier lieu par Marx et les penseurs marxistes mais aussi par beaucoup d'autres sociologues et historiens, notamment par Adorno et l'École de Francfort dont on a souvent parlé ici.

Il faudra analyser dans des recherches concrètes les différentes formes de pathologie sociale et notamment pour les sociétés occidentales contemporaines, la réification, le remplacement du qualitatif et de l'humain par le quantitatif, les pathologies de l'organisation bureaucratique et technocratique. Mais quelles que soient ces formes de la pathologie sociale, elles sont fondamentalement différentes des formes pathologiques de la libido; les unes sont en effet des pathologies du sujet transindividuel, de la coopération, de la division du travail, les autres des pathologies de l'individu.

J'en arrive à une question essentielle que je voudrais poser à Ricœur. Je suis entièrement d'accord avec lui lorsqu'il signale que tout structuralisme génétique, qu'il s'agisse de psychanalyse ou de sociologie dialectique, est toujours menacé par un même danger : celui de la réduction, *du ne... que*. Ce tableau n'est *que* l'expression d'un désir libidinal, l'œuvre de Valéry *n'est que* l'expression idéologique de la pensée « petite-bourgeoise ».

Je suis aussi d'accord avec lui pour penser que tout structuralisme génétique doit expliquer comment un point de départ a été dépassé pour aboutir à une création complexe supérieure et non pas comment cette création se réduit au point de départ. Mais je voudrais lui demander si, dans la mesure où elle ramène tout à la libido et au sujet individuel, la pensée psychanalytique *la moins réductrice dans son domaine propre* ne le devient pas nécessairement lorsqu'elle aborde la création culturelle, s'il ne lui manquera pas toujours la possibilité de rapporter celle-ci à un sujet collectif et si la société ne reste pour elle simplement le milieu à travers lequel s'exprime le sujet individuel ? Or je pense que c'est là un des points les plus problématiques et empiriquement insuffisants de cette perspective.

A l'occasion de la conférence de Green, un problème connexe à celui que nous traitons n'avait pas été soulevé dans la salle, mais est revenu dans les conversations privées.

Quels sont les rapports entre l'interprétation et l'explication ? Je crois que je pourrais vous proposer une réponse. C'est là une question importante qui a, me semble-t-il, été traitée le plus souvent de manière hautement contestable. On a en effet opposé artificiellement *l'explication* comme étant du ressort des sciences causales physicochimiques, à *l'interprétation*, propre aux sciences humaines, qui serait du domaine de la participation, du dialogue et parfois de l'affectivité.

Pour une pensée dialectique, le problème se pose différemment. Comprendre est un processus intellectuel [1] : c'est la description d'une structure significative dans ce

---

1. Ce qui ne veut pas dire une attitude purement théorique, dans la mesure où toute attitude théorique est en même temps théorico-pratique.

qu'elle a d'essentiel et de spécifique. Mettre en lumière le caractère significatif d'une œuvre d'art, d'une œuvre philosophique ou d'un processus social, le sens immanent de leur structuration, c'est les *comprendre*, en montrant qu'elles sont des structures qui ont leur cohérence propre. *Expliquer*, c'est situer ces structures en tant qu'éléments dans des structures plus vastes qui les englobent. *L'explication se refère toujours à une structure qui englobe et dépasse la structure étudiée.*

Si j'analyse la cohérence interne des *Pensées* de Pascal, je les comprends à l'aide d'une activité strictement intellectuelle. Mais si je situe ces mêmes *Pensées* à l'intérieur du jansénisme extrémiste ou du jansénisme en général, je *comprends* ce dernier et *j'explique* la *genèse* des *Pensées*. De même, si j'insère la structure du jansénisme dans l'ensemble des relations de classe de la France du XVIIe siècle, ou dans la noblesse de robe de cette époque, je *comprends* l'évolution de la noblesse de robe, et *j'explique* la naissance du jansénisme, etc.

Mais alors se pose une question essentielle à notre problématique :

Pour interpréter un rêve, pour trouver sa signification (je prends cet exemple, mais je pourrais tout aussi bien parler d'une névrose), le psychanalyste, en aucun cas, ne peut s'arrêter à une interprétation immanente, à une simple mise en lumière de sa structure; il doit recourir aux pulsions inconscientes, insérer le rêve dans quelque chose de plus vaste, qui n'est pas simplement son contenu manifeste, et rendre compte du travail de transformation. La question se pose donc : pourquoi ne peut-on pas comprendre et interpréter les rêves comme on pourrait, à la limite, comprendre et interpréter la *Phèdre* de Racine ou l'*Orestie* d'Eschyle ? J'ai dit hier qu'il me paraissait absurde d'admettre l'existence d'un inconscient d'Oreste; Oreste n'est rien d'autre que le personnage littéraire attesté par le texte et n'a aucune existence en dehors de celui-ci. Or, nous venons de le dire, la psychanalyse ne peut pas interpréter un rêve sans dépasser son contenu manifeste, c'est-à-dire sans recourir à l'explication. Dans l'analyse sociologique, je dépasse bien entendu aussi presque toujours le texte, mais c'est pour *l'expliquer* et non pas pour le comprendre, alors que, pour trouver le sens d'un rêve, vous êtes *obligés* d'expliquer. Il n'y a pas *d'analyse immanente* du rêve.

La raison est que le rêve ne constitue pas, à lui seul, une structure significative et n'est, en tant que manifestation consciente, qu'un *élément* d'une pareille structure (biologique et individuelle), alors que la logique sociale crée des structures significatives ayant une autonomie relative et un sens propre. Bien sûr, il y a une *explication* du rêve comme des structures conscientes, mais ce qui distingue l'une de l'autre c'est leur situation respective sur un continuum qui va du purement biologique (sans signification hors de l'explication) à la grande œuvre culturelle (susceptible en principe d'une compréhension autonome, différente de l'explication). Dans la recherche concrète, il est vrai, l'explication aide toujours à la compréhension et inversement.

Cela explique pourquoi, chaque fois que nous voulons situer le rêve par rapport à la logique consciente, c'est-à-dire *l'interpréter*, lui donner un sens, nous devons recourir à l'inconscient comme facteur *explicatif* des déformations, et trouver la signification latente grâce à l'*explication* des distorsions de sens par rapport à la logique sociale. En bref, ce qui distingue la création culturelle du rêve, c'est qu'elle se situe au niveau de la signification par rapport au sujet collectif; non pas que la psychanalyse n'y trouve pas de significations libidinales, car il n'y a pas de conscience collective en dehors des consciences individuelles, mais, toute conscience individuelle se compose à la fois d'éléments libidinaux dont le sujet est individuel et d'éléments conscients qui ressortissent au plan de la création culturelle et pour lesquels le sujet est transindividuel.

Bien entendu, il n'y a pas deux secteurs séparés dans la conscience, mais dans cette interpénétration, il se peut que l'élément collectif réussisse à garder son autonomie et ses lois propres et crée ainsi quelque chose d'entièrement significatif par rapport au sujet transindividuel qui agit, travaille et élabore la culture. Dans ce cas, les éléments de satisfaction individuelle ne peuvent entrer en ligne de compte que dans la mesure où ils s'adaptent à cette logique sans la modifier. Ils pourront rendre compte du fait que c'est précisément l'individu Racine qui a écrit les pièces que nous connaissons, et non pas un autre. Mais le sens de ces pièces, l'exigence d'absolu, les personnages muets et spectateurs qui se traduisent pour le héros par l'existence d'une contradiction insoluble, la distance qui sépare le personnage tragique des êtres qui exigent, est une transposition des catégories élaborées par le groupe janséniste, et la seule question où la psychanalyse peut apporter des renseignements, à la fois valables et précieux, est celle de savoir pourquoi c'est dans l'individu Racine qu'elles se sont manifestées avec une force particulière, comment il se fait qu'elles ont coïncidé avec les problèmes individuels à un point tel que cet individu a réussi à donner une forme particulièrement cohérente à des tendances présentes avec plus ou moins d'intensité et de cohérence chez tous les autres membres du groupe. Si par contre cette coïncidence entre l'individuel et l'intrasubjectif ne se produit pas, si les pulsions individuelles parviennent à troubler la logique et la structure de la signification collective, nous passerons progressivement de l'œuvre de Racine à la conscience moyenne et, à l'autre extrême, au rêve et au pathologique.

Or, dans la mesure où la psychanalyse essaie de rapporter l'ensemble de la conscience au Je, à l'individu, au libidinal, elle se trouve fatalement amenée à effacer les différences entre ces différents types d'expression en abandonnant tout critère qui lui permettrait de distinguer le malade du génie.

Quand le psychanalyste se trouve devant un écrit ou une peinture, de par sa méthode même, il les situe sur le même plan que n'importe quelle autre expression de même nature d'un malade ou d'un aliéné, et il a raison de son point de vue car il est hautement probable que l'œuvre remplit pour son auteur une fonction analogue par exemple à celle qui est remplie par le dessin d'un fou. Aussi le psychanalyste a-t-il probablement raison de soutenir que, en écrivant sa pièce, Racine a exprimé telle ou telle aspiration inconsciente et libidinale.

Le problème reste cependant de savoir quelle est la relation entre celle-ci et la signification de l'ensemble de l'œuvre qui ne saurait être rapportée qu'à un sujet transindividuel.

Et c'est seulement lorsque la première parvient à s'exprimer sans troubler en rien la seconde qu'elle peut renforcer la valeur culturelle — en l'occurrence littéraire — de celle-ci.

Il faut toujours rappeler cette affirmation fondamentale de la sociologie structuraliste génétique que la cohérence significative (et cela veut dire collective) des œuvres d'art, loin d'être plus individuelle que celle de la pensée et des écrits d'individus moyens, atteint au contraire un degré beaucoup plus élevé de socialisation.

Pour nous, chaque fois que nous abordons un texte culturel important ou un événement historique, nous nous trouvons devant un objet d'étude dans lequel le sujet transindividuel ou, si vous voulez, le sujet collectif, s'est exprimé à un niveau de cohérence beaucoup plus élevé que celui atteint par la conscience des individus moyens, la mienne ou la vôtre par exemple, et cela veut dire à un niveau où l'étude positive peut faire abstraction du facteur individuel. Non pas que la satisfaction libidinale n'ait pas existé ou constitué un chaînon important dans la genèse de l'œuvre, mais elle est particulièrement difficile à saisir et ne contribue que très peu à la compréhension de l'objet que l'on veut étudier [1].

Sur ce point j'ai eu récemment une discussion que je voudrais évoquer ici car elle m'a révélé un malentendu à éviter. Lors d'un exposé sur l'esthétique sociologique au cours duquel j'avais mentionné l'exemple de la tragédie française du XVIIe siècle, certains de mes auditeurs, qui étaient d'ailleurs des historiens professionnels de la littérature, ont soulevé une objection inattendue :

« Tout cela est très bien et nous l'admettons volontiers, mais vos catégories sociologiques peuvent-elles saisir le fait esthétique et ne faudrait-il pas, pour ce faire, leur ajouter des catégories spécifiquement littéraires ? »

Or, je n'ai jamais eu l'idée d'utiliser des catégories sociologiques pour *la compréhension de l'œuvre*. L'esthétique de celle-ci dépend en premier lieu de sa richesse, de sa cohérence significative et de la cohérence entre son univers et la forme dans le sens étroit du mot. Seulement, pour mettre en lumière cette signification et cette cohérence internes, je dois me servir de procédés *explicatifs* qui impliquent son insertion dans une structure plus vaste, c'est-à-dire dans une structure sociale. Mais, ce faisant, je ne veux nullement, et en aucun cas, trouver des éléments sociologiques à l'intérieur de l'œuvre. Celle-ci n'est rien d'autre qu'un texte ayant, ou n'ayant pas, une structure cohérente. Je rappelle une fois de plus ce que je disais hier : lorsqu'il s'agit d'interpréter l'*Orestie*, on peut sans doute recourir à des procédés explicatifs en l'insérant dans une structure qui l'englobe, dans la psychologie d'Eschyle par exemple, ou dans la société athénienne, mais on n'a pas le droit d'ajouter ni une ligne ni un mot à l'écrit. Le personnage d'Oreste peut donc éventuellement s'expliquer par *l'inconscient d'Es-*

---

[1]. Ce fut par exemple le cas lorsque nous avons essayé de comprendre le théâtre tragique de Racine, les *Pensées* de Pascal et le mouvement janséniste, auquel l'un et l'autre étaient liés.

chyle ou par les structures sociales d'Athènes, mais on ne saurait lui attribuer un inconscient propre tant qu'on n'aura pas trouvé dans le texte une phrase affirmant explicitement l'existence de ce dernier, et encore moins introduire dans le texte des catégories sociologiques.

En bref, dans les cas où il y a prédominance de la signification libidinale, le chercheur est obligé de recourir à l'explication pour pouvoir interpréter. Dans le cas de la création culturelle, interprétation et explication sont des processus complémentaires qui se facilitent mutuellement dans le cours de la recherche, mais néanmoins des processus différents. L'individuel ne saurait pénétrer dans l'œuvre d'art sans l'affaiblir ou la détruire, que dans la mesure où il s'intègre à la signification collective. Il en résulte que lorsque le psychanalyste aborde l'étude de cette œuvre en y cherchant des significations individuelles il en trouvera sans doute et parfois en très grand nombre, mais presque toujours en la morcelant et en laissant de côté sa structure totale et sa problématique essentielle.

Qu'il s'agisse du *Moïse* de Michel-Ange, ou des sourires de sainte Anne et de Marie dans *La Sainte Famille*, l'essentiel n'est pas de savoir ce qui, dans la vie de Léonard, dans ses relations avec le pape ou avec son père a pu l'amener à les peindre ainsi — car des relations libidinales analogues auraient pu exister à un autre instant et dans une autre société — mais ce qui a fait que cette expression de désirs individuels a pu s'insérer dans une structure et dans une œuvre d'art qui avait, au niveau de ce qui est peint un degré très élevé de cohérence significative. Des relations entre un frère et une sœur, analogues à celles de Blaise et de Jacqueline Pascal, il en existe peut-être des milliers. C'est à un certain moment, et dans un certain contexte, que cette relation s'est avérée particulièrement favorable pour exprimer à un niveau de cohérence extrême, au niveau du système philosophique, toute une vision qui s'est élaborée à Port-Royal, à Saint-Cyran et, au-delà, à l'intérieur d'un groupe social particulier, celui des sommets de la noblesse de robe en France.

Cela nous amène à poser un problème particulièrement important : celui de la nature de la satisfaction esthétique puisque, de toute évidence, cette satisfaction comporte un élément de plaisir : tout à l'heure quelqu'un m'a demandé : « Que faites-vous du plaisir ressenti devant une œuvre d'art ? Il est malgré tout du même ordre que celui dont parle Freud dans le domaine de la libido. »

Oui et non, comme chaque fois qu'il s'agit de la relation entre la psychanalyse et la dialectique.

Oui, dans la mesure où il existe une parenté étroite entre la fonction sociale de l'œuvre d'art et la fonction individuelle de l'imaginaire, du rêve et de la folie, telle qu'elle a été décrite par Freud. L'un et l'autre naissent en effet de l'inadéquation des aspirations du sujet par rapport à la réalité. Pour supporter les frustrations que lui impose celle-ci, l'homme est obligé de les compenser par une création imaginaire qui favorise d'ailleurs, tant qu'il s'agit d'une psychologie normale et non pas pathologique, son insertion dans le monde ambiant.

Non, dans la mesure où, au niveau individuel, ces frustrations concernent presque toujours un objet (et le plus souvent un être humain faisant fonction d'objet) que le sujet individuel n'a pu posséder. Inversement, au niveau du sujet transindividuel, l'aspiration ne concerne pas, ou tout au moins ne concerne pas en premier lieu, un objet mais une cohérence significative, la frustration étant constituée par le fait que la réalité impose à chacun d'entre nous un certain degré d'incohérence et un certain nombre de compromissions.

Celles-ci résultent non seulement de la relation entre le sujet collectif et le monde ambiant, mais aussi de la structure même de ce sujet composé d'individus qui appartiennent à un grand nombre de groupes sociaux divers et dans la conscience desquels interviennent encore (Freud nous l'a suffisamment montré) des éléments libidinaux. Ces individus constituent ainsi des mélanges, et le sujet transindividuel un groupe qui tend vers la signification cohérente sans jamais parvenir à l'atteindre effectivement.

Aussi la fonction la plus importante de la création littéraire et artistique nous paraît être d'apporter sur le plan imaginaire cette cohérence dont les hommes sont frustrés dans la vie réelle, exactement comme, sur le plan individuel, les rêves, les délires et l'imaginaire procurent l'objet ou le substitut de l'objet que l'individu n'avait pas pu posséder réellement.

Il y a cependant une grande différence entre la cohérence d'une structure consciente rapportée à un sujet collectif, cohérence qui n'est d'ailleurs pas toujours réductible au sens explicite, et la cohérence latente d'une structure libidinale rapportée au sujet individuel.

J'ai déjà dit que, dans un cas comme dans l'autre, la création imaginaire a pour fonction de compenser une frustration, seulement dans le cas du sujet individuel et des frustrations libidinales étudiées par Freud, il s'agit de tourner la censure de la conscience, d'introduire subrepticement dans celle-ci des éléments qu'elle se refusait à admettre et qu'elle avait refoulés.

Dans le cas de la création culturelle au contraire, l'aspiration à la cohérence constitue une tendance explicite ou implicite de la conscience, tendance qui n'est nullement refoulée. La création renforce ici la conscience dans ses tendances immanentes alors que la libido essaie le plus souvent de la contourner et d'y introduire des éléments étrangers et contraires à sa nature.

Cette différence n'est d'ailleurs pas faite pour nous étonner étant donné que la conscience est étroitement liée au sujet collectif ou, si vous voulez, au sujet transindividuel; alors qu'elle n'apparaît, au contraire, dans le domaine libidinal que dans la mesure où, lorsque la libido se manifeste *chez l'homme*, elle est obligée d'incorporer cet élément général de nature humaine qui est l'existence d'une vie consciente en essayant cependant de garder sa propre structure, en l'assimilant ou du moins en assimilant certains de ses éléments à ses propres besoins [1].

Bien entendu, des éléments inconscients s'intègrent presque toujours dans la cohérence d'une structure globale, soit en la déformant vers le lapsus, le rêve ou la folie, soit en lui conservant sa structure explicite et claire mais en lui ajoutant une surdétermination de type libidinal.

Il se peut dans ce dernier cas qu'aux satisfactions de type transindividuel que procure l'œuvre culturelle s'ajoutent des satisfactions et des plaisirs individuels communs à tous les hommes (je les appellerais volontiers des satisfactions générales) et lorsque cela se produit, la réception de l'œuvre se trouve favorisée. Mais pour être favorable, cette coïncidence n'est pas nécessaire et doit être étudiée dans chaque cas particulier.

Ce qu'il importe cependant de souligner, c'est le fait que lorsqu'il s'agit d'interpréter une œuvre culturelle dans ce qu'elle a de spécifiquement culturel, le système de pensée qui la rapporte au sujet individuel et libidinal ne saurait jouer qu'un rôle secondaire et pourrait même, surtout lorsqu'il s'agit d'une œuvre importante, être entièrement éliminé. Il faut aussi ajouter qu'étant donné la difficulté extrême de connaître une conscience indi-

---

1. Il faut cependant toujours, lorsque nous parlons de sujet transindividuel ou de sujet collectif, mentionner qu'il s'agit, non pas de ce que l'école de Durkheim désignait par ce terme, à savoir une conscience collective qui se situerait en dehors, au-dessus ou à côté de la conscience individuelle, mais, au contraire, d'un sujet collectif dans le sens que lui a donné ce matin Bastide, à savoir des relations entre le moi et les autres dans une situation dans laquelle l'autre n'est pas l'objet de pensée, de désir ou d'action, mais fait partie du sujet et est en train d'élaborer une prise de conscience ou de faire une action en commun avec moi.

viduelle surtout lorsqu'il s'agit d'un écrivain qu'on ne peut analyser durant des mois ou qui est mort depuis plusieurs siècles, c'est surtout l'œuvre et la cohérence transindividuelle de celle-ci, dans la mesure où le sociologue parvient à la mettre en lumière, qui nous apportent des éléments décisifs pour la compréhension de l'auteur. Ce fut par exemple le cas, dans une très grande mesure, au cours de nos recherches sur Pascal et Racine.

Ajoutons que l'étude des conflits et des interpénétrations entre la cohérence intrasubjective et la cohérence libidinale pose un autre problème sur lequel l'Ecole de Francfort a particulièrement insisté (mais qui devrait, je pense, être étudié de manière plus concrète, plus située historiquement, et surtout à la fois dans le contexte de la société contemporaine et en dehors de celle-ci) : celui de savoir dans quelle mesure la cohérence transindividuelle, avec tout ce qu'elle comporte sur le plan pratique, économique, social, politique et aussi culturel, engendre des frustrations importantes dans la vie individuelle et libidinale du sujet. On sait que, selon Freud qui l'a affirmé de manière assez catégorique, toute vie sociale implique des frustrations de la libido, de sorte qu'il y aura toujours un malaise dans la culture. Ceci reste cependant extrêmement général car, comme l'ont bien vu Marcuse, Adorno et leurs amis, ces frustrations peuvent avoir un caractère plus ou moins intense, et surtout être réparties de manière inégale entre les individus ou les groupes sociaux. Et c'est un fait qu'elles ne se distribuent pas de manière équitable et homogène entre les différentes classes sociales.

Or la question se pose aujourd'hui de savoir dans quelle mesure le niveau technique élevé atteint par les sociétés industrielles avancées ne permettrait pas, si l'ordre social était organisé de manière plus efficace, de réduire au minimum ces frustrations pour chaque individu, et dans quelle mesure les formes concrètes qu'a prises la société contemporaine, notamment la société technocratique, le capitalisme d'organisation, ne sont pas à l'origine du degré particulièrement intense de frustrations que doivent accepter la plupart des hommes d'aujourd'hui.

Quoi qu'il en soit, je ne crois pas qu'il suffise de dire que le travail peut devenir un plaisir et qu'aujourd'hui, étant donné le niveau élevé des standards de vie, on pourrait lui conférer effectivement ce caractère ludique. L'organisation sociale actuelle a, Bastide nous en a parlé ce matin, incontestablement tendance à effacer l'individu à l'intérieur du sujet transindividuel, en organisant une sorte de lavage de cerveau spontané et implicite.

Aussi le problème pratique le plus important de notre époque est-il précisément de savoir dans quelle direction agir, quelle attitude prendre pour contribuer à donner à l'évolution sociale une orientation différente de celle qu'elle semble être en train de prendre spontanément, une direction qui permettrait de modifier une évolution risquant de supprimer l'élément qualitatif et la personnalité humaine, tout en augmentant considérablement le niveau de vie et les possibilités de consommation des individus, créant ainsi une situation dont j'ai une fois caractérisé l'élément paradoxal sur le plan de la culture en écrivant que nous risquons d'aboutir à une production considérable de diplômés de l'Université et de docteurs analphabètes, pour la remplacer par une orientation vers une structure sociale capable d'assurer effectivement un développement harmonieux tant du sujet libidinal (lequel a aujourd'hui le droit et la possibilité d'obtenir des satisfactions beaucoup plus grandes et plus intenses que celles que pouvaient lui offrir les sociétés antérieures qui vivaient sous la pression de la pénurie et de la rareté) que de la personnalité intrasubjective et socialisée, un développement harmonieux de l'individu et de la personnalité.

Mais cela nous amène, tant dans la psychanalyse que

dans la sociologie, au problème de l'attitude à prendre devant la société contemporaine et des alternatives qui s'offrent encore, problème dont vous savez bien que je suis loin de sous-estimer l'importance, mais qui ne constitue pas le thème de la conférence d'aujourd'hui.

Pour terminer, je voudrais ajouter une remarque au bel exposé que nous avons entendu ce matin, celui de Roger Bastide. Je ne suis en effet pas sûr que tout ait été dit, lorsqu'il souligne que le remplacement du quantitatif par le qualitatif aboutit à un retour aux valeurs archaïques, je ne suis pas sûr qu'il s'agisse ici *seulement* d'archaïsme, et non pas aussi du contraire, de l'avenir et de la nouveauté. Les besoins humains étant par nature liés à l'aspect qualitatif des objets, il se peut que la réapparition *dans la conscience* des hommes des relations qualitatives avec les choses et avec les autres hommes soit à la fois au moins du point de vue formel, un retour aux valeurs archaïques, mais aussi une orientation réelle et essentielle vers des possibilités de développement humain dans l'avenir.

Enfin, pour terminer cet exposé, je voudrais me servir d'un exemple particulièrement suggestif. J'ai lu, dans l'écrit de Freud sur Léonard, que la construction de la machine à voler est étroitement liée au symbolisme libidinal que le psychanalyste retrouve souvent dans les rêves de ses malades au cours de son activité thérapeutique. N'étant pas psychanalyste, je ne saurais entrer dans une discussion technique et veux bien admettre la validité de cette affirmation. Ce qui m'intéresse, c'est l'hypothèse selon laquelle, chaque fois que nous voyons quelqu'un construire réellement ou en imagination une machine à voler, et notamment dans le cas de Léonard qui longtemps avant que cela ne puisse être techniquement réalisé, a imaginé une pareille machine, c'est un élément libidinal qui entre en jeu de manière prépondérante et qui, finalement, aurait abouti au développement de la technique contemporaine de l'aviation.

Il me semble que, même si nous acceptons les trois points de départ de cette analyse, à savoir :

— le fait que les hommes font souvent des rêves dans lesquels ils se voient en train de voler,

— le fait que ces rêves sont liés à certaines pulsions libidinales et constituent des satisfactions sublimées,

— le fait que Léonard a imaginé une machine à voler et que, depuis, la technique du vol a pris une très grande importance dans la société humaine et dans la vie des hommes,

on ne saurait admettre le lien qu'essaie d'établir Freud et que tend à établir la psychanalyse.

Il est possible — si Freud a raison — que de tout temps et à toute époque, les gens aient rêvé qu'ils volaient, mais au moment où Léonard construit ses modèles de machines à voler il se trouve à un certain niveau précis du développement des sciences et des techniques, et les machines à voler ne sont chez lui qu'une tentative parmi beaucoup d'autres. Il serait difficile de séparer nettement le modèle de machine à voler qui aurait une signification libidinale, de toutes ses autres tentatives qui, pour l'historien des techniques et des sciences ont un caractère absolument homologue.

C'est dire que, pour tout essai de situer cette œuvre dans l'histoire de la pensée scientifique et technique, le fait mis en lumière par Freud et la liaison qu'il essaie d'établir ont, sans qu'il soit nullement nécessaire de nier l'existence de cette dernière, un caractère secondaire et même négligeable et que, si nous voulons comprendre la nature réelle et objective du phénomène, il faut nous placer avant tout sur le plan du sujet historique transindividuel.

Cet exemple me semble particulièrement pertinent pour illustrer la problématique que j'ai voulu traiter dans cette conférence.

En conclusion, je pense qu'il faut à la fois accepter et refuser la psychanalyse, l'accepter en tout cas sur le plan de l'étude psychologique individuelle, de la thérapeutique clinique et lui laisser aussi une place non négligeable dans l'analyse des processus psychologiques de la création culturelle, mais aussi éviter toute tentative de rapporter la signification objective de cette création (et quand je parle de signification objective il vaudrait peut-être mieux dire la signification *spécifique*; il s'agit en effet de la signification littéraire des œuvres littéraires, picturale des œuvres picturales, philosophique des systèmes philosophiques, théologique des écrits théologiques) à un sujet individuel, procédé qui doit nécessairement et pour des raisons méthodologiques aboutir à une réduction dangereuse et même au complet effacement de cette signification.

Conscience réelle et conscience possible, conscience adéquate et fausse conscience

En commençant la rédaction de ce texte nous nous sommes aperçu que la conscience était une de ces notions clés impossibles à définir de manière précise, ayant un objet dont on connaît très mal l'étendue et la structure, dont cependant ni les sociologues, ni les psychologues ne sauraient se passer et qu'ils emploient sans craindre des malentendus sérieux et graves. En résumé, nous savons tous assez bien ce qu'est la conscience tout en étant incapables de le dire avec précision.

La difficulté provient probablement du caractère réflexif de toute affirmation sur la conscience, du fait que lorsque nous en parlons, celle-ci se trouve être le *sujet* et l'*objet* du discours ce qui rend impossible toute affirmation à la fois purement théorique et rigoureusement valable.

Il nous faut néanmoins partir d'une définition sinon rigoureuse tout au moins approximative et provisoire. Aussi, en proposerons-nous une qui nous paraît avoir le double avantage d'élucider la relation étroite qui existe entre la conscience et la vie sociale et d'éclairer en même temps certains problèmes méthodologiques.

Il nous semble en effet qu'on pourrait caractériser la conscience *comme un certain aspect de tout comportement humain impliquant la division du travail.*

Précisons cependant la portée et les limites de cette

définition. Il n'est nullement certain qu'elle recouvre le champ total du concept qui nous intéresse. Il peut y avoir des faits de conscience dans des vécus purement individuels ; il y a peut-être, nous n'en savons pas grand-chose, des éléments de conscience chez certains animaux.

Il est sûr néanmoins que toute forme humaine de division du travail suppose un minimum de planification et implicitement la possibilité de *désigner* les êtres et les choses *sur le plan théorique* pour se mettre d'accord sur le comportement qu'il faut avoir envers eux. Ajoutons que, la sociologie s'occupant en premier lieu et même exclusivement des actions humaines fondées sur la coopération et la division du travail, cette définition rend compte de l'importance fondamentale du concept de conscience pour toute recherche sociologique.

Essayons maintenant d'avancer quelque peu à partir de cette définition provisoire. Les mots « un certain aspect » peuvent être précisés dans le sens d'un aspect qui implique toujours un *élément cognitif* ce qui suppose *dans tout fait de conscience* l'existence d'un *sujet* connaissant et d'un *objet* sur lequel porte la connaissance. Ici se pose d'ailleurs un des problèmes épistémologiques les plus complexes que nous nous contentons pour l'instant de mentionner, celui de : *La nature du sujet connaissant, qui n'est ni l'individu isolé ni le groupe sans plus, mais une structure extrêmement variable dans laquelle entrent à la fois l'individu et le groupe ou un certain nombre de groupes.*

Quoi qu'il en soit, lorsque *l'objet* de la connaissance est soit l'individu lui-même, soit n'importe quel fait historique ou social, sujet et objet coïncident en tout ou en partie et la conscience acquiert un caractère plus ou moins *réflexif*.

Mais, même lorsque l'objet de la connaissance relève du domaine des sciences physiques, la conscience, toujours étroitement et structurellement liée au comportement et à l'expression d'une relation dynamique entre le sujet et l'objet, ne saurait être un simple reflet de l'objet tel qu'il existerait en dehors de toute action humaine.

D'autre part, cependant, notre existence même prouve l'efficacité relative de l'action des hommes, et dans la mesure où cette action a toujours été liée à certaines formes de conscience, il faut admettre que celle-ci a fourni dans l'ensemble aux hommes une image plus ou moins fidèle, plus ou moins adéquate, de ses objets tels qu'ils existent à l'intérieur de cette totalité, de cette structure dynamique et significative embrassant les sujets et les objets qu'est l'histoire globale de l'humanité.

Un premier problème qu'il faut donc poser lorsqu'il s'agit d'étudier n'importe quel fait de conscience est *celui de son degré d'adéquation à l'objet* dans le sens que nous venons de préciser, degré d'adéquation qui ne saurait jamais être total, — il faudrait pour cela que la conscience portât sur l'ensemble du cosmos et de l'histoire — mais qu'il faut néanmoins établir avec le maximum de rigueur possible. Et comme (nous venons de le dire)

a) tout fait social est par certains de ses côtés essentiels un fait de conscience et

b) toute conscience est avant tout une représentation *plus ou moins* adéquate d'un certain secteur de la réalité,

une sociologie différentielle de la connaissance centrée sur le degré d'adéquation devient le fondement indispensable de toute sociologie qui se veut réellement opératoire.

Encore faut-il préciser qu'aucune étude sociologique d'un objet partiel et limité ne saurait aborder l'aspect conscient de cet objet autrement qu'en l'insérant dans un ensemble, non pas global sans doute, mais en tout cas plus vaste que l'objet proprement dit. Prenons deux exemples au hasard, la coopération et la pratique religieuse. Aucun travail sociologique ne saurait établir un inventaire épistémologique *compréhensif et explicatif* des faits de conscience qui dans les divers groupes sociaux portent sur la coopération ou la pratique religieuse ou agissent sur le comportement des membres du groupe dans ces deux domaines sans *insérer* ces faits dans des ensembles plus vastes et notamment dans la manière dont les membres des différents groupes constituant les sociétés globales pensent l'ensemble de la vie sociale et la structure du groupe, ou plus exactement des groupes dont ils font partie.

Résumons nos premières conclusions :

a) Tout fait social implique des faits de conscience sans la compréhension desquels il ne saurait être étudié de manière opératoire.

b) Le principal trait structurel de ces faits de conscience est leur degré d'adéquation et son corollaire leur degré d'inadéquation à la réalité.

c) La connaissance compréhensive et explicative de ces faits de conscience et de leur degré d'adéquation ou d'inadéquation, de vérité ou de fausseté, ne saurait être établie que par leur insertion dans des totalités sociales relatives plus vastes, insertion qui seule permettra de comprendre leur signification et leur nécessité.

Il ne suffit pas de savoir qu'entre 1933 et 1945 tels groupes sociaux allemands croyaient à la durée millénaire du IIIe Reich alors que d'autres se sont montrés moins perméables à l'idéologie national-socialiste, que l'idéologie stalinienne a pénétré plus facilement tel pays de démocratie populaire que tel autre, il faut encore savoir :

a) ce qu'il y avait *d'illusoire ou de véridique* dans chacune de ces idéologies et

b) *pourquoi* tel ou tel groupe social tombait nécessairement ou tout au moins plus facilement victime de ces illusions.

Et le problème se complique par le fait que la conscience étant elle-même un élément de la réalité sociale, son existence même contribue à rendre son contenu adéquat ou inadéquat ; le caractère réformiste de la pensée ouvrière anglo-saxonne augmente les chances du réformisme et diminue celles de la révolution dans les pays anglo-saxons, inversement, le caractère virtuellement révolutionnaire de la paysannerie dans tel autre pays augmente les dernières et diminue les premières.

C'est cependant seulement après avoir compris et accepté cette analyse que se pose le principal problème opératoire de toute étude sociologique des faits de conscience, celui des relations entre la *conscience possible* et la conscience *réelle* d'un groupe.

A chaque instant, en effet, tout groupe social a sur les différentes questions qui se posent à lui et sur les réalités qu'il rencontre une certaine conscience *de fait*, *réelle*, dont la structure et le contenu s'expliquent par un nombre considérable de facteurs de toute nature, lesquels ont tous à un degré divers contribué à sa constitution.

Il serait cependant difficile de les mettre sur le même plan étant donné que certains d'entre eux sont passagers, d'autres plus ou moins stables, et que seuls quelques-uns se trouvent liés *à la nature même du groupe*, de sorte que si les premiers et les seconds peuvent se modifier ou disparaître sans entraîner nécessairement la disparition du groupe lui-même, les derniers par contre sont essentiellement liés à son existence.

Envisageons à titre d'exemple la conscience *réelle* des paysans français entre 1848 et 1851 qui fut un facteur particulièrement important pour la réussite du coup d'État de décembre. Elle est le résultat de l'action d'un grand nombre de facteurs historiques et sociaux dont l'enchevêtrement est extrêmement complexe. La plupart d'entre eux pourront cependant se modifier ou disparaître par la suite, sans que le groupe cesse pour cela d'être constitué de paysans ; inversement, l'exode rural vers la ville transforme la nature même du groupe dont un certain nombre de membres deviennent ouvriers, fonctionnaires, commerçants, etc. ce qui entraîne des changements de structure non seulement de leur conscience *réelle*, mais aussi de leur conscience *possible* qui est le fondement de la première. C'est dire que lorsque nous essayons d'étudier les faits de conscience collective, et plus exactement le degré d'adéquation à la réalité de la conscience des différents groupes qui constituent une société, il faut commencer par la distinction primordiale entre la conscience *réelle*, avec son contenu riche et multiple, et la conscience *possible*, le maximum d'adéquation auquel *pourrait* parvenir le groupe sans pour cela changer sa nature.

Sur ce point, il faut indiquer un fait qui paraît particulièrement important pour la recherche sociologique. Il arrive en effet très souvent que la conscience *réelle* d'une partie plus ou moins notable des membres d'un groupe aspire à changer de statut ou à s'intégrer à un autre groupe, plus encore que les individus qui le constituent s'efforcent en partie *dès maintenant* à adopter les valeurs de ce dernier. Des jeunes paysans voudraient aller en ville, un certain nombre d'ouvriers dans les pays capitalistes veulent monter dans l'échelle sociale et essayent de se comporter dès maintenant comme de petits-bourgeois. Le sociologue ne doit pas oublier cependant que ces éléments de la conscience *réelle* restent dans le cadre des consciences *possibles des groupes* paysans ou ouvriers respectifs et ne sauraient pratiquement, tant que le changement de statut ne s'est pas produit réellement, porter sur les points qui distinguent les *consciences possibles* des deux groupes (effectif et désiré). Il serait par exemple difficile d'imaginer qu'une partie notable des petits paysans qui aspirent à aller en ville se mettent, tant qu'ils restent petits propriétaires ruraux, à défendre la nationalisation des moyens de production (ce qu'ils feront peut-être 10 ou 20 ans plus tard, une fois devenus ouvriers) ou bien qu'une partie notable des ouvriers qui aspirent à monter l'échelle sociale deviennent tout en restant ouvriers, opposés à toute hausse de salaire pour éviter la montée des prix, etc. Or ce ne sont pas là des considérations purement spéculatives, mais des problèmes théoriques et pratiques de toute première importance. Aucune analyse, *limitée à la conscience réelle* des paysans russes en 1912 par exemple, n'aurait pu prévoir leur conscience et leur comportement entre 1917 et 1921, alors qu'il est d'une importance capitale à la fois pour le sociologue et l'homme d'action, de connaître le cadre à l'intérieur duquel des modifications de conscience sont possibles à courte durée, et en dehors duquel toute modification autre que tout à fait passagère suppose un changement préalable du statut social des individus composant le groupe. C'est de ce problème de la *conscience possible* qu'il s'est agi par exemple, lorsque Lénine rompant avec toute une tradition marxiste et au grand scandale de la plupart des penseurs socialistes de son temps, favorables à la grande entreprise agricole collectivisée, donna le mot d'ordre : distribution des terres aux paysans, seul capable de gagner ces derniers — tant qu'ils restaient paysans — à la cause de la révolution, alors que tout essai de collectivisation antérieur à l'existence d'une technique suffisamment avancée pour assimiler l'agriculture à l'industrie, devait se heurter aux résistances paysannes, et eût, s'il avait été entrepris avant la victoire des révolutionnaires et la consolidation du nouvel État, empêché cette victoire et cette consolidation.

De même, il nous paraît extrêmement important de constater le caractère peu rationnel et à prédominance affective de la pensée et du comportement de certaines couches individualistes des classes moyennes, caractère lié à leur place périphérique dans la production qui les rend incapables, sauf exceptions individuelles naturellement, de comprendre l'ensemble du processus économique et social. Cela signifie que dans ces couches des oscillations idéologiques extrêmement amples et rapides sont possibles et que les différents programmes sociaux et politiques les attirent moins par la compréhension que par leur action sur l'affectivité, c'est-à-dire par l'impression qu'ils expriment le secteur offensif et gagnant des conflits.

C'est donc à l'intérieur de ce cadre de la conscience *possible* des groupes particuliers, du maximum d'adéquation à la réalité dont leur conscience est capable, que doit être posé par la suite le problème de leur conscience *réelle*, et des raisons pour lesquelles celle-ci reste en deçà de la première.

Soulignons encore que, de même qu'il est important d'établir sur la base d'un grand nombre de recherches concrètes, une *typologie des consciences possibles* fondée sur leur *contenu* au moment historique où celui-ci atteint son maximum d'adéquation, il importe aussi d'établir une *typologie structurale* des *modes* (et non pas des contenus) d'inadéquation réelle allant des distorsions secondaires et périphériques par rapport à *la conscience possible du groupe* à l'époque où celle-ci atteint son maximum d'adéquation à la fausse conscience et dans les cas extrêmes à la mauvaise foi. Cette typologie ne doit cependant pas avoir un caractère phénoménologique et descriptif, elle doit essayer de rendre compte sociologiquement de ces types de fausse conscience. Il nous semble que c'est seulement par un appareil conceptuel de cet ordre que des analyses concrètes des phénomènes sociaux, et en tout premier lieu une sociologie politique de caractère positif deviennent possibles. C'est dire qu'au-delà de toutes les méthodes purement descriptives — monographies, enquête, etc. qui sont, personne ne pourrait le nier, des instruments utiles, mais qui ne se suffisent pas à elles-mêmes — une sociologie philosophique et historique est la seule manière d'accéder à la compréhension positive des faits sociaux.

Permettez-moi d'espérer que la discussion nous amènera à éclaircir les concepts peut-être un peu trop théoriques que je viens de vous proposer.

Philosophie et sociologie
dans l'œuvre du jeune Marx
Contribution à l'étude du problème

Avant d'aborder le sujet proprement dit de ces réflexions sur la pensée du jeune Marx, nous croyons utile de préciser comment se pose selon nous le problème des relations entre la philosophie et la sociologie en général.

Nous désignons ici par *sociologie* toute analyse théorique des faits humains qui prétend pouvoir établir des corrélations *objectives* et même des lois régissant *objectivement* ces faits, et cela indépendamment de toute prise de position valorisante — morale ou politique — du chercheur.

Nous désignons par *philosophie* tout ensemble explicitement ou implicitement cohérent de jugements qui constatent *et* de jugements valorisants sur ce qui est et sur ce qui doit être et éventuellement sur la nature et la valeur des créations imaginaires. (En langage plus simple, sur le vrai, le bien et éventuellement le beau, certaines philosophies, par exemple le rationalisme, ne faisant pas *nécessairement* une place à l'esthétique.)

Le problème des relations entre la philosophie et la sociologie devient dans cette perspective celui de *l'autonomie relative* ou, au contraire, de *l'inséparabilité* des analyses théoriques et des prises de position valorisantes, — politiques et morales.

Peut-on étudier les faits humains, et cela veut dire

les faits sociaux et historiques, objectivement, de l'extérieur, pour en dégager un certain nombre de régularités, quitte à se servir par la suite de cette connaissance pour des fins éthiques ou politiques, ou bien les jugements de valeur et les constatations, la théorie et la praxis, sont-ils inséparablement unis dans la compréhension de ces faits et dans l'action historique ?

Dans le premier cas, la sociologie est une science du même type que les sciences mathématiques, physiques et naturelles, et sa relation avec la philosophie et les perspectives valorisantes ne saurait être qu'accidentelle. Comme dans le cas des mathématiques et des sciences physiques, la philosophie peut sans doute jouer un rôle important dans la constitution de la science et dans ses premiers développements, mais elle doit être nécessairement amenée à perdre très vite tout rôle effectif dans le développement interne de la pensée sociologique, dès que la sociologie aura délimité son domaine et établi de manière plus ou moins précise ses méthodes positives d'investigation.

Dans la seconde éventualité, au contraire, philosophie et sociologie, visions du monde et connaissance positive des faits humains, s'avèrent inséparables, et contrairement au développement des sciences naturelles, les sciences humaines doivent devenir d'autant plus philosophiques qu'elles accèdent à une connaissance plus positive et plus rigoureuse de l'objet qu'elles se proposent d'étudier.

Il nous faut enfin ajouter une troisième hypothèse, en apparence intermédiaire entre les deux extrêmes que nous venons de mentionner, en réalité peut-être, et selon nous probablement, seule effectivement scientifique et positive, dans la mesure même où elle réunit deux contraires dont les deux autres conceptions ne constituent que des extrapolations abstraites et unilatérales. C'est la position selon laquelle il est sans doute impossible de séparer les jugements de fait des jugements de valeur, l'investigation positive de la vision du monde, la science de la philosophie, la théorie de la praxis, mais selon laquelle aussi, les deux pôles de l'investigation et de l'action ne se trouvent pas dans un rapport constant et durable, mais dans un ensemble de relations structurées et médiatisées qui, pour exister toujours, changent de nature selon l'objet et l'époque étudiés, de sorte que d'une recherche à l'autre, l'investigation positive doit exiger, au nom de la rigueur scientifique même, une attitude plus ou moins objectiviste (sans jamais tomber dans l'illusion d'une objectivité totale), ou au contraire une attitude plus engagée (sans jamais tomber dans l'erreur théoriquement et pratiquement dangereuse d'une subordination totale de la pensée à l'action).

Le problème ainsi formulé peut sembler clair et on ne saurait que s'étonner au premier abord du fait que la discussion autour des rapports entre les théories et l'action dure depuis plus d'un siècle sans que, sur le plan méthodologique tout au moins, on puisse dire qu'elle ait beaucoup avancé. Le sociologue sait cependant que le débat n'a pas un caractère purement théorique et que, derrière les prises de position sur ce problème fondamental pour toute recherche historique sociale et politique, il y a des structures mentales et, en dernière instance, des prises de position pratiques qui expliquent la résurrection perpétuelle d'arguments depuis longtemps critiqués et en apparence réfutés. Ajoutons aussi que cette constatation même indique qu'il est très difficile, lorsqu'il s'agit de sciences humaines, d'adopter et surtout de fonder objectivement la première des positions mentionnées plus haut, position que nous désignerons comme scientiste, et qui affirme l'existence d'une science objective, indépendante de la praxis et des jugements de valeur.

Ce préambule peut paraître éloigné du sujet de notre

article ; il était cependant nécessaire, dans la mesure même où il explique pourquoi nous retrouvons, non seulement dans la discussion générale sur les méthodes en sociologie, mais dans le secteur beaucoup plus limité de l'interprétation de la pensée marxienne, les mêmes trois positions que nous venons de mentionner.

Bien que, de toute évidence, cette pensée soit centrée sur l'idée d'unité de la théorie et de la praxis, on ne trouve pas moins, depuis Vorländer, Max Adler et Werner Sombart, jusqu'à des marxologues contemporains comme M. Rubel, des écrivains qui affirment le sociologisme de Marx, l'existence dans l'œuvre de ce penseur d'une sociologie positiviste complétée respectivement par une éthique ou par une pensée politique fondées sans doute sur cette sociologie, mais néanmoins relativement autonomes.

De même trouve-t-on à l'autre pôle des penseurs importants comme le jeune Lukács, ou bien Karl Korsch dans ses premiers écrits, pour affirmer le caractère rigoureusement philosophique de la pensée marxienne et son refus de séparer, ne serait-ce que d'une manière relative, la pensée de la praxis.

Étant donné cette situation, la solution qui pourrait paraître la plus indiquée serait celle d'essayer de prouver que Marx a pris en réalité la troisième position, qui nous semble effectivement correspondre tout aussi bien à sa pensée qu'à la situation réelle de la recherche en sciences humaines. Ce serait cependant encore simplifier, car la pensée marxienne n'est pas née d'un seul coup, comme Minerve de la tête de Jupiter, mais s'est constituée progressivement, à travers un devenir dont nous trouvons l'expression dans les écrits du jeune Marx. Il serait donc important de faire un jour une étude rigoureuse de la manière dont le problème qui nous intéresse s'est posé, tour à tour, dans les différents écrits entre 1842 et 1845 ou même 1847, avant que Marx ne soit parvenu à élaborer ses positions fondamentales, positions qui comportent d'ailleurs, elles aussi, un certain nombre de variations dans les modalités d'application de chaque recherche particulière.

Bref, l'étude génétique du problème des relations entre la philosophie et la sociologie dans les écrits du jeune Marx constitue une tâche importante pour les études marxologiques futures et nous n'avons pas, bien entendu, la prétention de la traiter exhaustivement dans le cadre du présent article. Tout au plus pouvons-nous proposer, pour l'instant, quelques réflexions sur les relations entre la sociologie et la philosophie dans les écrits de jeunesse de Marx, réflexions qui pourraient susciter un certain nombre de problèmes et contribuer à des recherches ultérieures que nous espérons sans doute effectuer un jour nous-même, mais qui seront peut-être aussi effectuées auparavant par d'autres chercheurs.

Ici, il faut cependant ajouter une remarque essentielle. Si la position philosophique qui affirme explicitement l'impossibilité de séparer de manière radicale les constatations des valorisations, les jugements de fait des jugements de valeur, est non pas *la* philosophie en général, mais une philosophie particulière que nous appelons dialectique, il n'en reste pas moins que si, comme nous le croyons, cette pensée dialectique correspond à la réalité, alors toutes les philosophies, même celles qui affirment explicitement la possibilité et même la nécessité de séparer le théorique du normatif, les constatations à l'indicatif des impératifs hypothétiques ou catégoriques, contiennent *en fait* un ensemble de constatations et de valorisations étroitement et intimement liées les unes aux autres.

Ceci pour dire que même si l'on trouve, dans toutes les œuvres du jeune Marx, à la fois des constatations, des analyses scientifiques et des valorisations, des prises de position politiques et pratiques, cela ne signifie nullement que ces œuvres aient eu, dès le début, un caractère dialectique ; ce dernier suppose en effet la conscience de l'inséparabilité de ces deux attitudes, *conscience* que l'on ne trouve explicitement exprimée que dans l'*Idéologie allemande* et surtout dans les *Thèses sur Feuerbach*. Et il est caractéristique que c'est seulement lorsque cette conscience du noyau central de la pensée dialectique est acquise par Marx, que nous trouvons posés explicitement dans son œuvre les problèmes des liens entre la théorie et la praxis, et aussi celui de la relation circulaire entre les conditions sociales et ce qui est conditionné par elles.

C'est dire à quel point ce serait une tâche importante pour l'étude de la pensée marxienne que d'établir les étapes progressives de cette prise de conscience des liens inséparables entre la théorie et la praxis et, sur le plan des sciences humaines, entre la connaissance de la société et sa transformation.

La terminologie est sans doute quelque chose de particulièrement difficile à fixer en sciences humaines, du fait du caractère dynamique de la réalité qu'elles étudient et de l'impossibilité de toute définition non génétique. Si, cependant et avec ces réserves, nous appelons *sociologie* toute science de la société qui se veut objective et indépendante des prises de position pratiques du chercheur, et *matérialisme historique* la conception dialectique qui affirme l'impossibilité de séparer ces deux types d'activité humaine (on pourrait tout aussi bien parler de « sociologie historique » ou d' « histoire sociologique », mais le double emploi du même mot « sociologie » risquerait de rendre la compréhension plus difficile), alors on pourrait dire qu'il y a une étude extrêmement importante à faire, celle des relations entre la sociologie, la morale, ou le droit naturel, la politique et le matérialisme historique dans les différents ouvrages à travers lesquels s'est élaborée la pensée du jeune Marx jusqu'à l'*Idéologie allemande* et aux *Thèses sur Feuerbach*.

Le présent article qui, comme nous l'avons dit plus haut, ne prétend pas présenter au lecteur une telle étude suffisamment approfondie du problème, se propose seulement de mettre en lumière, à titre d'hypothèse, quatre jalons importants de cette évolution, et plus précisément d'indiquer les positions fondamentales concernant ce problème qui régissent quatre écrits ou groupes d'écrits particulièrement importants, à savoir : les articles de la *Gazette rhénane*, la *Critique de la Philosophie hégélienne de l'État*, l'*Introduction à la Philosophie hégélienne du Droit*, et enfin les *Thèses sur Feuerbach*.

Ajoutons d'emblée que c'est dans les articles de la *Gazette rhénane*, que Marx se trouve le plus proche de la position dualiste, que de nombreux interprètes ont cru trouver dans l'ensemble de son œuvre, position qui comporte l'existence de deux groupes d'analyses pratiquement autonomes, bien qu'étroitement mélangées, à savoir, d'une part, des analyses sociologiques, purement théoriques, et, d'autre part, des développements normatifs à caractère politique ou moral ; en fait, au moment où il dirige la *Gazette rhénane*, Marx s'est éloigné, comme beaucoup de jeunes hégéliens, des positions dialectiques de Hegel pour se rapprocher d'une pensée rationaliste, proche de la philosophie des Lumières. G. Lukács et d'autres historiens après lui ont déjà analysé cette évolution de la gauche hégélienne de la dialectique vers le rationalisme, ou, pour parler avec Lukács, le retour de Hegel à Fichte. Le facteur historique le plus important dans l'explication de cette évolution est probablement le fait que toute pensée dialectique doit appuyer ses prises de position sur la réalité et que la réalité allemande de l'époque n'était pas assez révolutionnaire pour pouvoir justifier une prise de position radicale. Ce n'est que la découverte d'une force réelle effectivement révolutionnaire, à savoir celle des prolétariats anglais et français qui permettra à Marx et à Engels (et peut-être jusqu'à un certain point à Moses Hess, mais ceci devrait être analysé de plus près) de revenir à une position dialectique.

Quoi qu'il en soit, et il faut le dire carrément, les prises de position *politiques* du jeune Marx, dans les articles de la *Gazette rhénane*, ne sont pas très originales ; elles expriment seulement, d'une manière particulièrement brillante, les idées de la démocratie radicale et du rationalisme individualiste ; l'État doit représenter l'ensemble de la société et cette représentation n'est possible que si la liberté d'expression — et cela veut dire la liberté de la presse — est assurée. La collusion entre l'État et les intérêts particuliers, les privilèges, est un mal réel qu'il faut toujours dénoncer comme un des abus les plus dangereux.

L'originalité réelle de ces articles nous semble par contre résider dans les analyses sociologiques extrêmement fines et pénétrantes qu'ils contiennent, analyses sans doute étroitement mêlées aux prises de position politiques mais en droit indépendantes de celles-ci. Si l'on tient compte du fait que ces articles de la *Gazette rhénane* sont écrits en 1842, et que beaucoup de ces analyses gardent encore tout leur intérêt, il ne fait pas de doute que l'on se trouve déjà en présence d'un penseur d'une classe exceptionnelle.

Déjà, la première série d'articles consacrés aux débats de la Diète rhénane sur la liberté de presse et la publication de ces débats constitue une analyse des plus fines et d'un grand intérêt méthodologique de la relation entre les structures de l'argumentation des différents orateurs et le groupe social qu'ils représentent. Marx ne se contente pas, en effet, de constater que ces orateurs se prononcent contre la liberté de presse ou bien pour une liberté très limitée, et de critiquer ces prises de position, au nom de son rationalisme démocratique. Il constate aussi, et c'est en ceci que consiste le majeur intérêt que gardent encore aujourd'hui ces textes, que les arguments invoqués par chacun des orateurs à l'appui de sa thèse caractérisent les catégories de pensée spécifiques du groupe qu'il représente ; c'est ainsi qu'en commençant par l'orateur qui parle au nom de l'ordre des princes, Marx constate qu'il défend la censure au nom de l'état de choses existant, ce qui est un argument spécieux peut-être, mais parfaitement caractéristique pour la perspective de cet ordre, à condition d'ajouter cependant que la validité de l' « état de choses existant » n'est pas pour cet orateur, et pour le groupe qu'il représente, un principe universellement valable, mais qu'il vaut seulement lorsqu'il s'agit d'établir l'autorité des gouvernements et de limiter les libertés du peuple. C'est pourquoi, après avoir constaté que la censure est bonne parce qu'elle existe déjà et se développe même à l'intérieur de la fédération germanique, ce même orateur se croit obligé d'ajouter que la liberté de la presse, telle qu'elle existe en Angleterre, en Hollande, en Suisse, loin d'être un argument en faveur du bien-fondé de cette liberté, est au contraire un argument à charge, dans la mesure où cette liberté, là où elle existe, est « née de circonstances particulières », ou bien a eu des conséquences « néfastes ».

L'orateur qui représente la noblesse commence par affirmer qu'il est favorable à la liberté de publication des débats de la Diète, à condition toutefois que l'on confie le soin de décider de l'utilité de cette publication à la Diète elle-même, de telle manière qu'elle puisse assurer le maximum de liberté à ses débats, en évitant toute influence « extérieure » ; et Marx remarque à juste titre que, dans toute cette argumentation, le concept de liberté, loin d'être celui de la liberté générale du rationalisme, devient celui de « libertés » qui est le terme que l'aristocratie d'épée ou de robe a toujours employé pour caractériser ses privilèges. L'orateur ne considère pas la Diète comme une assemblée de représentants de la province soumise au contrôle de celle-ci, mais sur le mode des anciens parlements français, comme un corps privilégié analogue au corps qu'il représente lui-même, qui doit défendre ses « libertés », c'est-à-dire le libre exercice de ses privilèges. Passant au problème de la liberté de la presse, ce même orateur s'y montre opposé pour la raison à la fois spécifique et spécieuse que, selon lui, l'homme étant mauvais par nature, toute liberté d'expression qui permet aussi bien à la « mauvaise » qu'à la « bonne » presse de paraître librement, risque d'assurer le triomphe de la première qui agira sur les esprits de manière autrement efficace que la « bonne » ; étant entendu que pour lui, la « bonne » presse est celle qui assure la défense des privilèges particuliers ; il définit en effet le « mauvais esprit » comme étant « la fierté qui ne reconnaît pas l'autorité dans l'Église et dans l'État » et « l'envie qui prêche la suppression de ce que la populace appelle l'aristocratie ».

Comme le dit Marx, « ces messieurs qui ne reconnaissent pas la liberté comme don naturel du rayonnement universel de la raison, mais seulement comme don surnaturel d'une constellation particulièrement favorable des étoiles, parce qu'ils ne veulent admettre la liberté que comme attribut individuel de certaines personnes ou certains états, sont obligés, par voie de conséquence, de classer la raison et la liberté universelles sous la catégorie des mauvais esprits et des phantasmes qui caractérisent les « systèmes logiquement ordonnés ». Pour sauvegarder les libertés particulières, les privilèges, ils sont amenés à proscrire la liberté universelle de la nature humaine ».

Enfin Marx termine son analyse par une citation qui exprime de manière remarquable la perspective aristocratique et ses limitations. L'orateur ajoute en effet à ses autres arguments la constatation selon laquelle « savoir parler et savoir écrire sont des talents purement mécaniques ». On sait en effet à quel point, pour l'aristocratie, savoir écrire et savoir parler constituaient des activités subalternes.

Le troisième orateur enfin, représentant des bourgeois, se prononce en faveur de la liberté de la presse, mais d'une manière tout à fait particulière, puisqu'il explique que le journalisme est un métier comme les autres et qu'il faut lui assurer la même liberté professionnelle que l'on assure à toutes professions ; aussi propose-t-il d'ailleurs d'assurer cette liberté avec les mêmes limitations que celles imposées aux autres activités professionnelles, c'est-à-dire de reconnaître le droit d'être journaliste seulement à un certain nombre d'individus dont on aura constaté la compétence et auxquels on aura accordé une patente.

Nous ne croyons pas exagérer en disant que cette étude de Marx est, dans l'histoire générale de la sociologie, une des premières analyses d'épistémologie sociologique différentielle et qu'il serait difficile de sous-estimer son importance méthodologique. Elle touche en effet le *centre* même de toute étude sociologique des faits humains, les catégories générales de la pensée spécifiques aux différents groupes sociaux, centre que méconnaissent et négligent malheureusement de trop nombreux travaux sociologiques non seulement du xixe siècle, mais encore d'aujourd'hui.

La série d'articles sur l'*Éditorial du numéro 179 de la Gazette de Cologne* pose les principes mêmes de toute sociologie de la pensée en général et de la pensée philosophique en particulier. Nous citons ce passage qui nous paraît absolument remarquable : « Les philosophes ne poussent pas comme les champignons de la terre ; ils sont le produit de leur époque, de leur peuple, dont les sucs les plus subtils, les plus précieux et les moins visibles coulent dans les idées philosophiques. C'est le même esprit qui bâtit les systèmes philosophiques dans la tête des philosophes et les chemins de fer par les mains des ouvriers. La philosophie n'est pas extérieure au monde comme le cerveau n'est pas extérieur à l'homme, bien qu'il ne soit pas situé dans le ventre. »

Dans la série d'articles consacrés au vol du bois, Marx élabore les premiers éléments, encore insuffisants sans doute, précisément parce qu'ils n'ont pas encore un caractère dialectique, de la théorie de la réification en montrant comment les relations humaines se transforment dans une société basée sur la propriété privée en qualités des objets ; dans le cas d'espèce analysé, comment le bois devient plus important que les hommes qu'il opprime et qu'il détruit.

C'est encore dans ces mêmes articles que se trouve une remarquable analyse sociologique de la justification juridique des transformations sociales récentes grâce à l'interprétation en termes de droit romain des relations héritées du Moyen Age à une époque où les notions de possession ou de propriété recouvraient un contenu social entièrement différent. Nous n'insistons pas ici sur ces deux dernières analyses pour la simple raison qu'aussi bien la théorie de la réification que la justification de l'expropriation des droits coutumiers des paysans par l'interprétation du droit de suzeraineté comme un droit de propriété absolue sont aujourd'hui largement connus par la littérature sociologique.

La dernière série d'articles enfin, consacrés à la défense de la correspondance d'un vigneron de la Moselle que le journal avait publiée et sur laquelle les autorités demandaient des explications, constitue à nouveau une remarquable analyse sociologique de la mentalité bureaucratique et des raisons structurelles pour lesquelles celle-ci se trouve nécessairement encline à méconnaître la nature de toute protestation contre les mesures administratives et à donner raison à l'autorité contre cette protestation. Citons entre autres la remarque selon laquelle dans la mesure même où l'autorité veut examiner objectivement les plaintes, elle sera amenée à confier l'instruction à un fonctionnaire familiarisé avec le problème, et cela veut dire le plus souvent à un fonctionnaire qui a participé à l'administration incriminée, bien qu'aujourd'hui il n'en fasse plus partie. Or un tel fonctionnaire est d'habitude quelqu'un qui a avancé en grade ; la conséquence en est que celui qui doit juger la plainte est non seulement un membre de l'administration qui a, comme tel, la tendance à approuver les mesures de celle-ci, mais encore, dans beaucoup de cas, quelqu'un qui doit juger des mesures prises soit par lui-même, soit par un supérieur hiérarchique proche ou éloigné.

Tout ceci indique à la fois à quel point c'est précisément à l'époque où la pensée de Marx est encore très peu dialectique et très proche du rationalisme des Lumières que l'on trouve le dualisme que certains interprètes ont souvent cru constater dans sa pensée ultérieure, et à quel point à cette époque Marx s'avère être non seulement un militant actif de la démocratie radicale et un brillant partisan de la philosophie des Lumières, mais aussi un remarquable sociologue empirique.

Ajoutons, pour finir ce paragraphe, que la valeur de toutes les analyses sociologiques que nous venons d'évoquer réside entre autres dans le fait qu'elles sont des études de sociologie de la connaissance centrées sur les catégories mentales spécifiques aux différents groupes sociaux et que par là même elles sont propres à être, dans une très grande mesure, intégrées ultérieurement dans une perspective dialectique. C'est par ce côté que, même à l'époque où la pensée de Marx est la plus éloignée de la dialectique, elle annonce déjà, par sa centration sur la relation entre les structures de la conscience et la réalité sociale, l'évolution ultérieure.

Le statut des études sociologiques dans la *Gazette rhénane* peut être caractérisé à peu près de la manière suivante. Il y a pour Marx un droit naturel et une morale naturelle sur lesquels sont fondés ses jugements politiques et au nom desquels il mène son combat. En face de cette morale et de ce droit naturels, se dresse cependant une réalité sociale pleine d'abus et d'erreurs, réalité qu'il faut expliquer sociologiquement et que Marx étudie sur un mode *déterministe et non génétique*, en centrant ses analyses sur une explication *causale* des catégories mentales qui structurent la conscience des différents groupes sociaux.

Or, que Marx en soit conscient ou non, cette position, comme celle de la plupart des jeunes hégéliens de l'époque, se situe à l'opposé même de la pensée dialectique.

C'est son ouvrage suivant : *La Critique de la Philosophie hégélienne de l'État*, qui le met de nouveau en face des positions fondamentales de cette pensée. L'ouvrage est extrêmement riche et il ne saurait être question d'en faire ici une analyse détaillée ; c'est surtout le problème des relations entre la théorie et la praxis, la sociologie et la politique, les jugements de fait et les jugements de valeur, qui nous intéresse pour l'instant.

Or, en abordant la pensée de Hegel, et quelles que soient les critiques qu'il lui oppose et sur lesquelles nous reviendrons plus loin, Marx se trouve devant une pensée qui formule ses valorisations non pas au nom d'une morale ou d'un droit naturels, mais au nom de ce qu'elle pense être *la réalité*, même si cette réalité n'est pas celle qui est immédiatement donnée sur le mode empirique, mais le devenir de l'Esprit objectif et sa marche vers la réalisation de la liberté. Or, chose importante (et qui s'explique peut-être en grande partie par le contexte de l'époque où *tout le groupe radical se voulait plus ou moins hégélien*, tout en s'opposant à Hegel surtout par des prises de position politiques), Marx ne critique pas Hegel au nom d'une politique fondée sur la morale et le droit naturels, mais se demande où se trouve la faille d'un système qui, fondant ses jugements de valeur non pas sur le devoir-être, mais sur la réalité existante, aboutit dans sa philosophie de l'État à des conclusions si opposées à celles du radicalisme démocratique et en fait à une simple apologie de la réalité sociale et politique allemande telle qu'elle existait à l'époque. Le problème central du livre, au-delà de toutes ses analyses de détail, est donc celui d'une *critique immanente* du système hégélien, et par cela même Marx est amené à faire un pas important du rationalisme des Lumières vers la pensée dialectique.

En effet, dès les premières pages de l'ouvrage, Marx met le doigt sur le point central qui différenciera la dialectique idéaliste de Hegel de la dialectique matérialiste future de Marx et d'Engels et qui fera du premier système une apologie de l'État existant et du second une idéologie révolutionnaire. Le principal reproche que Marx fait à Hegel est celui d'avoir renversé la relation effective entre le sujet et le prédicat en faisant de l'esprit, qui est avant tout prédicat, le sujet de l'histoire et en réduisant les hommes réels et les institutions nées de leurs relations (famille, société civile, État), au statut de prédicats. Or ce procédé doit aboutir, pour des raisons internes, même s'il est employé de la manière la plus critique et avec la meilleure foi du monde, à des résultats conservateurs. Il n'y a en effet *aucun moyen de connaître, de manière directe et immédiate*, l'esprit objectif et ses tendances d'évolution à court ou à moyen terme (le penseur ne connaît que le but final de son évolution). Aussi le philosophe ne saurait-il fonder ses prises de position politiques que par un détour, en s'appuyant sur les soi-disant prédicats, c'est-à-dire sur les institutions existante. C'est pourquoi tout emploi honnête d'une telle dialectique idéaliste doit aboutir, si elle se prend au sérieux et veut éviter le dualisme de l'être et du devoir-être, à une position conservatrice et à l'apologie de l'ordre social et politique existant. Si en effet les jugements de valeur doivent se fonder sur le sujet réel de l'histoire et si ce dernier ne saurait être connu qu'à travers ses prédicats empiriques qui sont conçus comme *dépourvus de tout dynamisme propre*, alors les jugements de valeur ne sauraient être que l'apologie de ce que l'on connaît positivement sur l'esprit absolu, c'est-à-dire l'apologie de ce qui existe, en éliminant toute valorisation d'un changement éventuel.

Cette critique fondamentale du système hégélien nous semble valable et nous ne voyons aucune objection que l'on pourrait lui opposer. Tout au plus faudrait-il ajouter que l'apologie du réel existant peut être progressiste et même révolutionnaire, lorsque ce réel l'est manifestement lui-même, comme c'était par exemple le cas au moment où il se présentait avant tout sous la forme de la dictature jacobine ou de l'empire napoléonien, alors qu'elle devient nécessairement réactionnaire aux périodes de stabilisation conservatrice, comme l'était celle pendant laquelle Hegel écrivit sa *Philosophie du Droit* ou celle pendant laquelle Marx rédigea le manuscrit de l'ouvrage que nous sommes en train d'étudier.

A l'erreur de Hegel qui avait inversé la véritable relation entre le sujet et le prédicat, Marx oppose l'exigence d'une pensée à la fois positive et radicale qui verrait dans les hommes réels et dans les institutions sociales (famille, société civile, État) le véritable sujet de l'action historique. Or, cette exigence poussée jusqu'à ses dernières limites devait comme telle déjà mener Marx du dualisme sociologico-politique des articles de la *Gazette rhénane* au matérialisme dialectique. Comprise de manière rigoureuse, l'exigence de voir dans les hommes réels les sujets de l'histoire implique en effet :

1) l'exigence d'une étude *génétique* des faits sociaux et des institutions sociales,

2) l'exigence de concevoir la théorie elle-même comme un élément partiel de l'action historique des hommes et celle de concevoir les hommes et les institutions humaines qu'on étudie comme participant de manière plus ou moins médiate à l'élaboration de la théorie

qu'on est en train d'établir ; en bref, l'exigence de remettre sur pied la relation entre le sujet et le prédicat impliquait celle d'une pensée à la fois dialectique et positive centrée sur la relation étroite de la théorie et de la praxis, et sur l'identité totale ou partielle du sujet et de l'objet de la pensée et de l'action.

Il y a cependant très souvent, et même presque toujours, un décalage plus ou moins grand entre les exigences immanentes du développement d'une position théorique et la réalisation effective de ce développement dans le devenir historique et dans la biographie d'un penseur. La *Critique de la Philosophie hégélienne de l'État* exigeait déjà dans ses conséquences internes l'élaboration d'une pensée dialectique.

Mais, comme la plupart des jeunes hégéliens, Marx était un penseur trop attaché à ses positions radicales, démocratiques et oppositionnelles, pour pouvoir accepter les exigences d'une pensée dialectique, et notamment celle de fonder les valorisations uniquement sur les tendances objectives de structures historiques existantes, tant qu'il n'avait pas trouvé parmi ces structures *une force objectivement révolutionnaire* qui aurait permis d'établir l'accord entre les exigences de la pensée dialectique et les attitudes politiques des jeunes hégéliens ; en bref, entre l'exigence implicite de la critique de la philosophie hégélienne et l'élaboration du matérialisme dialectique se situait nécessairement *la découverte des prolétariats français et anglais en tant que forces révolutionnaires*.

Ceci dit, nous voudrions rappeler que même la découverte du prolétariat comme sujet et moteur de la révolution socialiste, n'a pas abouti immédiatement à l'élaboration d'une pensée dialectique moniste et conséquente. On situe très souvent le commencement de l'élaboration du matérialisme historique et dialectique dans les textes écrits en 1843 et au début de 1844, et publiés dans les *Annales franco-allemandes*, et notamment dans l'*Introduction à la Critique de la Philosophie hégélienne du Droit*. Il y a cependant dans cette interprétation une erreur dont le conditionnement historique n'est peut-être pas sans intérêt pour l'évolution post-marxienne du marxisme ; car, s'il est incontestable que cette *Introduction* constitue le premier des textes de Marx dans lequel apparaît l'idée du prolétariat comme classe décisive pour la réalisation de la révolution socialiste, il est néanmoins loin d'être dialectique et contient encore une position rigoureusement dualiste [1]. Au fond, il s'agit d'un essai de synthèse entre les écrits de 1842 qui fondaient les espoirs de renouvellement social et politique sur la force de la raison s'appuyant sur la morale et le droit naturels, et les exigences dialectiques de la *Critique de la Philosophie hégélienne de l'État* qui voulaient trouver dans les structures réelles de la société, et non pas dans le ciel des idéologies, le sujet actif de l'histoire et du progrès. Schématiquement formulées, les positions fondamentales de l'*Introduction à la Critique de la Philosophie hégélienne du Droit* affirment la dualité entre : d'une part une pensée rationnelle qui constitue la force active de l'histoire, mais qui reste impuissante et inefficace tant qu'elle ne réussit pas à s'incarner dans une réalité matérielle ; et d'autre part, cette réalité matérielle, en soi et isolément passive, mais qui peut devenir et devient active, par et grâce à sa pénétration par la pensée rationnelle ; il suffit de citer quelques passages : « Les révolutions ont besoin d'un élément passif, d'une base matérielle, la théorie n'est jamais réalisée dans un peuple que dans la mesure où elle est la réalisation de ses besoins. » « Il ne suffit pas que la pensée tende à se réaliser, la réalité elle-même doit

---

1. Cf. à ce sujet la thèse non encore publiée de Michel Lœwy, *Révolution communiste et auto-émancipation du prolétariat dans l'œuvre du jeune Marx*.

tendre vers la pensée. » « Il est vrai que l'arme de la critique ne saurait remplacer la critique des armes, la force matérielle doit être renversée par une force matérielle, mais la théorie devient elle aussi une force matérielle lorsqu'elle s'empare des masses. » « L'émancipation de l'Allemand est l'émancipation de l'homme. La tête de cette émancipation est la philosophie, son corps le prolétariat. La philosophie ne saurait se réaliser sans la suppression et le dépassement du prolétariat, le prolétariat ne saurait se supprimer et se dépasser sans la réalisation de la philosophie. »

Il reste à nous demander pourquoi, malgré les passages que nous venons de citer et la structure assez clairement dualiste de ce texte, son caractère de transition, d'écrit dualiste et non dialectique a été si peu mis en évidence par la littérature marxologique postmarxienne. La raison nous paraît résider en premier lieu dans le fait que cette littérature avait elle-même un caractère dualiste et non dialectique, et que ce qu'on appelait le marxisme était au fond beaucoup plus proche des positions de l'*Introduction à la Critique hégélienne du Droit* que de celles des *Thèses sur Feuerbach*. Il suffit en effet de remplacer dans l'*Introduction* le mot philosophie par celui de Parti (et au fond il s'agit dans les deux cas du groupe qui élabore l'idéologie) pour avoir une position très proche de celle qu'a exprimée Lénine dans son ouvrage *Que faire?*, mais aussi des positions théoriques plus ou moins clairement exprimées, qui correspondaient à la pratique effective et active tant de la Socialdémocratie allemande que des bolcheviques, c'est-à-dire des deux grands foyers d'élaboration théorique du marxisme.

Les *Thèses sur Feuerbach* constituent dans l'œuvre de Marx le premier texte rigoureusement moniste et dialectique. Dans l'histoire de la philosophie européenne, ces deux ou trois pages nous paraissent avoir une importance égale aux ouvrages philosophiques les plus célèbres et nous n'hésitons pas à la comparer à celle du *Discours de la Méthode*, de la *Critique de la Raison pure* et de la *Phénoménologie de l'Esprit*. On comprend qu'une analyse exhaustive de ces trois pages demanderait probablement plus d'un volume et qu'il ne saurait être question de l'aborder ici. Contentons-nous, pour terminer cet article, d'indiquer que les *Thèses sur Feuerbach* posent résolument le problème des rapports entre la théorie et la praxis, les constatations et les valorisations, la connaissance des faits humains et la transformation du monde, et que la réponse de Marx est, cette fois, rigoureusement *moniste* et *génétique* ; elle affirme que le sujet réel de l'histoire n'est pas l'individu mais le groupe social orienté vers l'identification avec l'espèce ; déjà la première thèse, confirmée ultérieurement par les travaux de laboratoire, notamment par ceux de Jean Piaget, est une des affirmations des plus radicales de l'unité de la théorie et de la praxis, de la connaissance et de l'action, puisqu'elle situe cette unité non seulement au niveau de la conscience et de la pensée, mais déjà au niveau le plus élémentaire de la sensation et de la perception. « Le principal défaut de tout le matérialisme passé — y compris celui de Feuerbach — est que l'objet, la réalité, le monde sensible, n'y sont saisis que sous la forme d'*objet* ou d'intuition, mais non en tant qu'*activité humaine* sensible, en tant que *pratique*, de façon subjective. »

La troisième thèse affirme l'impossibilité de toute conception déterministe ou même simplement objective de la réalité sociale, étant donné qu'une telle position aboutit toujours à vouloir expliquer la pensée et le comportement des hommes par les conditions sociales alors que ces conditions sont elles-mêmes créées par cette pensée et ce comportement. Toute pensée et toute théorie se situent à l'intérieur du devenir historique et constituent à la fois un essai de comprendre et une intervention. Quant aux prétentions de la sociologie objective, elles correspondent à la tentative de « diviser la société en deux parties dont l'une est au-dessus de la société »[1]. La sixième thèse reproche à Feuerbach, et implicitement à toute sociologie objectiviste, l'absence de perspective génétique.

Enfin, cette même sixième thèse, ainsi que les neuvième et dixième thèses soulignent le fait que la position statique et dualiste résulte nécessairement de l'erreur fondamentale qui consiste à prendre l'*individu isolé* comme sujet de la praxis, erreur qui aboutit à masquer le caractère historique de cette dernière. Le véritable sujet, c'est la collectivité, l'espèce humaine ; affirmation sans doute encore trop générale, mais qui sera bientôt concrétisée par le remplacement de la collectivité générique encore abstraite par une réalité empirique autrement concrète, celle des classes sociales.

---

[1]. On voit la relation entre l'objectivisme sociologique et toute division essentielle de la société ou du parti en deux groupes différents, la masse passive et les activistes ou les théoriciens actifs.

L'idéologie allemande
et les « Thèses sur Feuerbach »

L'Idéologie allemande se compose d'un manuscrit considérable d'environ six cents pages in-octavo, et de trois pages contenant onze thèses connues sous le titre de *Thèses sur Feuerbach*.

L'importance de ces deux textes est inversement proportionnelle à leur longueur. Nous savons bien qu'en écrivant cela nous risquons de provoquer un certain nombre de réactions critiques, aussi nous paraît-il important de souligner dès le début que nous ne faisons qu'entériner les jugements de Marx et d'Engels eux-mêmes sur un manuscrit resté inédit de leur vivant et qui, à l'exception d'un fragment, n'a été publié que longtemps après leur mort, en 1932, par l'Institut Marx-Engels-Lénine de Moscou dans la MEGA, la grande édition de leurs œuvres complètes. Mentionnons aussi pour rappeler le caractère extrêmement contestable des mœurs de l'époque stalinienne, qu'après la publication de nombreux articles célébrant à juste titre le travail érudit de Riazanov qui avait retrouvé et rétabli le manuscrit dans les archives Marx et Engels de la social-démocratie allemande, l'édition de 1932 est précédée d'une préface signée Adoratski qui ne mentionne plus ces découvertes et ce travail. Inutile de dire qu'à ce moment-là, par suite des épurations staliniennes, Riazanov n'était plus à la tête de l'Institut.

Ceci dit, nous avons deux témoignages précis et clairs sur la manière dont Marx et Engels jugeaient ce manuscrit. Le premier, dans la célèbre préface à la *Contribution à la critique de l'économie politique* (1859), où Marx, esquissant rapidement son évolution intellectuelle, écrit :

« Friedrich Engels, avec qui, depuis la publication dans les *Deutsch-Französische Jahrbücher* de sa géniale esquisse d'une contribution à la critique des catégories économiques, j'entretenais par écrit un constant échange d'idées, était arrivé par une autre voie (comparez sa *Situation des classes laborieuses en Angleterre*) au même résultat que moi-même, et quand, au printemps de 1845, il vint lui aussi s'établir à Bruxelles, nous résolûmes de travailler en commun à dégager l'antagonisme existant entre notre manière de voir et la conception idéologique de la philosophie allemande ; en fait, de régler nos comptes avec notre conscience philosophique d'autrefois. Ce dessein fut réalisé sous la forme d'une critique de la philosophie post-hégélienne. Le manuscrit, deux forts volumes in-octavo, était depuis longtemps entre les mains de l'éditeur en Westphalie lorsque nous apprîmes que des circonstances nouvelles n'en permettaient plus l'impression. Nous abandonnâmes d'autant plus volontiers le manuscrit à la critique rongeuse des souris que nous avions atteint notre but principal, voir clair en nous-mêmes [1]. »

L'autre, d'Engels qui, en 1888, en rédigeant sa célèbre étude sur *Ludwig Feuerbach et la fin de la philosophie classique allemande*, cite l'ancien témoignage de Marx et ajoute la remarque suivante :

« Avant d'envoyer ces lignes à l'impression, j'ai ressorti et regardé encore une fois le vieux manuscrit de 1845-46. Le chapitre sur Feuerbach n'est pas terminé.

---

[1]. K. Marx. *Contribution à la critique de l'économie politique*, Paris, Éditions Sociales, 1957, Préface, p. 5.

La partie rédigée consiste en un exposé de la conception matérialiste de l'histoire, qui prouve seulement combien nos connaissances d'alors en histoire économique étaient encore incomplètes. La critique de la doctrine même de Feuerbach y faisant défaut, je ne pouvais l'utiliser pour mon but actuel. J'ai retrouvé, par contre, dans un vieux cahier de Marx, les onze thèses sur Feuerbach publiées en appendice. Ce sont de simples notes jetées rapidement sur le papier pour être élaborées par la suite, nullement destinées à l'impression, mais d'une valeur inappréciable, comme premier document où soit déposé le germe génial de la nouvelle conception du monde [1]. »

Ainsi Engels, à une époque où il n'avait plus aucune difficulté pour faire éditer un texte, estimait que *l'Idéologie allemande* ne présentait pas d'intérêt majeur pour la publication, alors qu'il jugeait d'emblée que les *Thèses sur Feuerbach* ont une valeur « inappréciable » et constituent un document « génial ».

Sans doute Engels n'est-il pas un érudit épris de minutie philologique et lorsqu'il dit que la critique de la doctrine de Feuerbach fait défaut, il serait facile de montrer dans ce texte quelques rares passages qui affirment le caractère idéologique de la pensée de ce dernier. Dans l'ensemble cependant l'appréciation d'Engels est justifiée et nous ne pouvons que nous y rallier intégralement. En bref, l'énorme manuscrit de *l'Idéologie allemande* présente un intérêt considérable pour tous ceux qui veulent suivre la genèse de la pensée des deux fondateurs du socialisme scientifique, mais un intérêt bien moindre pour ceux qui y chercheraient des vérités théoriques et scientifiques.

Il se compose en effet de deux parties assez différentes : un huitième environ, intitulé « Feuerbach », dans

---

1. K. Marx, F. Engels, *Études philosophiques*, Éditions Sociales, 1951, Préface de l'auteur, p. 14.

lequel il est très peu question de ce penseur mais qui, comme le dit Engels, est une des premières formulations des idées fondamentales du matérialisme historique, et une seconde partie, beaucoup plus étendue, consacrée à la polémique contre la gauche néo-hégélienne, contre Bruno Bauer, Max Stirner, le « vrai socialisme » de Karl Grun et du Dr Kuhlmann, ensemble dans lequel la polémique consacrée à Max Stirner prend une place disproportionnée puisqu'elle constitue à elle seule, dans l'édition de 1958, plus de la moitié de l'ouvrage.

Une partie notable de ce texte, engagé dans une polémique de l'époque, s'efforce de ridiculiser les adversaires de Marx (qui sont en partie ses anciens amis), s'attachant aux particularités de leur style, à certaines tournures plus ou moins malheureuses, à leur manque de connaissances historiques, ou formulant des comparaisons plus ou moins cocasses avec telle ou telle figure biblique ou tel ou tel passage des Évangiles. Ces polémiques, qui s'expliquent d'une part par l'importance qu'avait dans la vie intellectuelle allemande la gauche radicale néo-hégélienne entre 1840 et 1844, et par l'intensité des illusions qui l'animaient, et d'autre part par l'importance des tournants qu'ont représenté respectivement le passage feuerbachien à l'humanisme matérialiste et, par la suite, le passage marxien à un matérialisme positif et dialectique, datent aujourd'hui au plus haut point. C'est pourquoi le texte de Marx devient très souvent fastidieux pour le lecteur contemporain et semble déjà l'avoir été à la fin du xixe siècle, comme le montre la réaction d'Engels en 1888. Constatons aussi que la polémique de Marx est parfois injuste, tel par exemple le paragraphe consacré à l'article « Communisme, Socialisme, Humanisme » paru dans *les Annales rhénanes*, dont il se sert pour attaquer cette revue en omettant d'informer le lecteur que la rédaction avait accompagné sa publication d'une note dans laquelle elle avait exprimé, tant en son propre nom qu'en celui de Moses Hess dont se réclamait l'auteur de l'article, son désaccord avec les idées développées par ce dernier.

Ceci dit — et cela vaut *quantitativement* de loin pour la plus grande partie du texte — il reste que dans cette polémique Marx et Engels ont raison *qualitativement* et sur l'essentiel, dans la mesure où ils montrent que l'individu égoïste que Stirner voulait opposer aux idées abstraites et aux valeurs transindividuelles n'est lui-même qu'une idée abstraite parmi d'autres et n'a rien de commun avec les hommes réels engagés dans la vie sociale effective.

Stirner, comme les « vrais socialistes », reste sur le plan de la critique idéologique ; celle-ci fait sans doute partie de la vie réelle mais n'en constitue qu'un secteur relativement limité, alors que les néo-hégéliens — y compris Stirner, les « vrais socialistes » et même Feuerbach — la confondent avec la réalité globale et la substituent à la lutte globale contre celle-ci. Comme tous les autres idéologues, Stirner croit qu'en critiquant la religion chrétienne, la morale dominante, les idéaux socialistes, il suffirait de convaincre ses lecteurs de la validité de cette idée pour les voir remplacés par une réalité différente et concrète : celle de l'individu anarchiste, alors qu'en réalité il se situe sur le même plan que ceux auxquels il s'oppose et que les idées qu'il réfute ne continueront pas moins à exister tant que ne sera pas transformée par une lutte globale, économique, sociale, politique et idéologique, la réalité sociale sur laquelle elles sont fondées.

La découverte par Marx et Engels du matérialisme historique, c'est-à-dire de la liaison étroite existant entre d'une part la pensée sous toutes ses formes et d'autre part la réalité sociale au sein de laquelle se développe et notamment, dans la société moderne, la division du travail et la vie économique, a constitué un pas considérable dans la compréhension de la réalité humaine qui leur a permis de critiquer à juste titre les illusions idéalistes dont restaient prisonniers tous leurs anciens amis de la gauche radicale allemande.

Ceci dit, il n'en est pas moins vrai que cette critique aurait pu être formulée de manière tout aussi précise et complète en soixante-dix ou quatre-vingts pages et qu'il n'y avait nul besoin de cinq cents pages de développements fastidieux s'attachant à démontrer le manque d'information, la naïveté ou les gaucheries de style des théoriciens contre lesquels Marx et Engels dirigeaient leur polémique.

En ce qui concerne les relations de Marx avec Feuerbach, il importe d'ajouter que Werner Schuffenhauer a récemment publié une lettre inédite extrêmement importante de Marx à Feuerbach qui lui a permis de clarifier dans une très grande mesure l'évolution des rapports entre les pensées des deux personnages. Comme cette lettre suppose une lecture de l'œuvre de Feuerbach essentiellement différente de celles des *Thèses* de 1845, nous devons nous y arrêter quelque temps.

Commençons donc par la reproduire.

Paris, le 11 août 1844.
Rue Vaneau 38.

Très estimé Monsieur,

Je saisis l'occasion qui s'offre pour me permettre de vous envoyer un article de moi dans lequel sont indiqués quelques éléments de ma philosophie critique du droit — critique que j'avais déjà achevée mais que j'ai soumise par la suite à un nouvel examen et à une nouvelle rédaction pour la rendre accessible au grand public. Je n'attache aucune valeur particulière à cet article, mais je me réjouis de trouver une occasion de vous assurer de l'estime exceptionnelle et — permettez-moi le mot — de l'amour que j'ai pour vous. Votre *Philosophie de l'avenir*, de même que l'*Essence de la foi* ont en tout cas, malgré leurs dimensions réduites, plus de poids que toute la littérature allemande actuelle réunie.

Intentionnellement ou non, je l'ignore, vous avez donné dans ces écrits un fondement philosophique au socialisme, et les communistes ont dès leur parution compris ainsi ces travaux. L'unité de l'homme, fondée sur la différence réelle entre les hommes, le concept du genre humain ramené du ciel de l'abstraction sur la terre réelle, qu'est-il d'autre que le concept de la *société*.

On prépare deux traductions de votre *Essence du christianisme*, une en anglais et l'autre en français, elles sont presque prêtes pour l'impression. La première qu'Engels a surveillée paraîtra à Manchester, la seconde à Paris (le docteur français Guerrier et le communiste allemand Ewerbeck ont fait la traduction avec l'aide d'un artiste français du style). Aujourd'hui les Français se jettent immédiatement sur le livre car les deux partis — les calotins, les voltairiens et les matérialistes — sont à la recherche d'une aide venant de l'extérieur. C'est un phénomène curieux de constater que, contrairement à ce qui s'est passé au XVIIIe siècle, la religiosité a pénétré [*herabgestiegen*] dans les couches moyennes et dans la classe supérieure, tandis qu'au contraire l'irréligiosité — celle des hommes qui se sentent réellement hommes — a pénétré [*herabgestiegen*] dans le prolétariat français. Il aurait fallu que vous ayez pu assister à une des réunions des ouvriers français pour pouvoir croire à la fraîcheur primesautière, à la noblesse qui émane de ces hommes harassés de travail. Le prolétaire anglais fait également des progrès énormes mais il lui manque toujours le caractère cultivé des Français. Mais je ne dois pas oublier de souligner les mérites théoriques des artisans allemands de Suisse, de Londres et de Paris. Il reste cependant que l'artisan allemand est encore bien trop artisan.

Quoi qu'il en soit cependant, l'Histoire prépare au sein de ces « barbares » de notre société civilisée l'élément pratique de l'émancipation de l'homme.

Le contraste de l'esprit français par rapport au nôtre, allemand, ne m'est jamais apparu avec autant d'évidence et de manière plus frappante que dans un manifeste fourriériste qui commence par les phrases suivantes : « L'homme est tout entier dans ses *passions*. » « Avez-vous jamais rencontré un homme qui *pensât pour penser*, qui *se ressouvînt pour se ressouvenir*, qui *imaginât pour imaginer ?* qui *voulait pour vouloir ?* cela donc est-il jamais arrivé à vous-même ?... non évidemment, non [1] ! » Le mobile essentiel de la nature comme de la société apparaît ainsi d'ordre *magique*, l'attraction passionnelle et non *réflexive* et « tout être, homme, plante, animal ou globe a reçu une somme des forces en rapport avec sa mission dans l'ordre universel »[1]. De là il s'ensuit que les « *attractions* sont proportionnelles aux *destinées*»[1]. Toutes ces phrases n'apparaissent-elles pas comme si le français avait voulu intentionnellement opposer ses passions à l'*actus purus* de la pensée allemande ? On ne pense pas pour penser, etc.

La difficulté qu'éprouve l'Allemand à se sortir du parti pris unilatéral opposé, voilà ce dont mon ami de longue date — qui s'éloigne cependant de moi — Bruno Bauer, a donné une preuve nouvelle dans son *Journal littéraire* (*et d'informations générales*) de Berlin. Je ne sais pas si vous l'avez lu. Il y a là-dedans beaucoup de polémique implicite contre vous.

Le caractère de ce *Journal littéraire* peut se résumer à peu près ainsi : la « critique » est transformée en un être transcendant. Ces Berlinois ne se tiennent pas pour des *hommes* qui *critiquent* mais pour des *critiques* qui subsidiairement ont le malheur d'être des hommes. Ils ne reconnaissent par conséquent comme seul besoin *réel* que le besoin de critique *théorique*. Ils reprochent donc à des gens comme Proudhon de situer leur point de départ dans un *besoin pratique*. Cette critique s'égare

---

[1]. En français dans le texte. La traduction allemande suit.

ainsi dans un spiritualisme triste et affecté. La *conscience* ou la *conscience de soi* est considérée par eux comme l'*unique* qualité humaine, *l'amour* par exemple est nié parce qu'en lui l'aimée n'est qu'« *objet* ». A bas [1] l'objet ! Cette critique se prend pour le seul élément *actif* de l'Histoire. Face à elle, l'humanité entière n'est que *masse*, masse inerte qui ne prend sa valeur que dans son opposition à l'esprit. Le plus grand crime à leurs yeux est donc pour un critique d'avoir des sentiments ou des passions ; il lui faut au contraire n'être qu'un *sophos* [2] ironique et glacé. Bauer déclare *littéralement* : le critique ne partage ni les souffrances ni les joies de la société ; il ne connaît ni amitié ni amour, ni haine ni dégoût ; il trône dans la solitude, laissant parfois tomber de ses lèvres un rire olympien sur l'absurdité du monde. Le ton du *Journal littéraire* de Bauer respire le *mépris* sans passion, mépris d'autant plus facile à afficher que Bauer jette à la tête des autres les résultats obtenus par vous-même et apportés par notre temps. Il se contente de relever les contradictions et, satisfait par cet ouvrage, il se retire avec un « Hmm », de mépris, et il ajoute, la critique ne *donne* rien, elle est bien trop spirituelle pour cela. Il va même jusqu'à exprimer directement cet espoir que les temps ne sont plus éloignés où l'entière humanité décadente s'assemblera en face de la critique — et la critique c'est lui et ses amis ; alors ils diviseront cette masse en différents groupes et leur distribueront à tous le *testimonium paupertatis*. Il semble que ce soit par *rivalité* que Bauer a combattu le *Christ*. Je publierai une petite brochure contre cet égarement de la critique. Il serait pour moi d'un prix *inestimable* si vous vouliez me donner avant votre opinion là-dessus ; de toute façon je serai très heureux si j'ai bientôt un petit signe de vous.

---

1. En français dans le texte. La traduction allemande suit.
2. En grec dans le texte.

Les artisans allemands d'ici, c'est-à-dire ceux d'entre eux qui sont communistes — quelques centaines — ont eu cet été des conférences bi-hebdomadaires sur votre *Essence du Christianisme*, présentées par leurs dirigeants secrets, et se sont montrés étonnamment réceptifs. Le petit extrait d'une lettre d'une dame allemande dans le feuilleton du n° 64 de *Vorwärts* provient d'une lettre de ma femme, qui est en visite chez sa mère à Trèves, et a été imprimé sans que son auteur le sache. Avec mes meilleurs vœux de bonne santé,

Votre Karl Marx [1].

Comment concilier cette appréciation de Feuerbach, comme étant le penseur qui a « donné... un fondement philosophique au socialisme », avec celle des *Thèses* dans lesquelles il apparaît avant tout et presque exclusivement comme un matérialiste mécaniste ? Nous nous rallions sur ce point entièrement (et bien que par ailleurs nous ne soyons pas d'accord avec sa vision du matérialisme dialectique) à l'interprétation de Schuffenhauer.

Marx n'a jamais été rigoureusement feuerbachien. L'évolution de sa pensée s'est effectuée néanmoins à l'intérieur d'un courant intellectuel précis et assez bien délimité : les radicaux allemands pour la plupart néohégéliens, mouvement dans l'évolution duquel l'apport de Feuerbach a représenté un des tournants les plus importants. Cet apport pourrait être schématisé par deux idées fondamentales :

1. La critique de la pensée religieuse et de la spéculation philosophique, et l'exigence de ramener ces deux formes de conscience et de représentation du monde à leur fondement réel et terrestre : la sensibilité, le besoin et les aspirations de l'homme concret.

---

[1]. Original : Bibliothèque de l'Université de Munich. 4° Cod.ms. $\frac{935b}{50,2}$.
Citée par W. Schuffenhauer dans *Feuerbach und der Junge Marx*, Berlin, Veb Deutscher Verlag der Wissenschaften, 1965, p. 207 sq.

2. La définition de cet homme concret comme ayant besoin de l'Autre et n'existant que dans la relation entre le Moi et le Toi, relation que Feuerbach concevait en grande mesure sur le modèle familial, fondée dans son authenticité sur l'amour.

De ces deux idées, Marx ne pouvait qu'approuver la première, tout en la considérant comme insuffisante tant qu'elle se limitait à la critique de la religion et de la philosophie sans les relier à une critique de la réalité historique, sociale et politique [1].

Quant à la seconde, qui concerne le statut de l'homme réel et ses liens avec les autres hommes, ce qu'on pourrait appeler aujourd'hui d'un terme anachronique le statut de l'intersubjectivité, il a eu envers elle deux réactions différentes, opposées mais non contradictoires.

La première, que nous trouvons dans la lettre citée plus haut, salue comme un pas décisif l'idée de fonder les aliénations théologique et philosophique sur le statut de l'homme réel empiriquement donné. Mais en l'adoptant Marx y met consciemment beaucoup plus que n'y avait jamais mis Feuerbach et on le lit clairement à travers les lignes lorsqu'il lui écrit : « L'unité de l'homme avec l'homme, fondée sur la différence réelle entre les hommes, le concept du genre humain... qu'est-il d'autre que le concept de la *société* » et de même un peu plus loin, lorsque parlant de Bruno Bauer et de son *Journal littéraire*, il insiste sur son attitude intellectualiste et son refus du livre de Proudhon auquel Bauer reproche de prendre son « point de départ dans un *besoin pratique* » et sur le fait que celui-ci nie l'amour parce

---

[1]. Comme il l'écrivait dans une lettre à Ruge du 13 mars 1843 : « Il y a un seul point sur lequel les aphorismes de Feuerbach ne me conviennent pas : le fait qu'il s'oriente trop sur la nature et trop peu sur la politique. Or ceci est la seule alliance qui pourrait permettre à la philosophie contemporaine de devenir vérité. Mais les choses se passeront probablement comme au xvie siècle où, aux fervents de la nature, correspondait une autre série de fervents de l'État. »

que cet amour traite l'être aimé seulement comme
« *objet* », soulignant que cette critique voit dans la pensée le « seul élément *actif* de l'Histoire » en refusant l'affectivité ou la passion.

Il est visible que Marx essaie de pousser les idées de Feuerbach bien plus loin que celui-ci n'a jamais voulu aller. Le Moi et le Toi, l'amour, ne sont pas encore la société, surtout telle que l'a pensée Marx ; l'amour, l'affectivité, la passion ne sont pas la praxis commune ni le sujet transindividuel. Aussi Marx voit-il dans l'œuvre de Feuerbach un pas décisif vers l'étude de l'homme concret, pas qui pourrait et devrait être prolongé dans la direction de sa propre pensée. Et on ne force certainement pas le texte de cette lettre en affirmant qu'il l'écrivait dans l'espoir de convaincre Feuerbach que le communisme était la conséquence de sa pensée et de l'amener ainsi à ses positions.

Mais entre Feuerbach et Marx la différence était fondamentale. Aussi, malgré toute la sympathie que Feuerbach pouvait éprouver pour son correspondant, a-t-il néanmoins catégoriquement refusé de suivre ce dernier sur le chemin où il essayait de l'entraîner et s'est-il toujours contenté de la critique de la religion et de la philosophie, qu'il ramenait seulement à l'homme concret, intersubjectif, centré sur l'intuition sensible et sur l'amour générique, position qu'il a désignée lui-même, il est vrai, comme étant « communiste »[1], mais la concession à Marx était purement verbale ; Feuerbach voulait bien du mot, mais non pas de l'idée.

On pourrait bien entendu expliquer ces réticences par des facteurs psychologiques (les intérêts intellectuels de Feuerbach) ou sociologiques (les limitations de la pensée allemande). Mais si on ne veut pas donner à ces explications un caractère réducteur — et la pensée de

---

1. Voir les *Manifestes philosophiques de Feuerbach*. Textes choisis (1839-1845) et traduits par L. Althusser, Paris, P. U. F. 1960.

Marx n'a jamais été réductrice — il devient évident qu'elles n'ont d'intérêt, surtout lorsqu'il s'agit d'un penseur de cette importance, que dans la mesure où elles passent par la médiation d'une position philosophique globale et cohérente [1].

Aussi Marx, après avoir échoué dans sa tentative pour amener Feuerbach à prolonger son système dans la direction de sa propre pensée, se pose-t-il le problème de savoir quelles sont les différences philosophiques qui les séparent et qui ont rendu impossible tout rapprochement. Il est conduit, à partir de là, à voir que l'homme concret de Feuerbach reste le sujet individuel du matérialisme classique et mécaniste et en même temps — malgré l'amour et l'intersubjectivité — un sujet fondamentalement et foncièrement passif et contemplatif. Cette délimination de ses positions par rapport à celles de Feuerbach l'amène à formuler pour la première fois — et comme le dit Engels — de manière « géniale » dans un texte « d'une valeur inappréciable » les idées centrales de sa propre philosophie.

Ajoutons que dans ces *Thèses* Marx va directement à

---

[1]. Dans un texte remarquable écrit à l'époque où il rédigeait sa thèse de doctorat, Marx écrivait au sujet des soi-disant compromis et faiblesses personnelles des penseurs importants et de la manière dont ils doivent être étudiés par l'historien :

« Mais ce dont il (le philosophe - L. G.) n'est pas conscient c'est que la possibilité de cette adaptation apparente a sa source première dans une insuffisance ou dans une conception insuffisante de son principe. Si donc un philosophe s'était réellement adapté, ses disciples devraient expliquer, à partir de sa conscience intérieure essentielle, ce qui pour lui-même n'était qu'une manifestation de sa conscience extérieure. De cette manière ce qui apparaît comme un progrès moral devient en même temps un progrès du savoir. On ne soupçonne pas la conscience particulière du philosophe, mais on construit une étape essentielle de la conscience, on l'élève à une forme et à une signification déterminées et, par cela même, on la dépasse.

Je considère d'ailleurs que cette orientation non philosophique d'une grande partie de l'école hégélienne constitue un phénomène qui accompagnera toujours le passage de la discipline à la liberté. » (MEGA I. 1/1; p. 64).

l'essentiel et formule en fait ses idées d'une manière qui vaut encore non seulement par rapport à Feuerbach, mais aussi par rapport au matérialisme mécaniste classique et par rapport à toutes les interprétations mécanistes ultérieures du marxisme et de la dialectique.

Les onze *Thèses sur Feuerbach*, première formulation brillante, concise, et, à ce niveau de concision, définitive du matérialisme dialectique, n'ont rien perdu de leur actualité. Chaque proposition reste valable et traite des problèmes fondamentaux autour desquels se concentrent jusqu'aujourd'hui les principales discussions théoriques en philosophie et en sciences humaines. Aussi ce texte constitue-t-il un des principaux tournants de la pensée occidentale et nous nous croyons fondé à affirmer que son importance historique est du même ordre que celle du *Discours de la méthode*, de la *Critique de la raison pure* ou de la *Phénoménologie de l'esprit*.

Nous avons dit plus haut que la partie intitulée « Feuerbach » de *l'Idéologie allemande* comporte une des premières formulations du matérialisme historique, alors que les *Thèses* sont la première formulation du matérialisme dialectique. Précisons le sens de cette affirmation.

Le chapitre intitulé « Feuerbach » est centré sur la découverte du lien étroit entre la conscience et la réalité économique et sociale, et sur le fait qu'aucune idée, aucun système théorique, aucun mode de pensée, n'existent de manière autonome et ne sauraient être compris de manière valable qu'en étant étroitement reliés aux conditions historiques et passagères dans lesquelles vivent les hommes qui les élaborent et les intègrent comme partie importante, mais néanmoins comme partie, de leur existence réelle et concrète.

Les *Thèses sur Feuerbach* supposent bien entendu cette idée centrale du matérialisme historique, mais elles vont beaucoup plus loin en développant deux des cinq idées fondamentales du matérialisme dialectique :
1. celle de l'union étroite entre la pensée et l'action,

du caractère pratique, c'est-à-dire intégré de manière directe ou médiatisée à la praxis, de tout fait humain et de toute manifestation humaine, et,

2. celle du sujet transindividuel ou collectif, arrivant ainsi très près de deux autres thèses fondamentales du matérialisme dialectique bien que ne les formulant pas explicitement, à savoir :

3. le caractère inséparable du théorique et du valorisant [1] et,

4. l'identité totale ou partielle du sujet et de l'objet de la connaissance et de l'action, idées qui, si elles ne sont pas développées explicitement dans les *Thèses* s'y trouvent au moins implicitement. Il manque seulement pour la formulation globale du matérialisme dialectique le concept de Totalité, ce qui est évidemment une lacune non négligeable.

Il n'en reste pas moins vrai que, même par rapport à l'idée de Totalité, la situation est bien différente de celle que nous trouvons dans l'*Anti-Dühring* et dans la plupart des ouvrages théoriques du marxisme postmarxien. Les *Thèses* développant explicitement les idées de sujet collectif et du caractère inséparable entre le théorique et le pratique, impliquant l'inséparabilité entre les constatations et les valorisations et l'identité totale ou partielle du sujet et de l'objet, se situent tout près de l'idée de Totalité qui s'y trouve, pour ainsi dire, inscrite en creux alors que l'*Anti-Dühring* et surtout la plupart des ouvrages théoriques post-marxiens, à l'exception d'un petit nombre qui se rattachent aux noms de Gramsci et de Lukács, s'éloignent de l'idée de Totalité et se rapprochent du positivisme en éliminant soit le concept d'identité du sujet et de l'objet, soit même le caractère pratique de tout processus cognitif.

Avant d'aborder l'analyse des *Thèses*, nous voulons

---

1. Nous essayons d'éviter les termes « jugement de fait » et « jugement de valeur » qui supposent précisément leur séparation.

cependant dire quelques mots sur une idée qui est développée par une école marxiste particulière, le groupe althussérien, et qui commence à étendre son influence non seulement en France mais même en dehors de nos frontières. C'est celle que toute pensée philosophique sérieuse en général et toute pensée dialectique en particulier, doit nécessairement choisir entre Spinoza et Feuerbach et, selon Althusser et les althussériens, se décider pour Spinoza.

En apparence et d'une manière tout à fait superficielle, on pourrait penser qu'Althusser est ici dans la ligne marxienne puisque aussi bien, comme Marx, il critique et refuse la pensée de Feuerbach ; en réalité, il se situe à l'opposé des *Thèses* et de *l'Idéologie allemande* car, alors que Marx critique Feuerbach d'un point de vue dialectique comme *trop matérialiste* et *trop mécaniste*, Althusser, qui représente lui-même une des formes les plus outrancièrement mécanistes qu'ait jamais prise une pensée se réclamant de Marx, reproche au contraire à Feuerbach d'avoir conservé les idées de sujet et de signification et d'être ainsi, malgré ce que Marx appelait son mécanisme, encore beaucoup trop près non seulement de Hegel et de l'idéalisme mais même de ce que Marx ou Lukács auraient appelé la dialectique.

En bref pour Marx, Feuerbach ayant démystifié les illusions du christianisme a essayé de réduire la pensée religieuse aux aspirations et à la signification profanes de l'homme dans sa vie quotidienne mais, ce faisant, il a complètement éliminé de sa conception de l'homme réel les dimensions les plus importantes de son existence empirique : la praxis et le caractère collectif de la pensée et de l'action. Pour Feuerbach la pensée théologique n'est qu'une forme mystifiée de la pensée profane et notamment de la sensibilité, celle-ci étant cependant le produit de l'action des circonstances extérieures sur un être passif qui a un statut non pas d'acteur mais de spectateur. C'est ce que Marx appelle le matérialisme passé et contemplatif et que nous appellerons le matérialisme mécaniste et non dialectique.

Au contraire, pour Althusser, Feuerbach n'est pas allé assez loin dans le sens de ce matérialisme puisqu'il a encore conservé à son individu réel l'idée d'une conscience ou d'une sensibilité relativement passives mais signifiantes. Il ne s'agit pas selon lui de réduire un sujet et un sens aliénants et erronés à un sujet et des sens véritables, mais d'abandonner le sujet et le sens qui sont, comme tels, des concepts idéologiques, pour leur mode de production. Et bien entendu — Marx l'avait prévu dans la *Thèse* 3 — comme tout matérialisme mécanique, le groupe althussérien arrivera finalement à se contredire puisqu'après avoir nié tout caractère signifiant à la vie humaine il accordera une signifiance outrancière, dépourvue de tout élément idéologique et de toute erreur, à un petit groupe privilégié, à ceux qui élaborent une « pratique théorique » radicalement dépourvue de toute idéologie (le corollaire de ce privilège accordé par Althusser aux théoriciens étant par la suite, chez certains théoriciens se rattachant plus ou moins à ce même courant, le privilège d'une petite élite révolutionnaire sur le plan de l'action).

Ajoutons pour préciser cette analyse que lorsque les althussériens parlent du choix nécessaire et inévitable en philosophie entre Feuerbach et Spinoza, ils se réfèrent le plus souvent explicitement au deuxième mode de connaissance (car on pourrait encore être tenté de trouver trop d'éléments défendant l'idée de signification dans le troisième) ; aussi le Spinoza dont se réclament les althussériens risque-t-il de ressembler beaucoup plus aux matérialistes mécanistes des Lumières qu'au grand penseur panthéiste du XVIIe siècle.

Il n'en reste pas moins que si nous prenons aujourd'hui deux positions opposées qui se réclament l'une et l'autre de la pensée de Marx, celle des althussériens ou le réformisme révolutionnaire, elles ne peuvent plus rester ni l'une ni l'autre fidèles à la lettre de cette pensée. Pour Marx la conscience collective, ou plus exactement la conscience de classe du prolétariat, incarnant dans le monde moderne la forme la plus élevée de la conscience de l'espèce, devait aboutir dans les sociétés techniquement les plus avancées à une conscience révolutionnaire et à une transformation révolutionnaire de l'ordre social existant. Malgré toutes les différences il y a une constatation commune derrière la pensée d'Althusser et celle des théoriciens du réformisme révolutionnaire (comme d'ailleurs aussi derrière celles de Marcuse, d'Adorno, du Lukács d'aujourd'hui et de tous les penseurs importants qui se sont réclamés ou se réclament encore du marxisme) : celle du caractère insuffisant de ce secteur de l'analyse marxienne pour rendre compte des transformations du monde moderne tant en Occident que dans le monde non encore industrialisé, transformations qui s'expriment par le fait qu'il y a eu des révolutions mais qu'elles n'ont jamais été spécifiquement prolétariennes, et qu'il y a des sociétés industrialisées dans lesquelles les salariés, le prolétariat, constituent un secteur important de la population mais qu'il serait difficile de caractériser ce dernier comme particulièrement révolutionnaire ou comme s'orientant de manière plus ou moins évidente vers une prise de conscience révolutionnaire. Dans ces conditions, il fallait — si on ne voulait pas perdre tout contact entre la théorie et la réalité — abandonner certains éléments de l'analyse marxienne.

Pour conserver l'idée de révolution, dans un sens de prise de pouvoir politique antérieure aux transformations économiques, les althussériens ont dû abandonner les notions de sujet collectif et de lien étroit entre toute praxis (théorique, pratique ou politique) et la conscience collective. Ils ont abandonné les positions philosophiques fondamentales de Marx, quittant la dialectique et revenant à un matérialisme mécanique pour pouvoir se réclamer d'une *certaine* fidélité à la représentation marxienne de la révolution.

Le groupe des réformistes révolutionnaires, est resté — bien qu'il s'agisse d'œuvres sociologico-politiques — beaucoup plus fidèle à la pensée *philosophique* de Marx et notamment aux idées développées dans les *Thèses sur Feuerbach* et dans *l'Idéologie allemande*. Mais ses représentants ont dû, pour cela, abandonner la perspective politique de Marx concernant le chemin vers le socialisme en remplaçant — tout au moins pour les sociétés industrielles avancées — l'idée d'une révolution politique violente *antérieure* aux transformations économiques par celle d'un ensemble de transformations économiques devant aboutir *ultérieurement* à une transformation politique violente ou non violente.

On peut formuler cette constatation encore d'une autre manière : dans la pensée de Marx, le prolétariat avait un statut particulier constituant la seule classe dans l'histoire qui pouvait orienter son action vers sa propre suppression, ce qui faisait régir son action par des lois assez différentes par rapport aux grandes transformations du passé. Ce statut ne pouvant pas être maintenu à la lumière des expériences des quatre-vingts dernières années, tant le courant althussérien que les réformistes révolutionnaires essaient de revenir, dans la perspective d'avenir et la manière dont ils conçoivent le chemin vers le socialisme, à un schéma plus général, mécaniste et lié à l'idée d'élite dans un cas, dialectique et lié au schéma de l'analyse marxiste des grandes transformations historiques du passé, et notamment de la transformation de l'Europe féodale en Europe capitaliste, dans le second.

Il serait dans tout cela complètement inutile de poser un problème d'orthodoxie. Chacune de ces deux positions, ainsi que beaucoup d'autres intermédiaires, peuvent se réclamer à juste titre de certains éléments de la pensée marxienne qu'elles conservent avec plus ou moins de rigueur en passant plus ou moins sous silence d'autres aspects qu'elles sont amenées à abandonner. Le problème se pose, et doit se poser, au niveau de ce qui paraît être le *principe fondamental* de la pensée de Karl Marx, celui que le penseur doit toujours modifier l'analyse théorique lorsqu'elle entre en conflit avec la réalité historique et sociale.

Il se trouve que nos propres positions aboutissent à nous éloigner des perspectives politiques de Marx mais à conserver presque intégralement ses positions philosophiques en général et particulièrement celles développées dans le chapitre « Feuerbach » de *l'Idéologie allemande* et surtout dans les *Thèses*. C'est ce qui nous permet d'espérer pouvoir donner, dans le cas de ce texte, une interprétation plus ou moins valable, même du point de vue historique.

THÈSES SUR FEUERBACH [1]

I

« Le principal défaut de tout le matérialisme passé — y compris celui de Feuerbach — est que l'objet, la réalité, le monde sensible n'y sont saisis que sous la forme d'*objet* ou d'intuition, mais non en tant qu'*activité humaine concrète*, en tant que *pratique*, de façon subjective. C'est ce qui explique pourquoi le *côté actif* fut développé par l'idéalisme, en opposition au matérialisme, — mais seulement abstraitement, car l'idéalisme ne connaît naturellement pas l'activité réelle, concrète, comme telle. Feuerbach veut des objets concrets, réellement distincts des objets de la pensée ; mais il ne

---

1. K. Marx in K. Marx, F. Engels, *Études philosophiques*, Éditions sociales, 1951, p. 61-64. Le texte de ces thèses est conforme à celui qu'Engels a mis en appendice à « Feuerbach ».

considère pas l'activité humaine elle-même en tant qu'activité *objective*. C'est pourquoi dans *l'Essence du christianisme*, il ne considère comme vraiment humaine que l'activité théorique, tandis que la pratique n'est saisie et fixée par lui que dans sa manifestation juive sordide. C'est pourquoi il ne comprend pas l'importance de l'activité « révolutionnaire », de l'activité pratique critique. »

Cette première *Thèse* fixe déjà clairement la position de Marx. Contrairement à l'école althussérienne qui voit dans Feuerbach un idéaliste, même s'il s'agit d'un idéalisme où le sens est réduit au minimum, Marx y voit un matérialiste ; et en écrivant « y compris le matérialisme de Feuerbach », il se réfère d'ailleurs probablement à ce même minimum de sens qui existe encore dans sa pensée. En somme Marx et les althussériens sont d'accord pour voir dans Feuerbach à la fois le plus matérialiste des idéalistes et le plus idéaliste des matérialistes. L'opposition commence dans l'appréciation de sa pensée : pour Althusser, Feuerbach est encore trop idéaliste, pour Marx il l'est trop peu. Trop peu idéaliste parce que le sens chez lui a un caractère purement contemplatif, non lié à la praxis, au côté actif de la réalité humaine et lorsque Marx nous dit que Feuerbach considère dans *l'Essence du christianisme* seulement le comportement théorique comme réellement humain il sait bien entendu — il l'écrit d'ailleurs dans cette même thèse — qu'il ne s'agit pas seulement de la pensée théorique élaborée mais aussi de son point de départ, de l'intuition sensible.

Mais dans la mesure où cette intuition sensible est conçue sur le mode cognitif en tant qu'impression du monde extérieur elle reste encore pour Marx dans le domaine du théorique opposée à la praxis ou tout au moins séparée de celle-ci. Ajoutons qu'on ne change bien entendu rien à cela en appelant le théorique « pratique théorique », ce qui ne fait que modifier la terminologie. Marx et Feuerbach savent que le théorique en tant que tel comporte un certain degré d'activité : le problème est de savoir quel est le mode de liaison, quelles sont les médiations entre l'élément conscient, perceptif ou conceptuel et la pratique globale des hommes, y compris bien entendu celle de l'individu et, à l'intérieur de l'individu, l'activité du système nerveux qui en constitue une partie constitutive mais seulement une partie. Ajoutons encore qu'à aucun moment Marx ne se réfère à l'activité du système nerveux comme tel, isolé du contexte, et qu'il parle seulement de l'activité de l'individu pour souligner qu'elle ne saurait être valablement comprise qu'en tant qu'élément constitutif de la praxis collective.

Cette première thèse est aussi particulièrement importante dans la mesure où elle constitue peut-être la première formulation philosophique explicite d'une position à la fois moniste et dialectique. On avait auparavant un certain nombre de philosophies monistes mais qui aboutissaient soit à nier la matière, soit à nier le statut spécifique de l'esprit. La plupart des philosophes restaient cependant dualistes en accordant sans doute une primauté soit à l'esprit soit à la matière mais en maintenant l'existence de l'autre élément, tels par exemple Descartes, Kant ou même Hegel. La seule philosophie rigoureusement moniste antérieure à Marx nous semble être effectivement celle de Spinoza, mais elle se rapproche malgré tout d'un matérialisme mécanique dans la mesure où elle ne fait aucune place ni au temps, ni à l'activité du sujet, ni à l'histoire (c'est ce qui lui attire la sympathie des althussériens qui éliminent cependant même là le minimum de sens qui restait encore dans le troisième mode de connaissance).

La première *Thèse sur Feuerbach*, en affirmant qu'il faut remplacer l'intuition sensible par l'activité perceptive, formule pour la première fois à notre connaissance un *monisme vraiment et rigoureusement dialectique*. Au niveau de l'individu, la perception sensible apparaît en effet comme la forme la plus élémentaire du contact avec le monde extérieur. Or si nous la concevons sur un mode purement cognitif, contemplatif, en tant que reflet passif du monde extérieur, nous sommes d'emblée installés dans le dualisme. Car la perception étant psychiquement l'élément primaire à partir duquel se développent la conscience et la pensée théorique, il faudra ou bien mettre à côté de la structure cognitive une pratique à statut relativement autonome, ou bien établir le lien entre le cognitif et l'élément pratique de la théorie seulement à un niveau supérieur de développement, ce qui supposerait une rupture, une sorte de miracle. Si on veut éviter toute intervention transcendante, tout miracle, toute transformation incompréhensible, et si l'on pense que le théorique est dans sa nature même, et malgré toutes les médiations, étroitement lié à la praxis, il faut situer ce lien, dès le départ, à l'intérieur même de la perception.

Soulignons qu'il ne s'agit pas là d'un problème historique dépassé qui ne se pose plus à la réflexion moderne. Presque tous les structuralistes contemporains, pour ne citer qu'un seul exemple, conçoivent le théorique comme indépendant de la praxis, celle-ci ne lui étant reliée que sur le mode de l'application technique telle que la connaissent les sciences physico-chimiques. De plus, l'idée de la séparation des jugements de fait et des jugements de valeur domine encore en sciences humaines la presque totalité de la pensée universitaire. C'est dire l'importance capitale de cette première *Thèse*.

Il résulte bien entendu de cette position de départ qu'on ne saurait, en sciences humaines tout au moins, imaginer une rupture radicale, une coupure épistémologique pour employer le terme d'Althusser, entre l'idéologie et la science, la première dépendant, selon lui, dans sa constitution même, de la pratique et des jugements de valeur, la seconde étant relativement autonome.

Ajoutons pour finir ce commentaire de la première *Thèse* que l'extraordinaire intuition de Marx a été par la suite confirmée par les recherches positives de laboratoire et notamment par celles de Piaget qui, sans être nullement influencé par Marx, est arrivé — en partie grâce à l'étude des illusions perceptives — à la conclusion que celles-ci ne sauraient être expliquées de manière unitaire que si l'on se réfère à une activité constitutive de la perception dans sa nature la plus intime. Et nous nous permettons de mentionner ici une belle expression de Piaget qui, savant et chercheur extrêmement rigoureux et prudent, nous disait un jour : « Je ne saurais pas aller aussi loin que Marx et nier l'existence de la perception ; tout ce que je puis dire c'est que dans le laboratoire, au cours de mes recherches, je n'ai jamais rencontré que l'activité perceptive. » Cette remarque nous paraît se passer de commentaire et montrer à quel point une réflexion philosophique sérieuse peut anticiper au moins dans leurs grandes lignes les découvertes de la science positive. Bien entendu « anticiper », mais non pas remplacer, car la première *Thèse* n'est qu'un cadre extrêmement général et ne saurait se substituer par exemple à la théorie générale des illusions perceptives ; mais la philosophie peut fournir ce cadre et aider les chercheurs, étant bien entendu que les recherches concrètes ne se contentent pas de le remplir mais le précisent et le modifient et que d'ailleurs, dans le cas du texte de Marx, si le cadre a pu s'avérer valable, c'est parce qu'il est né d'une réflexion à caractère empirique sur la vie économique, sociale et politique des hommes.

II

« La question de savoir si la pensée humaine peut aboutir à une vérité objective n'est pas une question théorique, mais une question pratique. C'est dans la pratique qu'il faut que l'homme prouve la **vérité**, c'est-à-dire la réalité, et la puissance, l'en deçà de sa pensée. La discussion sur la réalité ou l'irréalité de la pensée, isolée de la pratique, est purement scolastique. »

La deuxième *Thèse* pose le problème du critère de la vérité. Elle est extrêmement succincte et formule simplement la position dialectique pour laquelle c'est dans la pratique et dans la possibilité de transformer le monde social et naturel que se situe le critère de vérité d'une pensée.

Sur ce point, la différence fondamentale entre la pensée positiviste et la pensée dialectique apparaît lorsque se pose le problème de savoir dans quelle mesure la pensée intervient de *manière directe et non technique* dans les transformations de la réalité sociale. Mais c'est là un problème que Marx n'aborde pas dans ce texte. C'est pourquoi nous n'insisterons pas sur une *Thèse* formulée avant tout contre un intuitionisme affectif mais valable aussi contre tout rationalisme radical qui ne saurait voir le critère de vérité que dans une cohérence interne.

III

« La doctrine matérialiste qui veut que les hommes soient des produits des circonstances et de l'éducation, que, par conséquent, des hommes transformés soient des produits d'autres circonstances et d'une éducation modifiée, oublie que ce sont précisément les hommes qui transforment les circonstances et que l'éducateur a lui-même besoin d'être éduqué. C'est pourquoi elle tend inévitablement à diviser la société en deux parties dont l'une est au-dessus de la société (par exemple chez Robert Owen).

« La coïncidence du changement des circonstances et de l'activité humaine ne peut être considérée et comprise rationnellement qu'en tant que pratique révolutionnaire. »

La troisième *Thèse* formule un des principes les plus importants de la pensée dialectique, principe qui la distingue nettement à la fois de l'idéalisme et du mécanisme : celui de la circularité du sujet et de l'objet, des conditions sociales et de l'activité humaine.

Le matérialisme mécaniste, depuis Démocrite ou Spinoza à travers Holbach et Helvétius jusqu'à Feuerbach et Althusser, conçoit l'homme et sa structure psychique comme le produit de circonstances, de causes ou de structures préalablement existantes. Bien entendu il y a à l'intérieur de cet élément commun un progrès considérable dans la manière de concevoir ces causes et le chemin est long des atomes de Démocrite au mode de production d'Althusser et de ses disciples ; il n'empêche que le problème méthodologique soulevé par tous ces systèmes est le même et que Marx l'a clairement vu et formulé dans cette troisième *Thèse*. Si vraiment le psychisme humain n'a aucune autonomie, s'il est un simple produit des causes, des circonstances (ou des structures), deux questions fondamentales se posent et ne peuvent plus recevoir de réponse à l'intérieur du fonctionnement des relations interhumaines :

a) comment se fait-il que les structures sociales et le comportement des hommes ont un caractère adapté et significatif ? et,

b) qu'est-ce qui peut provoquer un changement, tant en bien qu'en mal, dans les relations sociales existantes à une époque donnée ?

La pensée mécaniste des Lumières a rencontré le problème, tant sur le plan cosmologique que sur le plan politique, et bien entendu il s'est retrouvé, sur ce dernier plan, au centre même des différentes formes de marxisme mécaniste.

Sur le plan cosmologique, les penseurs des Lumières ont été obligés de recourir au déisme qui n'est pas, comme on le pense souvent, une position de compromis mais bien le seul moyen de pousser jusqu'aux dernières conséquences une pensée qui conçoit le monde et la société sur un mode strictement mécaniste et n'admet aucun principe de régulation immanente. Le monde n'étant évidemment pas un simple mélange dû au hasard, la conscience ordinatrice qu'on refuse de mettre dans l'univers doit se situer *ailleurs*, ce qui explique pourquoi ces penseurs hostiles à toutes les formes de religion positive ont été néanmoins obligés d'admettre l'existence d'une divinité créatrice.

Sur le plan de la praxis sociale le problème est analogue. Convaincus que la société dans laquelle ils vivaient était mauvaise et avait besoin d'être modifiée et améliorée, les penseurs des Lumières ne trouvaient à l'intérieur de leur système mécaniste de la vie humaine aucune possibilité de rendre compte ni de l'insuffisance de l'ordre existant ni de la possibilité de le changer. Aussi ont-ils été amenés à accepter sur le plan social, comme sur le plan cosmique, l'idée d'une intervention extérieure respectivement mauvaise ou bonne, celle des *prêtres* et des *tyrans* pour expliquer la dégradation, celle du *sage* ou du *despote éclairé* pour fonder leur espoir d'amélioration. Comme cependant tyran ou prêtre, sage ou despote éclairé étaient des hommes, la théorie se trouvait obligée d'admettre explicitement ou implicitement une dualité, l'existence de deux catégories d'hommes fondamentalement différents : les uns passifs, produits des circonstances, n'ayant aucune influence sur les transformations historiques, les autres, en très petit nombre, libres, agissant sur la réalité sociale pour la transformer soit en bien soit en mal.

C'est pourquoi Marx fait une analyse profonde et rigoureuse de toute philosophie mécaniste passée ou future en écrivant que « la doctrine matérialiste qui veut que les hommes soient le produit des circonstances et de l'éducation... tend inévitablement à diviser la société en deux parties dont l'une est au-dessus de la société... ».

Il n'y a donc rien d'étonnant à constater que cette division se retrouve explicitement, c'est-à-dire théoriquement formulée, ou seulement implicitement dans toutes les formes de marxisme mécaniste. On la retrouve dans des textes comme le *Que Faire ?* de Lénine, dans la conception du parti par rapport au prolétariat de la période stalinienne, dans la théorie des ingénieurs de l'âme, on la retrouve aussi, avec un caractère non révolutionnaire mais réformiste, dans la pratique de la social-démocratie allemande, et bien entendu dans toutes les analyses d'Althusser et de ceux qui s'en inspirent. Ajoutons qu'elle est à la base de la théorie de la rupture épistémologique radicale entre l'idéologie et la science et de la théorie althussérienne de la pratique théorique.

Par rapport à toutes ces positions, la pensée dialectique commence au moment où on envisage l'hypothèse d'un *régulateur interne*; et c'est précisément ce qui, au XVIIIe siècle, constitue la supériorité d'un penseur comme Diderot par rapport à La Mettrie, Holbach, Helvétius et ses collaborateurs de *l'Encyclopédie*. Non pas que Diderot ait élaboré, ne serait-ce que de manière rudimentaire, les idées fondamentales du matérialisme historique, il ne saurait en être question; mais il a néanmoins, sur le plan cosmique et naturel, formulé dans *Le rêve de d'Alembert*, l'hypothèse d'un principe de régulation interne, d'un passage spontané et sans aucune intervention extérieure de la matière inerte au règne de la vie, et il nous semble que ni le passage du déisme des *Pensées philosophiques* à l'athéisme des *Nouvelles pensées philosophiques*, ni ce texte hautement dialectique qu'est le *Neveu de Rameau* ne seraient facilement concevables sans l'hypothèse du régulateur interne du *Rêve de d'Alembert*.

Si nous passons cependant des problèmes cosmologiques et moraux aux problèmes de sociologie et de philosophie de l'histoire, le passage du matérialisme mécanique à la position dialectique suppose l'abandon de la détermination rigoureuse du psychisme humain par les circonstances et (si on ne veut pas tomber dans l'extrême opposé qui est par exemple l'hypothèse sartrienne de la liberté) l'adoption d'une régulation interne, d'un cercle à l'intérieur duquel la structure psychique des hommes et leur comportement sont sans doute le « produit des circonstances et de l'éducation » à condition de ne pas oublier que ces circonstances, de même que la nature et le contenu de l'éducation, sont eux-mêmes le produit du psychisme et du comportement antérieurs des hommes, psychisme et comportement qui étaient eux-mêmes le résultat de circonstances et d'une éducation différentes, et aussi que les hommes actuels transforment à leur tour la structure des circonstances et la nature de l'éducation qui sera donnée aux hommes à venir. La recherche se trouve ainsi engagée dans un cercle à l'intérieur duquel il est impossible de choisir un commencement autrement que relatif, et justifié uniquement pour les raisons pragmatiques de telle ou telle recherche particulière. Inutile de dire que sur ce point l'analyse de Marx, et tout aussi bien celle de Lukács et du marxisme dialectique, se trouve en opposition rigoureuse avec tout matérialisme mécaniste pour lequel, comme pour Feuerbach tel que l'a lu Marx tout au moins, les circonstances — en l'occurrence les rapports de production — constituent un commencement absolu qui ne laisse aucune place à la transformation de ces rapports par l'activité des hommes. On comprend ainsi pourquoi il aboutit, dans ses formes les plus récentes, à la conclusion que le processus de transformation en tant que tel constitue un des problèmes les plus difficiles pour la pensée théorique.

Il est important de souligner ici qu'en formulant cette position dialectique qu'il oppose à tout matérialisme mécanique, Marx se trouve tout près de l'autre principe fondamental de toute pensée dialectique, qu'il ne formule cependant pas explicitement : l'unité du sujet et de l'objet de la pensée et de l'action. Car si les hommes, c'est-à-dire le sujet de cette pensée et de cette action, sont le produit des rapports de production qui constituent l'objet de cette même pensée et de cette même action, et que ces rapports de production (c'est-à-dire l'objet) sont eux-mêmes le produit du sujet (c'est-à-dire de la praxis des hommes), il devient impossible de les séparer radicalement et de les opposer les uns aux autres. Et cela vaut non seulement pour la pensée théorique mais tout autant pour la praxis et pour la valorisation qu'elle implique. Il en résulte que les trois principes fondamentaux de la pensée dialectique — unité de la théorie et de la praxis, unité des constatations et des valorisations, identité (selon nous partielle) du sujet et de l'objet — sont rigoureusement inséparables. Aussi ne pouvons-nous que donner raison aux mécanistes contemporains lorsque, en défendant la séparation radicale de l'idéologie et de la science, ils se refusent à admettre la relation circulaire ou plus exactement la relation en spirale entre la praxis et le mode de production, sachant que la moindre concession sur ce point aboutirait à l'écroulement de leur édifice théorique.

Il n'en reste pas moins vrai que lorsque Althusser et certains structuralistes nous expliquent que le problème de la transformation constitue pour leur pensée un point qui n'est « pas encore » éclairci [1], il ne faut pas

---

[1]. « Tout comme nous pouvons dire que nous possédons seulement l'esquisse d'une théorie marxiste des modes de production antérieurs au mode de production capitaliste, — nous pouvons dire, et même, puisque l'existence de ce problème et surtout la nécessité de le poser dans sa forme théorique propre ne sont pas généralement reconnus, — nous devons dire que *Marx ne nous a pas donné de théorie de la transition d'un mode de production à un autre, c'est-à-dire de la constitution d'un mode de production* » (souligné par l'auteur).

L. Althusser, in L. Althusser, E. Balibar, R. Establet, *Lire le Capital*, Paris, Maspéro, 1965, T. II, p. 183.

fermer les yeux devant le fait que c'est là une affirmation idéologique. Leur système, comme tel, élimine pour des raisons méthodologiques la transformation, et il se heurte aux mêmes limites qu'a rencontré toujours et partout, et notamment au XVIIIe siècle, la pensée mécaniste. Entre l'affirmation que la nature de la transformation est un problème qui sera éclairci dans l'avenir, et celle qu'elle est due à Dieu, au surhomme ou à des savants et à des techniciens essentiellement différents des autres hommes engagés dans l'idéologie, il n'y a pas de différence fondamentale.

Ce qui ne veut pas dire, bien entendu, que nous nions l'existence et le rôle des élites, de la prise de conscience et de la connaissance scientifique; le problème méthodologique fondamental étant celui de savoir quel est le statut de ces trois faits humains. Y a-t-il, comme pour les mécanistes et les idéalistes, une rupture radicale entre l'élite et la masse, entre la conscience et l'inconscience, entre la science et l'idéologie? ou bien s'agit-il d'une différence de degré qui se transforme à un certain niveau en différence qualitative? et faut-il admettre que masse, inconscience, idéologie, contiennent des virtualités qui aboutiront à ce qu'une pensée scientifique pourrait appeler pour une certaine époque élite, conscience et pensée scientifique, étant entendu qu'elles seront dépassées à leur tour dans l'avenir et notamment que la science d'aujourd'hui sera l'idéologie pour les penseurs scientifiques de demain?

IV

« Feuerbach part du fait que la religion rend l'homme étranger à lui-même et dédouble le monde en un monde religieux, objet de représentation, et un monde réel. Son travail consiste à résoudre le monde religieux en sa base temporelle. Il ne voit pas que, ce travail une fois accompli, le principal reste encore à faire. Le fait, notamment, que la base temporelle se détache d'elle-même, et se fixe dans les nuages, comme un royaume indépendant, ne peut s'expliquer précisément que par le déchirement et la contradiction internes de cette base temporelle. Il faut donc d'abord comprendre celle-ci dans sa contradiction pour la révolutionner ensuite pratiquement en supprimant la contradiction. Donc, une fois qu'on a découvert, par exemple, que la famille terrestre est le secret de la famille céleste, c'est la première désormais dont il faudra faire la critique théorique et qu'il faudra révolutionner dans la pratique. »

Si les *Thèses* 1, 2 et 3 se situent au niveau très général des principes fondamentaux de la philosophie, la quatrième *Thèse* concerne les liens entre la pensée philosophique et l'étude sociologico-historique. On pourrait la lire comme un résumé des idées centrales des cinq cents pages de *l'Idéologie allemande*.

Comme tous les autres idéalistes néo-hégéliens — et sur ce point il est encore idéaliste — Feuerbach croit qu'il suffit de remplacer l'illusion religieuse par une théorie qui lui paraît valable pour résoudre les principaux problèmes que pose l'aliénation. C'est une idée que l'on retrouve chez Bauer, Stirner et les « vrais socialistes » avec la seule différence que ce qu'on appelle « les idées valables » diffère d'un cas à l'autre.

Marx, qui vient de découvrir le matérialisme historique, sait que tout changement sur le plan des idées est à la fois insuffisant et irréalisable s'il ne s'accompagne pas d'un changement dans les structures sociales concrètes. L'aliénation et les contradictions idéologiques ont leur fondement dans la vie sociale qu'il faut transformer, sinon auparavant tout au moins simultanément. Plus exactement, Marx définit très bien l'ordre de cette transformation : développement des forces productives grâce à la praxis des hommes, changement partiel de l'idéologie, prise de conscience, transformation de la réalité grâce à la pratique des hommes, transformation des superstructures. Là aussi nous sommes engagés dans un cercle où il n'y a pas d'antériorité du social sur l'idéologique ou inversement.

v

« Feuerbach, que ne satisfait pas la *pensée abstraite*, en appelle à l'*intuition sensible*, mais il ne considère pas le monde sensible en tant qu'activité pratique concrète de l'homme. »

La cinquième *Thèse* concerne un problème particulier, celui du passage de la pensée abstraite à l'intuition sensible. Prise strictement *à la lettre*, elle n'apporte rien de neuf par rapport à la première thèse. Si cependant nous admettons qu'il s'agit du passage de l'abstrait au concret, cela nous permet de soulever un des problèmes les plus importants de la théorie de la connaissance.

La philosophie classique, tant rationaliste qu'empiriste, admet que le donné immédiat, l'intuition sensible, a un caractère concret opposé au caractère abstrait de la pensée conceptuelle. Pour la pensée dialectique, le problème se pose d'une manière différente, et même opposée. L'expérience sensible immédiate est partielle et, par cela même, abstraite; quant à l'élaboration conceptuelle elle peut être soit abstraite soit concrète selon qu'elle s'oriente vers les classes logiques ou au contraire vers l'insertion dans des structures significatives historiques dont la cohérence significative est déterminée par la fonctionnalité, c'est-à-dire par les conditions concrètes de la praxis humaine.

C'est sur l'arrière-plan de cette analyse qu'on doit, nous semble-t-il, comprendre cette cinquième thèse : non content de « la pensée abstraite », Feuerbach pense sur le modèle empiriste qu'on peut retrouver le concret en revenant à l'immédiat, à « l'intuition sensible ». Telle cependant que cette intuition se donne et que Feuerbach l'accepte, comme moyen d'information immédiate sur le monde extérieur, elle reste tout aussi abstraite que la mauvaise abstraction conceptuelle qui aborde la connaissance des faits humains sous l'angle de la généralisation et des classes logiques (procédé opératoire et valable par contre dans les sciences physiques). La seule manière de revenir au concret exigerait de concevoir aussi bien l'intuition sensible elle-même que les renseignements apportés par elle comme des aspects partiels de structures significatives englobant, entre autres et avant tout, l'activité pratique concrète du sujet, conception qui dépassant l'intuition sensible et l'immédiatement donné constituerait elle-même une *conceptualisation* scientifico-philosophique.

VI

« Feuerbach résout l'essence religieuse en l'essence humaine. Mais l'essence humaine n'est pas une abstraction inhérente à l'individu isolé. Dans sa réalité, elle est l'ensemble des rapports sociaux.

« Feuerbach qui n'entreprend pas la critique de cet être réel, est par conséquent obligé :

1. De faire abstraction du cours de l'histoire et de faire de l'esprit religieux une chose immuable, existant pour elle-même, en supposant l'existence d'un individu humain abstrait, *isolé*.

2. De considérer, par conséquent, l'être humain uniquement en tant que « genre », en tant qu'universalité interne, muette, liant d'une façon purement *naturelle* les nombreux individus. »

La sixième *Thèse* soulève un des problèmes les plus importants : celui du sujet de la pensée et de la praxis. Nous nous y arrêterons plus longuement, entre autres parce que, dans son ouvrage sur Marx, Althusser lui a consacré une étude spéciale qui marque très bien l'opposition entre ses positions et le texte marxien. Commençons par ce dernier :

Un des éléments essentiellement nouveaux apporté par la pensée de Hegel par rapport à la philosophie classique sous toutes ses formes (rationalisme, empirisme, philosophie des Lumières) a été le remplacement du sujet individuel, l'*ego* de Descartes ou des empiristes, par un sujet collectif ou tout au moins transindividuel. Le progrès non moins important qu'a représenté par la suite la pensée de Marx par rapport à celle de Hegel a été le fait de donner un statut scientifique et positif au sujet transindividuel en indiquant qu'il ne consiste pas en une sorte d'affirmation vague mais qu'il suppose chaque fois l'analyse concrète des relations économiques, sociales, intellectuelles et affectives dans lesquelles se trouvent engagés les individus qui en font partie, relations qui, bien entendu, changent au cours de l'histoire.

Bien entendu les *Thèses* ne parlent pas de Hegel mais situent les positions marxiennes par rapport à Feuerbach qui fonctionne ici, à juste titre, comme un des représentants de l'invidualisme classique. L'essence humaine, dit Marx, n'est pas quelque chose d'universel, une sorte d'abstraction, un dénominateur commun, la compréhension d'une sorte de classe logique dont les individus isolés constitueraient l'extension, mais l'ensemble des rapports sociaux dans lesquels se trouvent engagés ces individus, et cela veut dire un ensemble de structures significatives concrètes, économiques, sociales, politiques et intellectuelles qui s'opposent et s'englobent les unes les autres.

Or ce n'est pas là un problème purement spéculatif mais un des problèmes méthodologiques les plus importants pour la nature et le progrès des recherches positives en sciences humaines. On peut le poser de deux manières complémentaires, l'une philosophique, l'autre méthodologique, ce qui montrera clairement le lien entre les deux perspectives.

On peut en effet, et cela semblerait un problème purement spéculatif, demander quel est le moteur, l'élément dynamique des transformations historiques, sociales et culturelles, dans le sens le plus vaste du mot et on peut constater l'existence de deux affirmations. Selon qu'on se rattache à l'individualisme classique ou à la pensée dialectique, on attribuera une prédominance à l'individualité créatrice autonome ou aux forces collectives, au sujet transindividuel. Placé sur ce plan, le problème semble ne comporter qu'une réponse plus ou moins arbitraire, déterminé par les traditions et les sympathies du chercheur.

Si l'on pose cependant le même problème sur le plan de la recherche concrète, en se demandant quel est le sujet dont le comportement peut rendre compréhensible et intelligible — à un niveau scientifiquement suffisant, c'est-à-dire à un niveau quantitatif tel qu'à la même époque aucune autre recherche ne puisse aller plus loin dans la même direction — l'ensemble des aspects empiriques abstraits que présentent de manière immédiate les phénomènes étudiés, la validité des deux réponses peut être départagée sur le plan du contrôle empirique. Or, à la lumière des recherches existant aujourd'hui, nous devons constater que si, d'une part, tout un secteur des aspects immédiats de la vie humaine s'est révélé intelligible par rapport au sujet individuel, ce domaine, mis en lumière par la psychanalyse, est cantonné au secteur que Freud a désigné sous le nom de libido, et que, même dans ce secteur, la structuration sociale pénètre, sinon comme facteur central d'unité tout au moins comme matériel ayant malgré tout son rôle distordant.

Inversement cependant, dans tout le secteur sociohistorique de la vie humaine, et cela veut dire non seulement dans l'histoire économique, sociale et politique, mais aussi dans celui de la création littéraire et artistique, qui pouvait sembler le plus réfractaire et le plus rébarbatif à l'étude socio-historique, les quelques rares études qui ont mis en relation cette création avec un sujet collectif se sont avérées incomparablement plus opératoires que celles qui s'inspiraient des méthodes traditionnelles, psychanalytiques, thématiques ou structuralistes.

Tenant du structuralisme non dialectique et mécaniste, mais aussi penseur pénétrant et rigoureux, Althusser a très bien senti que les quatre lignes par lesquelles débute la sixième *Thèse* posaient un des problèmes philosophiques et méthodologiques les plus importants. Aussi leur a-t-il consacré une note complémentaire sur l'humanisme réel avec laquelle il termine son volume *Pour Marx*. Dans cette note il admet, non sans raison, que la position de Marx dans les *Thèses sur Feuerbach* pourrait être qualifiée d'humanisme réel et, interprétant ce terme dans sa perspective, il voit dans le mot « réel » l'orientation vers ce qu'il appelle la période scientifique ultérieure de Marx, et dans le mot « humanisme » une survivance de l'époque idéologique de jeunesse. Si on donne au terme « réel » la signification donnée par Althusser, le mot « humanisme » devient entièrement dépourvu de sens, une sorte de simple survivance linguistique. On pourrait penser qu'il s'agit simplement d'un problème de morale, de valeur humaniste, ce qui ramènerait à la question de savoir si on peut séparer les jugements de fait des jugements de valeur et défendre ainsi, au nom du marxisme, une position purement positiviste (ce qu'Althusser fait d'ailleurs dans l'ensemble de ses écrits). Mais dans cette note Althusser va plus loin et pose la question sur le plan théorique. Il s'en prend à l'affirmation marxienne selon laquelle l'homme réel (terme par lequel il traduit à juste titre « l'essence humaine » du texte marxien) est constitué par « l'ensemble des rapports sociaux » :

« Or, à prendre cette expression à la lettre, comme une définition adéquate, *elle ne veut rien dire.* Qu'on essaie simplement d'en donner une explication littérale, et on verra qu'on n'en sortira pas, à moins de recourir à une périphrase de ce genre : « Si on veut savoir quelle est la réalité, non pas qui correspond adéquatement au concept d'homme, ou d'humanisme, mais qui est indirectement en cause dans ses concepts, c'est non pas une essence abstraite, mais l'ensemble des rapports sociaux. » Cette périphrase fait aussitôt apparaître une *inadéquation* entre le concept homme et sa définition : ensemble des rapports sociaux. Entre ces deux termes (homme-ensemble des rapports sociaux) il y a sans doute un rapport, mais il n'est pas lisible dans la définition, *ce n'est pas un rapport de définition, ce n'est pas un rapport de connaissance.*

« Pourtant cette inadéquation a un sens, ce rapport a un sens : un sens *pratique.* Cette inadéquation manifeste désigne une *action à accomplir*, un *déplacement* à effectuer. Elle signifie que pour rencontrer et trouver la réalité à laquelle on fait allusion en cherchant non plus l'homme abstrait mais l'homme réel, il faut *passer à la société*, et se mettre à l'analyse de l'ensemble des rapports sociaux. Dans l'expression humanisme-réel, je dirais que le concept « réel » est un concept pratique, l'équivalent d'un *signal*, d'un panneau indicateur, qui « indique » quel mouvement il faut effectuer, et dans quelle direction, jusqu'en quel lieu il faut se *déplacer* pour se trouver non plus dans le ciel de l'abstraction, mais sur la terre réelle. « Par ici, le réel! » Nous suivons le *guide* et nous débouchons dans la société, les rapports sociaux, et leurs conditions de possibilité réelle.

« Mais c'est alors qu'éclate le scandaleux paradoxe : une fois réellement effectué ce *déplacement*, une fois entreprise l'analyse scientifique de cet objet réel, nous découvrons que la connaissance des hommes concrets (réels), c'est-à-dire la connaissance de l'ensemble des rapports sociaux n'est possible que sous la condition de se passer complètement des *services théoriques* du concept d'homme (au sens où il existait, dans sa prétention théorique même avant son déplacement). Ce concept en effet nous apparaît inutilisable du point de vue scientifique, non pas parce qu'il est abstrait! — mais parce qu'il n'est pas scientifique. Pour penser la réalité de la société, de l'ensemble des rapports sociaux, nous devons effectuer un *déplacement* radical, non seulement un déplacement de lieu (de l'abstrait au concret) mais aussi un déplacement conceptuel (nous changeons de concepts de base!). Les concepts dans lesquels Marx pense la réalité vers laquelle faisait signe l'humanisme-réel, ne font plus intervenir une seule fois comme concepts *théoriques* les concepts d'homme ou d'humanisme : mais d'autres concepts tout à fait nouveaux, les concepts de mode de production, de forces de production, de rapports de production, de superstructure, d'idéologie, etc. Voilà le paradoxe : le concept pratique qui nous indiquait le lieu du déplacement a été consommé dans le déplacement même, le concept qui nous indiquait le lieu de la recherche est désormais absent de la recherche même [1]. »

On voit facilement où réside la pétition de principe. Pour Marx « *l'ensemble des rapports sociaux* » est un concept scientifique étroitement lié à l'idée que c'est cet ensemble seulement qui définit du point de vue théorique et scientifique le statut des unités biologiques que sont les individus à l'intérieur du sujet collectif de l'action sociale et historique. Or, il y a dans l'analyse d'Althusser deux affirmations : l'une parfaitement valable, selon laquelle, dans la recherche scientifique concrète, le concept global d' « ensemble de rapports sociaux » se précise dans les concepts plus particuliers

---

[1] L. Althusser. *Pour Marx*, Paris, Maspéro, 1966, p. 254-255.

de « mode de production, rapports de production, superstructure, idéologie, etc. ». (Ce à quoi il faut d'ailleurs ajouter que, par la suite, il faut préciser ces concepts en leur donnant la spécificité historique qu'ils présentent dans le cas étudié.)

L'autre hautement contestable, selon laquelle ces concepts ne font plus intervenir une seule fois comme concept théorique le concept d'homme et d'humanisme. Althusser oublie simplement que même sur le plan théorique il n'y a, ni pour Marx, ni dans la réalité, des rapports de production qui ne soient pas des rapports entre les hommes, d'idéologie qui ne soit pas une forme de pensée des hommes, de forces de production qui ne soient ou des qualités humaines (comme par exemple la qualification professionnelle de la classe ouvrière), ou des produits de l'activité des hommes comme le capital constant (machines, matières premières, etc.) qui existent d'ailleurs, en tant que forces de production, seulement dans la mesure où elles sont maniées et utilisées par les hommes. Quant aux concepts de *superstructure* et de *mode de production,* ce sont des concepts importants, de niveau plus général, mais qui embrassent précisément les autres relations plus spécifiées dont nous venons de parler et désignent eux aussi certains aspects essentiels du comportement humain.

On peut bien entendu, sur le plan de la science, contester cette affirmation et penser comme Althusser que l'homme n'a aucune place dans l'étude des structures économiques, sociales, politiques ou idéologiques. Il ne serait ni le premier ni le dernier à le faire et cela se discute au niveau de la recherche concrète. Ce qui nous paraît contestable c'est de se réclamer pour ce faire de Marx qui a, de toute évidence, toujours pensé et affirmé le contraire. Althusser s'en rend d'ailleurs parfaitement compte puisque tout ce paragraphe (comme beaucoup d'autres de son analyse) a pour raison de nous faire accepter que Marx s'est très mal exprimé, qu'il a

employé des formules qui si on les prend « à la lettre »
ne veulent rien dire, et qu'en définitive il n'a pas voulu
écrire ce qu'il a effectivement écrit mais au contraire
les idées proches de celles du petit groupuscule parisien
constitué par Lacan, Althusser, Foucault, etc. Inutile
de dire que si on accepte une pareille méthode on peut,
avec un peu d'habileté, attribuer n'importe quelle
théorie à n'importe quel théoricien.

Dans la seconde partie de sa sixième *Thèse*, Marx
souligne les deux limitations qui font partie de la
manière feuerbachienne de concevoir le sujet de la
pensée et de l'intuition sensible, deux limitations dont
la première vaut dans toute sa force contre le structuralisme non génétique et toutes les positions idéalistes,
mécanistes de cette école : celle de nier l'histoire et de
se situer dans un espace abstrait et fixe dans lequel il
n'y a plus de transformations, et dont la seconde, celle
de concevoir le sujet comme une classe logique d'individus ayant certains caractères communs, valait parfaitement pour la philosophie individualiste classique, mais
ne vaut plus pour le structuralisme contemporain qui
a remplacé l'individu par la structure, transformation
idéologique homologue par ailleurs au passage du capitalisme libéral au capitalisme d'organisation.

VII

« C'est pourquoi Feuerbach ne voit pas que « l'esprit
religieux » est lui-même un *produit social* et que l'individu
abstrait qu'il analyse appartient en réalité à une forme
sociale déterminée. »

La septième *Thèse* est importante surtout dans la
mesure où, à l'occasion de Feuerbach, elle affirme de la
manière la plus explicite l'unité du sujet et de l'objet.

« L'esprit religieux » et « l'individu abstrait » qui font

le noyau des théories de Feuerbach ne sont pas de simples erreurs, des analyses fausses de la réalité humaine et sociale. Elles sont aussi, comme toutes les réflexions sur ce sujet, des expressions idéologiques correspondant à une forme sociale précise, celle dans laquelle vivait Feuerbach, ce dont, bien entendu, celui-ci n'était pas conscient.

VIII

« La vie sociale est essentiellement *pratique*. Tous les mystères qui détournent la théorie vers le mysticisme trouvent leur solution rationnelle dans la pratique humaine et dans la compréhension de cette pratique. »

IX

« Le point le plus élevé auquel a atteint le matérialisme *intuitif*, c'est-à-dire le matérialisme qui ne conçoit pas le monde matériel comme activité pratique, est la façon de voir des individus pris isolément dans la « société bourgeoise ».

X

« Le point de vue de l'ancien matérialisme est la société « *bourgeoise* ». Le point de vue du nouveau matérialisme c'est la *société humaine*, ou l'humanité socialisée. »

Les *Thèses* 8, 9 et 10 fixent les limites les plus importantes qui séparent le matérialisme mécaniste du matérialisme dialectique : *a*) conception du sujet comme individu, et non pas comme sujet transindividuel et collectif; *b*) statut purement passif des facultés cognitives de ce sujet et notamment de l'intuition sensible, alors qu'en réalité tout processus psychique humain est étroitement lié, de manière médiate ou immédiate, à la pratique et aux valorisations et enfin, *c*) conception anhistorique de la réalité sociale qui prend dans son essence même la forme de la société bourgeoise, alors que la conception dialectique de sujet transindividuel connaissant et agissant en même temps, insère celui-ci dans l'ensemble de l'histoire et lui donne son véritable statut à l'intérieur du devenir de la société humaine et de l'humanité socialisée.

Sur ce point nous croyons que les *Thèses* 8 et 9 permettent de clarifier un point important dans la discussion contemporaine. S'opposant à l'individualisme de la philosophie et de l'économie classiques qu'il retrouve chez Feuerbach, Marx distingue à juste titre deux conceptions du sujet qui correspondent à deux philosophies radicalement opposées : la conception individualiste établissant la rationalité par rapport aux individus et considérant ceux-ci comme une classe logique d'unités autonomes *présentant un certain nombre de caractères communs*; et la conception dialectique voyant dans les individus des éléments constitutifs d'un sujet transindividuel par rapport auquel seul peut être établie d'une manière positive et scientifique la rationalité des faits historiques (économiques, sociaux, politiques et culturels), conception fondée précisément *sur la différence spécifique* des individus à l'intérieur du sujet transindividuel.

Se rattachant au structuralisme contemporain fondé avant tout sur la *négation du sujet*, Althusser n'attache bien entendu pas beaucoup d'importance au fait que celui-ci est conçu comme individuel ou comme collectif. C'est son droit le plus strict et c'est une position parfaitement justifiée tant qu'il s'agit de développer ses propres théories. Elle devient cependant beaucoup plus contestable lorsque, s'agissant d'analyser un texte d'Engels qui développe l'idée exprimée déjà dans les *Thèses sur Feuerbach* du sujet historique transindividuel constitué d'individus et de relations interindividuelles, Althusser écrit :

« Il faut reconnaître *que cette évidence n'est rien d'autre que celle des présupposés de l'idéologie bourgeoise classique et de l'économie politique bourgeoise.* Et de quoi part en effet cette idéologie classique, sinon justement, qu'il s'agisse de Hobbes dans la composition des conatus, de Locke et Rousseau dans la génération de la volonté générale; d'Helvétius ou d'Holbach dans la production de l'intérêt général; de Smith ou Ricardo (les textes foisonnent) dans les comportements de l'atomisme; de quoi part-elle, sinon justement de l'affrontement de ces fameuses *volontés individuelles,* qui ne sont en rien le point de départ de la réalité, mais point de départ pour une *représentation* de la réalité, pour *un mythe* destiné à *fonder* (pour l'éternité) dans la nature (c'est-à-dire pour l'éternité) *les objectifs* de la bourgeoisie [1]? »

Il va de soi que la conception de Marx et Engels se trouve aux antipodes de celles de Locke, de Rousseau et de l'économie classique.

XI

« Les philosophes n'ont fait qu'*interpréter* le monde de différentes manières, mais il s'agit de le *transformer.* »

La onzième *Thèse,* enfin, est difficile à prendre dans

---

1. L. Althusser. *Pour Marx*, Paris, Maspéro, 1966, p. 124-125.

sa littéralité. Les dix *Thèses* précédentes, et notamment la première, nous ont dit explicitement que pour Marx, déjà l'intuition sensible et encore plus les élaborations théoriques et philosophiques — y compris le matérialisme mécaniste et insuffisant de Feuerbach — sont liées de manière plus ou moins médiatisée à la praxis sociale et ont, comme telles, un caractère plus ou moins pratique.

Comment concilier cette affirmation avec celle que « les philosophes n'ont fait qu'*interpréter* le monde » ? Nous ne croyons pas forcer le texte de Marx en disant qu'à travers cette formule lapidaire et brillante (qui est devenue depuis une des citations les plus célèbres et les plus répandues) il a voulu dire que les philosophes se sont contentés jusqu'ici sur le plan conscient et explicite de leurs théories, de vouloir seulement interpréter le monde, qu'ils nous ont donné ainsi une image insuffisante, et par cela même erronée et très souvent conservatrice ou réactionnaire, de la réalité humaine, alors qu'une philosophie valable et consciente, se situant au niveau déjà atteint par l'analyse marxienne, telle qu'elle vient d'être développée dans les dix *Thèses* précédentes, doit prendre conscience du caractère pratique, révolutionnaire et progressiste ou conservateur et réactionnaire, humaniste ou anti-humaniste, de toute philosophie, intégrer cette prise de conscience consciemment et explicitement et choisir à partir de là en connaissance de cause une attitude théorique correspondant réellement à une pratique favorisant un changement progressiste et révolutionnaire.

On nous reprochera peut-être de faire ici ce que nous venons de reprocher à Althusser, c'est-à-dire de ne pas nous en tenir à la lettre du texte marxien. Il ne nous semble pas cependant que le reproche soit fondé. Il s'agit simplement de mettre une phrase en accord avec l'ensemble de son contexte en précisant simplement le sens du mot « interpréter » qui, ici, ne peut vouloir dire qu'interpréter au niveau de la conscience puisque c'est Marx lui-même qui nous a expliqué que tout phénomène est lié à une pratique qui, lorsque la conscience est idéologique, comporte des risques considérables de devenir conservatrice ou réactionnaire [1].

---

1. Ajoutons à l'appui de notre interprétation que Marx reprend cette même idée en donnant au mot « interpréter » le sens que nous lui donnons. Il écrit en effet, au début de *L'Idéologie allemande* :

« Comme chez ces néo-hégéliens les représentations, les pensées et les concepts, et en général les produits de la conscience qu'ils ont rendue autonome passent pour être les véritables chaînes de l'humanité, on comprend... que les jeunes hégéliens n'ont à lutter que contre ces illusions de la conscience. Comme dans leur imagination les relations des hommes, leurs activités, leurs entraves et leurs limitations sont des produits de la conscience, les jeunes hégéliens leur opposent de manière conséquente l'exigence morale de changer leur conscience actuelle contre une conscience humaine critique ou égoïste et de supprimer par cela même leurs limitations. Cette exigence de changer la conscience se réduit à l'exigence d'interpréter différemment le monde existant, c'est-à-dire de le reconnaître à l'aide d'une interprétation différente. Les idéologues néo-hégéliens, malgré leurs phrases qui prétendent « bouleverser le monde », sont les plus grands conservateurs. »

K. Marx, F. Engels, *Werke*, Berlin, Dietz Verlag, 1958, Band 3, p. 20 (d'après l'édition MEGA de 1932).

Économie et sociologie : à propos du « Traité d'Économie politique » d'Oscar Lange

Oscar Lange[1] est une autorité unanimement reconnue en matière d'économie politique, tant dans le monde socialiste que dans le monde occidental. Aussi, la publication en français du premier tome de son *Traité d'Économie politique* constitue-t-elle un événement de première importance, et cela d'autant plus que, consacré aux « problèmes généraux », ce volume [2] intéresse tout autant les sociologues et même les historiens que les économistes proprement dits.

Commençons par constater la richesse de l'ouvrage, l'érudition et l'originalité de la pensée de son auteur, qualités qui en font un livre passionnant pour tous ceux qui s'intéressent aux sciences humaines. Ce n'est cependant pas un compte rendu détaillé que nous nous proposons de faire aujourd'hui, estimant que c'est là une tâche qu'il vaut mieux réserver à un spécialiste des questions économiques. Nous nous contenterons donc de quelques réflexions critiques de deux problèmes précis abordés par Lange et sur lesquels, malgré le grand respect et la profonde sympathie que nous avons pour cet auteur, nos propres positions sont sensiblement divergentes.

1. Mort en 1965.
2. A l'exception d'un appendice spécialisé sur les *Fondements mathématiques de la programmation*.

Il s'agit là d'ailleurs de deux problèmes connexes puisque l'un est celui de la nature des lois *économiques* et de leur spécificité par rapport aux lois *historico-sociologiques*, et l'autre celui des rapports entre la planification et la décentralisation ou, pour le poser à un niveau plus fondamental, celui des rapports entre la planification centralisée et la liberté individuelle dans une société socialiste.

Sur le premier de ces points, Lange prend une position qui l'oppose à la plupart des théoriciens marxistes post-marxiens les plus importants, et entre autres à Rosa Luxemburg et à Boukharine, et le situe dans une lignée — dont il se réclame d'ailleurs explicitement — représentée notamment par le dernier écrit de Staline : « Problèmes économiques du socialisme »[1].

Pour comprendre et juger sa position, il est bon d'aborder la question par quelques remarques préliminaires sur l'histoire du problème, qui, pour une pensée dialectique, est d'ailleurs inséparable du problème de l'histoire. Se réclamant d'un texte d'Engels, Lange se trouve en effet amené à changer un mot extrêmement important : « Si F. Engels a défini l'économie politique comme étant (...) *la science des lois qui régissent la production et l'échange des moyens matériels de subsistance dans la société humaine* » cette formule correspond entièrement à la définition que nous avons acceptée. Nous avons tout simplement remplacé le terme « échange » par celui de « distribution ». Il ressort de la suite du texte d'Engels que par « échange » il comprend tout simplement la « distribution ». Cependant, puisqu'en général l'expression « échange » n'est employée dans le sens défini ci-dessus que pour désigner une certaine forme historique de distribution, nous employons, quant

---

[1]. Ajoutons qu'en 1961 ces références à Staline sont un indice d'indépendance intellectuelle et non de conformisme comme elles pouvaient l'être avant 1956.

à nous, dans notre définition de l'objet de l'économie politique, le terme de « distribution » (...). »

Lange a sans doute raison lorsqu'il constate qu'on peut inférer du contexte d'Engels que celui-ci ne limitait pas la validité des lois économiques à la société capitaliste et admettait, dans ce passage, qu'elles existaient dans toutes les formes d'organisation sociale. Nous avons d'ailleurs indiqué nous-même, dans notre ouvrage, *Recherches dialectiques*, que si la plus grande partie de l'œuvre de Marx peut servir à étayer la thèse contraire, on n'en trouve pas moins dans certains de ses écrits — tel par exemple les « Remarques marginales sur le manuel d'économie politique d'Adolf Wagner » — des passages où il examine le sens que pourrait avoir le concept de valeur dans une économie *socialiste*. Ceci posé, il nous semble néanmoins que l'emploi du terme « échange » par Engels, et surtout la nécessité où se trouve aujourd'hui Lange de lui substituer celui de « distribution » à une époque où les deux mots correspondent à deux prises de position opposées, ne sont pas non plus accidentels. Car le problème sur lequel Lange et Staline s'opposent à Rosa Luxemburg et Boukharine n'était pas clairement formulé à l'époque où écrivaient Marx et Engels — bien que ce soit précisément l'œuvre de ces deux penseurs qui ait permis de le poser ultérieurement. C'est pourquoi Marx et Engels ont pu employer des formules peu précises et recourir indistinctement aux termes « échange » et « distribution » alors que, de nos jours, un choix s'impose et l'emploi de l'un ou de l'autre terme implique une prise de position explicite et opposée sur le problème débattu.

Au fond, la discussion sur la validité des lois économiques en dehors de l'économie d'échange est menée par les économistes contemporains dans un contexte totalement différent de celui dans lequel pensaient et écrivaient Marx et Engels ; ceux-ci réfléchissaient en effet dans le prolongement de l'économie classique :

aussi s'efforçaient-ils de démontrer que les lois de l'économie capitaliste, les seules qui avaient été étudiées jusqu'alors [1], ne sont pas des lois de la nature humaine et, par conséquent, ont un caractère historique et non pas éternel. Une des tâches et un des mérites principaux de l'analyse marxienne est précisément d'avoir démontré que les lois mises en lumière par les économistes classiques et précisées par Marx ne constituent qu'un des aspects particuliers des lois sociales et historiques, celui qu'elles présentent dans le cadre d'une structure sociale déterminée, celle de la société capitaliste. Attachés cependant à montrer que le *contenu* de ces lois avait un caractère historique (point sur lequel tous les penseurs marxistes, y compris Staline et Lange, ont toujours été d'accord), ni Marx ni Engels ne se sont demandé avec suffisamment de clarté si la *forme* même de ces lois, leur existence en tant que lois économiques, n'était pas liée à ce contenu et ce que pourraient signifier des lois *économiques* ayant un contenu différent qui serait valable pour les formes sociales où la production ne serait plus liée au marché.

Bref, à l'époque de Marx et d'Engels, la discussion portait presque exclusivement sur *l'historicité* des lois économiques, alors que le concept des lois sociologiques, élaboré peu avant par A. Comte, n'avait pas encore pénétré suffisamment dans la pensée scientifique et que la distinction entre lois sociologiques et lois économiques n'était pas clairement formulée ; c'est pourquoi il nous semble qu'on ne saurait dégager à partir des textes de Marx ou d'Engels une réponse au problème des rapports entre ces deux genres de lois.

Mais, si Marx n'a pas abordé explicitement ce problème, il n'en reste pas moins vrai que son analyse de la réification constitue la base scientifique de la distinction entre lois sociologiques et lois économiques. Cette analyse

---

1. Engels le dit explicitement et Lange cite d'ailleurs le passage.

montre en effet que la caractéristique principale des lois économiques réside dans le fait qu'elles régissent dans les sociétés capitalistes un secteur de la vie sociale dans lequel le comportement de l'individu, tout en ayant un caractère conscient, se présente comme *déterminé* par des forces *objectives indépendantes* de sa volonté et, en apparence, étrangères à celle-ci ; ceci a pour conséquence que ce secteur constitue un cas particulier, relativement unique dans l'histoire des sociétés humaines, puisqu'il tend à se soustraire à l'action des autres secteurs de la vie des hommes (politique, idéologie, religion, art, etc.), tout en continuant à exercer sur eux une action qui, par cela même, tend à devenir de plus en plus puissante et unilatérale, et à les réduire au statut de simple *reflet*. L'autre face de ce phénomène est constituée par le fait que les relations sociales et qualitatives qui continuent à exister dans le secteur économique tendent à disparaître de la conscience et à ne plus se présenter à celle-ci que sous la forme des qualités objectives des marchandises : valeur et prix ; c'est le phénomène que Marx a désigné comme « fétichisme de la marchandise » et qu'à partir de Lukács les marxistes ont souvent appelé « réification ».

Le fait *économique* se présente ainsi à partir des analyses marxiennes comme ayant *au niveau du social* des analogies extrêmement poussées avec ce que Freud et les psychanalystes (il va de soi, et pour cause, que Marx et Engels n'ont jamais développé ce point de vue) appellent un complexe, c'est-à-dire un secteur du comportement humain soustrait aux actions du reste de la vie psychique, se développant de manière autonome et agissant de façon croissante sur celle-ci.

Soulevé à partir de ces analyses par la plupart des théoriciens marxistes ultérieurs, et notamment par Boukharine et Rosa Luxemburg, le problème est de savoir non pas si, en dehors de la société capitaliste, il existe des lois qui régissent le comportement humain (ce qu'aucun marxiste n'a jamais mis en doute), mais si ces lois ont un caractère *économique* ou *sociologique* ou, plus exactement, *historico-sociologique*; c'est un problème sur lequel ni Marx ni Engels n'ont jamais pris position (ce qui explique dans une grande mesure le flottement de leur terminologie et les difficultés auxquelles on se heurte lorsqu'on tente de chercher dans leurs écrits la réponse à une problématique qui leur était étrangère). Est-ce à dire qu'il ne s'agit dans tout cela que d'un problème formel, et que Staline et Lange reviennent tout simplement à une étape plus ancienne en reprenant la terminologie de Marx et en prenant le parti d'ignorer les questions soulevées par les théoriciens dont ils se séparent? Nous ne croyons pas que cela soit aussi simple et n'en voulons pour preuve que le fait que si Rosa Luxemburg, Boukharine, Lukács, Karl Korsch et bien d'autres théoriciens marxistes pensent *qu'il n'y a de lois économiques ni dans les sociétés précapitalistes du passé, ni dans la future société socialiste*, la brochure de Staline [1] s'attache en tout premier lieu à prouver l'existence des lois économiques dans les sociétés socialistes présentes ou à venir.

Au fond, le problème se déplace du syndrome économique et de son caractère pathologique vers celui de l'objectivité et du caractère contraignant des lois dans les sociétés socialistes et, par conséquent, vers celui de la liberté humaine dans ces sociétés. Cette discussion donnant ainsi lieu à un véritable imbroglio terminologique, il nous paraît important pour la clarté de l'exposé de revenir à l'analyse du contenu des diverses positions que nous venons de mentionner.

1. Commençons, au risque de nous répéter, par celle de Marx et d'Engels. Pour eux, il existe des lois sociales

---

1. Lange, il est vrai, parle aussi des sociétés précapitalistes mais l'accent nous paraît néanmoins mis sur l'existence de lois économiques dans la société socialiste.

à caractère historique parmi lesquelles celles de la société capitaliste présentent certains traits particuliers, notamment la réification, la tendance à réduire la conscience à un simple reflet, et l'autonomie du secteur particulier de la vie sociale constitué par la production et l'échange des *marchandises*.

Dans les autres structures sociales, les lois de la production, de la circulation et de la distribution des biens ne présentent pas ces traits et ont été jusqu'ici fort peu étudiées.

La terminologie, notamment l'utilisation des termes « économie » et « sociologie », n'est pas rigoureusement précisée, mais il est certain que, pour Marx et Engels, le passage de la société capitaliste aux sociétés socialistes et communistes implique une augmentation croissante de la liberté des hommes et un affranchissement, non pas des lois naturelles ou comptables, mais des contraintes que pourrait imposer à cette liberté la structure des relations inter-humaines.

2. Après Marx, la plupart des théoriciens marxistes ont accepté le concept de *lois sociologiques* consacré par la science universitaire, mais en lui donnant un sens tout à fait différent qui nous paraît exprimé par le terme de lois historico-sociologiques, en conservant le terme de *lois économiques* pour désigner les propriétés que présente le comportement des hommes dans le secteur constitué par la production et la circulation des *marchandises* caractérisé par ce que nous avons appelé le syndrome économique. Dans cette perspective, les *lois économiques* propres aux sociétés productrices pour le marché deviennent un cas particulier du concept de lois historico-sociologiques, lequel est beaucoup plus vaste et valable pour toutes les formes d'organisation sociale [1].

---

1. Bien entendu, et il faut le souligner, lorsqu'un marxiste parle de lois sociologiques, cela a un tout autre sens que dans la science posi-

Enfin, dans la conception de la dynamique de ces lois sociologiques, dans leur philosophie de l'histoire, Rosa Luxemburg et Boukharine étaient d'accord avec Marx sur l'existence d'une évolution vers une liberté croissante née du changement de la fonction et du rôle de la conscience dans les relations inter-humaines, évolution marquée par une transformation qualitative qu'Engels a remarquablement évoquée dans la célèbre formule du passage du royaume de la nécessité au royaume de la liberté.

3. La brochure de Staline qui, malgré certaines analyses valables, devient extrêmement confuse sur certains points, nous semble, surtout dans la première partie relative à la *nature des lois économiques,* née du besoin de minimiser l'importance ou, tout au moins, *l'actualité* de cette théorie de l'évolution historique vers une liberté croissante. Elle s'attache notamment à repousser à l'arrière-plan la caractérisation du passage au socialisme comme *passage du royaume de la nécessité à celui de la liberté* et affirmer la nature *objective* des lois, tant dans la société capitaliste que dans la société socialiste, qui n'avait presque jamais été soutenue par aucun penseur important. C'est pour y parvenir que Staline développe, en 1951, l'idée que les lois sociales ont un caractère tout aussi contraignant que les lois naturelles, et qu'on peut tout au plus les utiliser mais non pas les modifier. La discussion porte ainsi sur l'objectivité des lois de la vie sociale et sur la nature de la liberté humaine. Or, sur

---

tiviste dans la mesure où *il n'admet pas la possibilité de séparer les jugements de fait et les jugements de valeur,* séparation qui caractérise au contraire presque toute la sociologie universitaire. Si le terme n'était pas trop lourd, il faudrait parler de lois sociologiques à caractère historico-philosophique. C'est d'ailleurs pourquoi nous pensons que toute sociologie vraiment positive doit avoir un caractère philosophique et plus précisément se fonder en dernière instance sur une philosophie de l'histoire.

ce point il s'avère extrêmement difficile de présenter la thèse stalinienne comme une thèse marxiste orthodoxe car la contradiction avec l'ensemble de la littérature marxiste devient flagrante. C'est pourquoi, comme on rencontre dans les écrits de Marx et d'Engels maintes fois l'idée que *les lois économiques de la société capitaliste* présentent une grande analogie avec *les lois naturelles* (dans la mesure où leur action est précisément soustraite à l'action de la conscience et tend vers un caractère mécanique et réifié), il devient beaucoup plus facile de défendre, dans une perspective marxiste, le caractère objectif des lois de toute réalité sociale en parlant des *lois économiques* qu'en parlant de lois historico-sociologiques. Aussi Staline introduit-il son exposé par un paragraphe sur « Le caractère des lois *économiques* [1] sous le socialisme » et essaie-t-il de montrer que de pareilles lois existent et qu'elles ont le même caractère que les lois naturelles. Et, bien entendu, il se réfère au passage où Engels parle des lois économiques comme non spécifiques à la société capitaliste, en omettant de rappeler que, dans ce sens, elles n'avaient ni pour Engels ni pour Marx ce caractère d'objectivité qu'il s'efforce de leur attribuer ; caractère qui, pour ces théoriciens, était particulier aux *lois économiques de la société capitaliste*. Il se peut d'ailleurs que Staline ait senti lui-même la difficulté de sa démonstration puisque le deuxième paragraphe de l'opuscule traite de « la production marchande sous le socialisme », qu'il analyse de façon remarquable, en montrant que cette production continue encore à exister en U. R. S. S. Mais ce paragraphe se présente comme un texte distinct, sans liaison avec le premier, lequel ne semble avoir besoin d'aucune argumentation supplémentaire tirée de la persistance du marché et de la production de *marchandises* dans la société soviétique.

1. Souligné par nous.

4. Venons-en maintenant à la position de Lange. Théoricien beaucoup trop averti et nuancé pour défendre globalement, telles quelles, les positions du premier paragraphe de l'ouvrage de Staline, il essaie d'introduire un certain nombre de précisions susceptibles de rendre cette position cohérente.

C'est ainsi que, tout en renonçant lui aussi à la distinction entre lois sociologiques et lois économiques [1], il nous donne une définition explicite du sens qu'il attribue au mot « économique », mais c'est une définition tellement large qu'elle embrasse presque tous les comportements humains dans toute société passée ou future.

Il distingue en effet trois genres de lois économiques : les lois techniques et le bilan de la production (dont il nous dit qu'elles découlent des nécessités technologiques et matérielles de la production), les lois du comportement des hommes et des lois de l'enchevêtrement des actions humaines. Dans cette énumération, il est évident que l'existence du premier groupe, fondé sur les lois physico-chimiques et le niveau de la technique, ne saurait être liée à une structure sociale particulière et que le deuxième correspond très exactement à ce que nous appelons lois historico-sociologiques. Le troisième groupe seul correspond, sous une désignation extrêmement vague, à ce que les théoriciens post-marxiens appellent lois économiques dans le sens étroit

---

1. A moins qu'il ne faille s'en prendre à un flottement terminologique de la traduction, il semble aller jusqu'à introduire une certaine confusion dans les termes. En effet (p. 26), une des principales lois établies par le matérialisme historique, celle de la « correspondance nécessaire entre les rapports de production et le caractère des forces productives » est appelée, avec référence à Staline, « la loi fondamentale de l'*économie politique* ». Quelques pages plus loin (p. 34), une autre loi fondamentale du matérialisme historique, celle de la « correspondance nécessaire entre la superstructure et la base économique », est appelée « la deuxième loi fondamentale de la *sociologie* », et (p. 79) ces deux lois sont appelées « première et deuxième lois de la sociologie ».

et rigoureux du terme. Les exemples donnés par Lange (loi du marché, loi du taux moyen de profit, loi de l'apparition et de la disparition des profits extraordinaires) semblent d'ailleurs le confirmer.

Si nous admettons cette définition extrêmement large du terme économique, la théorie de l'existence et de l'objectivité des lois économiques dans toute formation sociale ne saurait soulever aucun problème et la discussion ou, plus exactement, la défense de Staline contre Rosa Luxemburg et Boukharine semblerait se réduire, chez Lange tout au moins, à un simple problème de terminologie. Il ne nous semble cependant pas non plus que ce soit le cas, car, si la thèse de l'éternité et de l'objectivité des lois économiques est beaucoup plus défendable dans la perspective de Lange une fois admise la définition du terme *économique* comme caractérisant les *trois* groupes de lois mentionnés plus haut, le problème soulevé par Staline réapparaît plus ou moins intégralement, quoique dans des formules beaucoup plus nuancées, dans le chapitre consacré aux rapports entre la *spontanéité* et *l'objectivité* des lois économiques.

Staline mettait en effet l'accent sur le caractère objectif des lois économiques. Lange distingue entre spontanéité et objectivité, la première indiquant le manque d'accord entre l'action *objective* des lois et les intentions subjectives des hommes :

« Les lois économiques ont un caractère *objectif, leur existence et leur action sont indépendantes de la conscience et de la volonté des hommes.* Par contre, le mode d'action des lois économiques peut être conforme ou non aux intentions conscientes de l'homme, à l'activité qu'il déploie pour les réaliser. Dans le premier cas, nous disons que les lois économiques agissent d'une façon *intentionnellement voulue* par l'homme, dans le second cas, qu'elles agissent d'une façon *spontanée.* Jusqu'à présent, *dans toutes les formations sociales précédant l'apparition de la formation socialiste*, la majorité des lois économiques agissait et agit encore de façon spontanée [1]. »

Mais cette distinction, Lange s'en rend compte tout de suite, ne saurait s'étendre à l'ensemble de ce qu'il appelle les lois économiques. C'est pourquoi il formule lui-même toute une série de réserves :

« Il est vrai que dans ces formations également, certaines lois économiques peuvent agir d'une façon intentionnellement voulue par l'homme, mais ce ne sont pas là les lois économiques déterminantes pour le procès du développement de la formation sociale. Ce sont le plus souvent des lois économiques découlant de l'action de la superstructure, particulièrement de l'État, et également certaines lois techniques et de bilan de la production. Cependant, les lois économiques spécifiques, découlant des rapports de production, et surtout la loi économique fondamentale de la formation sociale n'agissent pas conformément aux intentions de l'homme; il en est de même pour les lois économiques traduisant les propriétés communes aux rapports de production de plusieurs formations sociales. En règle générale, ces lois agissent de manière spontanée, parce que les stimulants économiques et les façons d'y réagir — non intentionnelles et le plus souvent inconscientes — découlent de ce que les rapports de production et les rapports de distribution leur correspondant se sont historiquement constitués; parce que l'action des divers stimulants se recoupe, que l'enchevêtrement des actions humaines donne des résultats qu'aucun des individus ou des groupes humains agissant n'avaient visés » (pp. 86-87).

Nous nous sommes permis de citer ce long passage pour indiquer que la distinction entre l'objectivité et la spontanéité de ces lois dans les formations sociales

---

[1]. Ici, comme le plus souvent dans cette étude, c'est nous qui soulignons.

pré-socialistes, et leur objectivité dans les sociétés socialistes, porte en fait à la fois sur ce que les marxistes critiqués par Lange appelaient les lois économiques dans le sens strict du terme, et sur les lois historico-sociologiques ; de sorte que nous revenons au problème qui était à l'origine de la brochure de Staline dont Lange défend la thèse essentielle, se contentant d'en préciser et d'en nuancer les développements et l'argumentation.

Les lois sociales dans la société socialiste continuent à avoir pour Lange comme pour Staline un caractère *objectif*, avec cette seule différence que les hommes peuvent, dans la mesure où ils ont les connaissances nécessaires et où ils acceptent ces lois, les utiliser d'une façon beaucoup plus conforme à leurs intentions. Le rapport est le même qu'entre la volonté de l'homme et les lois physiques, chimiques et naturelles [1] ; et c'est précisément dans cette mesure que la thèse de Lange nous paraît erronée. En fait Staline explicitement et Lange implicitement posent le problème de l'objectivité sous une forme qui aboutit à une fausse alternative : ou bien les lois historico-sociologiques sont objectives dans une société socialiste et, dans ce cas, « leur existence et leur action sont indépendantes de la conscience et de la volonté des hommes », lesquels pourront seulement s'y adapter pour les accepter et les utiliser ; ou bien il n'y a pas d'objectivité et les hommes sont tout-puissants. Nous pensons qu'aussi bien du point de vue de la tradition marxienne et marxiste que de celui de la simple vérité positive, cette alternative manque de fondement et qu'il n'est aucunement nécessaire de s'enfermer dans le dilemme qu'elle suggère. Depuis le célèbre ouvrage de

---

1. Ajoutons que, dans une note où il discute les thèses de Boukharine et de Rosa Luxemburg, Lange reprend aussi l'analyse justifiée de l'existence de la valeur d'échange dans la société socialiste, en soulignant explicitement — ce que ne faisait pas Staline — qu'il y a là un argument contre les thèses de Boukharine et de Rosa Luxemburg, *même si l'on adopte leurs définitions et leur terminologie.*

Lukács, *Histoire et conscience de classe*, et les nombreux travaux qui s'en sont inspirés, la position dialectique du marxisme nous paraît assez clairement formulée pour que l'on ne risque plus de tomber dans la fausse alternative entre une vérité scientifique à l'indicatif, complétée soit par un jugement moral, soit par une technique, et une absence totale d'objectivité. Les lois de la société ne sont ni « subjectivement arbitraires » ni « objectives et indépendantes de la volonté des hommes ». Même les lois économiques *dans une société productrice pour le marché* ne font qu'approcher cette objectivité quasi mécanique, sans jamais l'atteindre de façon absolue. Les lois de la réalité sociale et historique sont en fait les lois de l'évolution des structures, lesquelles sont composées d'individus conscients, agissant volontairement, structures que ces individus ne peuvent cependant ni saisir du dehors ni *connaître de façon strictement objective* puisqu'ils en font eux-mêmes partie. C'est le célèbre problème de l'identité du sujet et de l'objet de l'action historique, identité qui a pour conséquence l'impossibilité de séparer, lorsqu'il s'agit de la connaissance des faits humains, les jugements de fait des jugements de valeur, et qui donne à l'action humaine le caractère d'un pari fondé sur la réalité sociale, celle-ci n'étant cependant elle-même que l'ensemble des comportements des individus reliés entre eux par des liens constitutifs de totalités structurées et significatives : les groupes sociaux (et notamment les classes sociales). Ajoutons que ceux-ci sont le sujet réel de l'action historique.

Marx a formulé lui-même le problème dans la célèbre *Thèse sur Feuerbach*[1] dans laquelle il explique que toute

1. *Thèse* 3. « La doctrine matérialiste qui veut que les hommes soient des produits des circonstances et de l'éducation, que, par conséquent, des hommes transformés soient des produits d'autres circonstances et d'une éducation modifiée, oublie que ce sont précisément les hommes qui transforment les circonstances et

conception déterministe de la réalité, affirmant l'existence de lois indépendantes de la volonté des hommes, implique en contrepartie l'affirmation de la division des hommes en deux catégories : les uns passifs et soumis à ces lois, les autres actifs et, en dernière instance, au-dessus de ces lois dans la mesure où ils peuvent les utiliser. La position dialectique est, au contraire, essentiellement moniste. Elle sait que *les actions des hommes sont le résultat des conditions sociales* mais qu'il ne faut pas oublier non plus que *les conditions sociales sont elles-mêmes le résultat de l'action des hommes*. La critique par Marx du déterminisme sociologique, qui impliquait l'existence d'une élite se chargeant d'une action à caractère de technique sociale, nous semble valoir tout autant comme objection à un déterminisme contre lequel elle est explicitement formulée, que contre les thèses de Staline et de Lange qui remplacent le terme de déterminisme par celui d'objectivité indépendante de la volonté des hommes.

En réalité, le problème central d'une méthodologie dialectique serait celui d'établir chaque fois la relation complexe et *spécifique pour chaque structure sociale particulière* de l'identité du sujet et de l'objet, et, à partir de là, des relations entre les conditions objectives et la fonction de la conscience et de la volonté. C'est pourquoi nous avons d'ailleurs remplacé dans nos écrits le terme trop général d'identité du sujet et de l'objet, employé par Lukács en 1923, par celui *d'identité partielle et historique du sujet et de l'objet*, qui nous semble mieux souligner le caractère historique de la nature de

---

que l'éducateur a lui-même besoin d'être éduqué. C'est pourquoi elle tend inévitablement à diviser la société en deux parties dont l'une est au-dessus de la société (par exemple chez Robert Owen).

« La coïncidence du changement de circonstances et de l'activité humaine ne peut être considérée et comprise rationnellement qu'en tant que pratique révolutionnaire. » Marx et Engels : *Études philosophiques*, Éditions Sociales, 1961, p. 62.

cette relation et *la nécessité d'établir chaque fois sa structure particulière.*

Ceci posé, on comprend pourquoi on ne trouve ni dans la brochure de Staline, ni dans l'ouvrage de Lange, aucune analyse concrète de cette structure mais, par contre, quelques formules très générales et — à notre avis tout au moins — beaucoup trop schématiques, du type : « spontanéité », « objectivité des lois économiques dans le monde capitaliste », « dépassement de la spontanéité mais objectivité tout aussi indépendante de la volonté des hommes dans la société socialiste ».

Et il nous semble qu'une des conséquences de ce renoncement à toute analyse concrète du problème de l'identité du sujet et de l'objet réside dans le fait que lorsque Lange parle de la volonté qui, dans une société socialiste, utilise les lois économiques objectives, il n'emploie que des formules très générales du type « intention de l'homme » (p. 96), « volonté de la société organisée » (p. 92), etc., sans jamais soulever le problème concret de la structuration particulière, de la place, du poids et de la fonction qui reviennent aux volontés des *différents individus* et des *différents groupes partiels* dans cette utilisation; bref, le problème de la liberté individuelle et surtout de la *bureaucratie* dans une société à production centralement planifiée [1].

Cette dernière remarque nous conduit au second problème que le livre d'Oscar Lange nous incite à aborder, celui des relations entre la planification socialiste et les libertés des individus. La théorie et la philosophie marxistes de l'histoire impliquent en effet plu-

---

[1]. Lange pourrait nous objecter à juste titre que son ouvrage porte sur des problèmes méthodologiques généraux et ne comporte pas d'analyses concrètes. L'objection nous semble cependant peu fondée dans la mesure où, comme nous venons de l'indiquer, sa position fondamentale supprime la nécessité d'une analyse concrète sur ce point particulièrement important et où d'ailleurs il ne mentionne nulle part, même incidemment, la nécessité de telles analyses.

sieurs distinctions complémentaires entre les différentes formations sociales. Parmi ces distinctions, et en dehors de celle (unanimement reconnue par tous les théoriciens marxistes) qui oppose les sociétés divisées en classes au communisme primitif et à la société communiste future, deux autres oppositions présentent un caractère particulièrement important pour le problème qui nous intéresse :

a) Celle entre, d'une part les sociétés à *économie* ou, si l'on préfère la définition de Lange, celle entre les sociétés régies par des lois économiques à caractère quasi mécanique et réificationnel et, d'autre part, les sociétés pré — et post — capitalistes dans lesquelles l'organisation de la production, de la circulation et de la distribution juste ou injuste, humaine ou barbare, présente dans tous les cas un caractère transparent et, en principe, facilement reconnaissable pour les membres de ces sociétés. Dans le langage de Rosa Luxemburg, de Boukharine ou de Lukács on parlerait, dans ce dernier cas, de sociétés dans lesquelles les lois de la production, de la circulation et de la distribution de biens ont un caractère historico-sociologique et non pas économique. Cette distinction oppose donc la société productrice pour le marché à toutes les formes sociales précapitalistes ou futures dans lesquelles la production, la circulation et la distribution des biens sont régies par la *qualité* ou la *valeur d'usage* de ces derniers.

b) Une autre distinction complémentaire et non moins importante est celle qui oppose les sociétés précapitalistes à organisation *traditionnelle* de la production, de la circulation et de la distribution, à celles de la période historique qui commence avec la société capitaliste pour continuer avec les sociétés socialistes et communistes, caractérisées toutes trois par une organisation *rationnelle* de la production et, en conséquence, par un développement à un rythme accéléré des forces de production.

Au fond, si l'on fait la synthèse de ces deux oppositions, on aboutit à une tripartition qui caractérise dans une très grande mesure la plupart des théories socialistes pré-staliniennes :

a) les sociétés précapitalistes traditionalistes et non réifiées ;

b) la société capitaliste dans les différentes phases de laquelle se développe un secteur économique, c'est-à-dire une société réifiée et partiellement rationnelle, et enfin,

c) la future société socialiste qui devrait être la synthèse des valeurs positives des deux groupes précédents, dans la mesure où elle est à la fois intégralement rationnelle et non réifiée.

Or, de ces deux distinctions, le livre de Lange ne mentionne que la seconde. Pour lui, la société socialiste est avant tout une continuation, à un niveau qualitativement supérieur, de la société capitaliste dans la mesure où elle étend la rationalité que le développement du capitalisme a introduite dans l'entreprise privée à l'ensemble de la production sociale. Cette distinction, Lange la reprend à maintes reprises :

« C'est pourquoi, dans le cadre du mode de production capitaliste, le principe de la rationalité économique n'est appliqué qu'à l'intérieur des diverses entreprises, mais ne trouve pas, par contre, à s'appliquer à l'ensemble de l'économie de la société. Pour cela, en effet, la propriété sociale des moyens de production est indispensable » (p. 198).

« Actuellement qu'il est possible, et même nécessaire, en raison de la maturité des forces productives, de passer à de nouveaux rapports de production fondés sur la propriété sociale des moyens de production, apparaît également la possibilité — et également la nécessité — de passer de la rationalité économique, limitée à l'entreprise privée, à une rationalité économique appliquée à l'échelle sociale. Cela ouvre une nouvelle étape dans l'histoire de l'application du principe de la rationalité économique » (p. 202) [1].

Sans doute en cela Lange continue-t-il en partie, *mais en partie seulement*, la tradition de la plupart des grands penseurs socialistes qui attachaient une importance primordiale à la socialisation des moyens de production et à la centralisation planificatrice, convaincus que la suppression du marché entraînerait *par elle-même* la suppression de la réification et une démocratisation considérable de la société et permettrait d'intégrer toutes les valeurs positives apportées dans la vie sociale par la naissance et le développement de la société réifiée. Seulement, dans cette tradition, l'espoir d'une démocratisation réelle, d'un retour du quantitatif au qualitatif, de la suppression de la spécialisation excessive, l'espoir de réaliser le développement intégral de l'homme, éléments qui font presque entièrement défaut au livre de Lange, jouaient un rôle particulièrement important. Bref, pour les penseurs marxistes traditionnels, la société socialiste devait, par la suppression du marché, la socialisation des moyens de production et la mise en place d'une production planifiée, réaliser une synthèse entre :

1º l'organisation *rationnelle* de la production des biens, héritée de l'économie capitaliste,

2º les valeurs de la liberté individuelle et de l'égalité que celle-ci avait introduites sur le plan formel et auxquelles il convenait maintenant de donner une réalisation intégrale,

---

1. Dans le même sens, citons encore (p. 208) :
« La méthodologie de la planification de l'économie sociale s'est développée au moyen de l'adaptation des catégories et des méthodes de la comptabilité de l'entreprise capitaliste ainsi que leur application à l'ensemble du procès social de la production et de la distribution » et, (p. 215) : « Le mode de production socialiste crée les conditions d'un nouvel essor de la rationalisation, et sans doute aussi de la quantification des fins dans les divers domaines de l'activité humaine », etc.

3º les aspects qualitatifs de la vie psychique et des relations inter-humaines qui caractérisaient les sociétés précapitalistes, et

4º l'absence d'exploitation et de division en classes sociales qui caractérisait le communisme primitif.

Bien entendu, chacun de ces éléments devait se trouver, par sa jonction même avec les autres, à un niveau supérieur à tout ce que l'histoire avait connu jusqu'alors.

De tout cela la perspective de Lange s'attache en premier lieu au progrès de la rationalisation. Si la suppression des classes sociales est admise comme allant de soi, tout ce qui concerne le retour au qualitatif et les problèmes de la démocratie et de la liberté individuelle ne trouve presque pas de place dans ses développements.

La société socialiste, telle qu'elle se dégage du livre de Lange, est une société où les classes sont supprimées et où l'organisation rationnelle de la production globale permet, par des procédés sur lesquels l'auteur ne s'arrête pas, de développer cette production d'une manière conforme à « la volonté de la société », sans que l'auteur témoigne beaucoup d'intérêt pour la manière concrète dont cette volonté parviendra à s'exprimer.

Or, il nous semble que les deux perspectives que nous venons de mentionner (celle du marxisme traditionnel et celle de Lange-Staline) apparaissent l'une et l'autre comme difficiles à soutenir à la lumière de l'expérience des dernières années. C'est précisément l'existence, pendant cette période, d'une société à caractère socialiste ayant une direction politique et économique centralisée, qui a permis de voir tout un ensemble de problèmes capables sans doute de s'insérer dans l'analyse marxienne traditionnelle mais dont les penseurs marxistes de l'époque pré-stalinienne ne s'étaient nullement rendu compte.

La suppression, sinon totale du moins très avancée,

du marché, le passage à une planification globale, diminuent sans doute l'action spontanée et quasi mécanique des lois économiques dans le sens étroit de ce mot. Elles représentent un retour à l'historico-sociologique et au qualitatif. Mais il s'est trouvé que toute une série d'éléments importants de la tradition et de la culture humanistes, notamment les valeurs de liberté, d'égalité et de tolérance que la société capitaliste n'avait réalisées que d'une manière de plus en plus formelle, mais qu'elle avait cependant permis de formuler sur le plan théorique et d'insérer dans la vie sociale, valeurs que Marx, Engels et les penseurs socialistes ultérieurs espéraient pouvoir réaliser intégralement dans une société socialiste, paraissent au contraire liées à l'existence du marché et extrêmement menacées par sa disparition.

Lange simplifie par trop le problème en voyant dans « le culte de la personnalité » une simple distorsion passagère dont il n'essaie d'analyser ni la genèse, ni la nature. Il est sans doute difficile de dire quelle a été la part :

1º du caractère arriéré et agricole de la Russie de 1917,

2º de l'encerclement capitaliste,

3º de l'absence de tradition démocratique,

4º de la planification centralisée dans la genèse et l'évolution du stalinisme en U. R. S. S. Il nous semble cependant incontestable que l'existence de la planification centralisée et l'absence du marché favorisent l'affaiblissement des valeurs d'égalité, de liberté individuelle, de tolérance, liées dans l'histoire au développement du marché, qui risquent de ne plus trouver de fondement dans la structuration d'une organisation sociale à planification centralisée.

Qu'on nous permette de souligner à ce sujet que l'intérêt exceptionnel, *même sur le plan théorique*, de l'expérience yougoslave, qui témoigne d'un effort sérieux en vue de réaliser dès maintenant [1] une société à caractère socialiste et à tendances anti-bureaucratiques, réside dans la découverte du fait que *la suppression de la propriété privée des moyens de production n'est pas incompatible avec la conservation du marché* et, partant, d'un secteur économique dans le sens étroit du mot. Ce sont des études détaillées de cette expérience et même une étude approfondie des modèles théoriques d'une société qui aurait poussé le développement des forces productives beaucoup plus loin que ne l'a fait réellement, jusqu'à ce jour, la société yougoslave qui pourraient nous aider à avancer dans la recherche d'une réponse à la question, particulièrement importante pour la pensée marxiste : celle de savoir dans quelle mesure la suppression de la propriété privée des moyens de production, jointe à une décentralisation extrêmement poussée, à une forte réduction (mais non à la suppression) de la planification centrale, et enfin au maintien du marché et, partant, d'un secteur *économique* de la vie sociale, pourrait permettre la création d'une société socialiste qui supprimerait les éléments négatifs de la réification et, en premier lieu, la quantification extrême, tout en sauvegardant et en renforçant les valeurs traditionnelles liées à l'existence du marché, notamment la liberté individuelle, l'égalité et la tolérance.

Pour l'instant, nous ne pouvons que constater le paradoxe dans lequel se trouvent enfermés les théoriciens de la planification centralisée, planification qui entraîne la transformation de ce qu'on appelait lois économiques en lois historico-sociologiques, c'est-à-dire la suppression de l'économique ; ce sont ces théoriciens qui, objectivement conservateurs par leur souci de défendre le caractère *objectif* des lois qui régissent la

---

[1]. Effort qui n'a été possible que grâce à un ensemble de circonstances et à une situation sociale, économique et militaire particulièrement favorables sur lesquels nous n'avons pas le loisir d'insister ici.

réalité sociale et, implicitement, la nécessité de réserver les postes de décision aux gens « compétents » — et cela veut dire trop souvent à la technocratie et à la bureaucratie — reviennent à une terminologie qui confère au mot économique un sens très large, embrassant aussi le sociologique et affirmant sa pérennité à travers les transformations de l'organisation sociale. Inversement, ce sont les courants marxistes, soucieux de lutter contre les privilèges de la technocratie et de la bureaucratie (et, implicitement, contre la centralisation), qui aboutissent à défendre le rétablissement, sous des formes sans doute modifiées et nouvelles, d'un secteur économique dans le sens étroit de ce mot, sans cependant avoir suffisamment théorisé les implications de cette transformation et les conséquences qu'elle pourrait un jour entraîner, conséquences qu'il faut connaître pour pouvoir les maîtriser de façon efficace.

C'est dire à quel point le problème est complexe, à quel point la terminologie et la conceptualisation marxistes s'avèrent encore insuffisantes pour le maîtriser au niveau où il se pose aujourd'hui, et aussi à quel point, sur ce problème précis, le livre de Lange nous paraît se contenter d'une position unilatérale et schématique.

Soulignons pour finir que les observations du présent article se sont concentrées sur ce qui, dans ce livre, nous a paru le plus contestable et que nous avons cru nécessaire de discuter ouvertement et sans réticence. Nous ne voudrions cependant pas susciter une fausse impression. Il s'agit d'un ouvrage important et Lange, qui n'était certainement pas stalinien bien que sur certains points il ait maintenu, ainsi que nous l'avons montré, les positions de Staline, est un économiste trop pénétrant pour que nous ne recommandions pas à tous ceux qui s'intéressent à la pensée et à la théorie marxistes la lecture attentive et sérieuse, bien que critique, de son ouvrage.

Pour une approche marxiste des études sur le marxisme

Sur ce sujet difficile et capital, que l'on nous permette d'énumérer nos propositions et affirmations, sans les lier les unes aux autres par des transitions abusives. Ces pierres se joignent assez bien d'elles-mêmes.

DÉFINITIONS ET ORIENTATIONS

1° La méthode marxiste est un structuralisme génétique généralisé, régi par l'idée de *totalité* [1].

2° Cette hypothèse implique que la pensée, l'affectivité, le comportement de tout groupe humain, pendant un certain laps de temps, constituent une *structure dynamique significative* [2].

---

1. Rappelons la définition — définition qu'accepte L. Goldmann — que Jean Piaget (*Études d'Épistémologie génétique*, t. II, p. 34) donne de la notion de *structure* : « Nous disons... qu'il y a *structure* (sous son aspect le plus général) quand les éléments sont réunis en une totalité présentant certaines propriétés en tant que totalité et quand les propriétés des éléments dépendent, entièrement ou partiellement de ces caractères de la totalité. » (*N. D. L. R.*).
2. Lucien Goldmann, *Recherches dialectiques*, p. 108 : « La cohérence structurale n'est pas une réalité statique mais une virtualité dynamique à l'intérieur des groupes, une structure significative vers laquelle tendent la pensée, l'affectivité et le comportement des individus, structure que la majorité d'entre eux ne réalise qu'exceptionnellement dans certaines situations privilégiées, mais que les individus particuliers peuvent atteindre dans les domaines limités lorsqu'ils coïncident avec

3º L'étude positive de cette structure exige plusieurs approches complémentaires inséparables. Notamment :

a) Une étude *compréhensive* qui suppose la description de la cohérence interne de la structure étudiée au niveau souvent purement théorique d'un certain nombre d'états d'équilibre privilégiés.

b) Une étude *explicative* qui suppose l'insertion de cette structure dans une autre structure dynamique significative plus vaste, qui l'englobe et rend compte de son *évolution*.

c) Compréhension et *explication* sont ainsi des aspects corrélatifs d'une seule et même recherche. Ce qui est procédé de *compréhension* pour une structure donnée est explication pour les structures partielles qui la constituent, et ce qui est *explication* pour la première est compréhension pour les structures plus vastes qui l'englobent.

4º Les structures compréhensives étant en transformation continuelle, leur étude, tant compréhensive qu'explicative, englobe, de plus, trois autres aspects complémentaires :

a) Toute transformation se présente, d'un certain côté, comme processus de *structuration*, orienté vers un état d'équilibre privilégié.

b) Cette même transformation se présente aussi, d'autre part, comme *déstructuration* d'une ou de plusieurs structures pré-existantes.

c) Ce processus de structuration et de déstructuration comporte des instants *privilégiés* correspondant au passage d'une structure ancienne à une structure nouvelle. Ce sont les états que la dialectique désigne habituellement comme passages de la *quantité* à la *qualité*. Leur mise en lumière présente pour la recherche une importance particulière.

les tendances du groupe et les poussent vers leur dernière cohérence. »
(C'est le cas de certains chefs politiques ou religieux, des grands écrivains, des grands artistes ou des grands penseurs philosophiques.)

Marxisme et sciences humaines.

5º Dans la recherche concrète, deux premiers temps particulièrement importants sont ceux du découpage (qui doit être adéquat et opératoire) de l'objet d'étude, et de la mise en lumière de sa structuration interne la plus générale.

6º Bien entendu, aussi bien ce premier découpage de l'objet que cette première description compréhensive de la structuration la plus générale doivent être fondés dans la réalité objective, sous peine d'échec de la recherche. Elles n'ont, d'ailleurs, qu'une valeur d'hypothèses de travail devant être précisées, et souvent modifiées, au cours de la recherche.

7º Cette méthode, souvent appliquée de manière fructueuse aux sujets les plus divers, n'a presque jamais été utilisée dans les études portant sur l'histoire de la pensée marxiste elle-même.

Même les marxistes qui écrivaient sur Marx ou sur l'histoire de la pensée marxiste employaient les méthodes universitaires traditionnelles, qu'ils critiquaient violemment par ailleurs.

8º Ceci s'explique par le fait que le marxisme est une méthode essentiellement critique qui tend à établir une certaine distance entre les chercheurs et l'objet étudié, alors que les méthodes universitaires traditionnelles en histoire des idées étaient favorisées par la sympathie du chercheur pour la pensée qu'il étudiait et surtout par son identification avec elle.

9º La possibilité d'une étude marxiste de l'histoire du marxisme constitue cependant le critère le plus important de l'efficacité du matérialisme dialectique. Elle serait évidemment longue et réclamerait un grand nombre de chercheurs.

10º Les recherches préliminaires que nous avons entreprises nous suggèrent une **structuration générale hypothétique de la pensée marxiste entre la mort de Marx et la Révolution russe**, différente de celle qui se trouve à la base de la plupart des études antérieures.

Cette structuration n'a bien entendu qu'une valeur d'hypothèse de travail. Elle nous semble cependant incomparablement plus opératoire que celle qui a régi la plupart des travaux antérieurs.

a) Pour ce qui concerne les études sur la pensée du jeune Marx jusqu'en 1848, nous nous demandons si, aux insertions traditionnelles dans la vie intellectuelle (philosophie classique allemande, socialisme français, économie politique anglaise) et dans la réalité sociale (pensée du prolétariat), il ne serait pas utile d'en ajouter une troisième : l'insertion dans le mouvement démocratique orienté vers la révolution bourgeoise, en Europe occidentale, dont le prolétariat et la pensée marxiste constitueraient un élément partiel, et si dans la recherche concrète, cette insertion n'aboutirait pas à prendre le pas sur la seconde, sans, bien entendu, la supprimer.

b) L'étude du marxisme au xixe siècle en Allemagne a révélé l'existence d'une réalité sociale, le lassallanisme, qui présente de curieuses analogies avec une réalité autrement plus vaste du xxe siècle, le stalinisme.

Le lassallanisme se caractérise, en effet, par une organisation disciplinée, hiérarchisée, du parti ouvrier, une idéologie ouvrière à forte accentuation étatiste, une très grande importance accordée à la personnalité du chef, et enfin une politique d'alliance, même avec des forces réactionnaires, pour combattre la bourgeoisie démocratique.

Il serait donc utile d'étudier, et de près, le mouvement lassallien pour voir s'il y a, ou non, entre ces différents éléments, une liaison structurale qui se retrouve, à une autre échelle, bien entendu, dans le stalinisme du xxe siècle.

c) A la place de la structuration traditionnelle du mouvement ouvrier, et de la pensée marxiste post-marxienne, en une droite révisionniste, un centre et une gauche, divisée elle-même en plusieurs courants plus ou moins divergents, nous proposons une structuration qui, partant de la manière de concevoir les rapports entre le prolétariat et l'ensemble de la société capitaliste, aboutit à la distinction entre :

1º Un courant [1] qui voit dans le prolétariat une classe radicalement opposée à tous les autres groupes constituant la société capitaliste et nullement intégrée à cette société.

Le théoricien principal de cette tendance est, de toute évidence, Rosa Luxemburg. Elle se retrouve cependant sous des formes plus ou moins mitigées dans la pensée de chefs politiques et de théoriciens comme Parvus, Trotsky, Georg Lukács jusqu'en 1925, Korsch, etc., et aussi dans les différentes tendances ouvriéristes. L'idéologie et la pratique politique de ce groupe est caractérisée par le refus de tout compromis, l'affirmation de la priorité du prolétariat par rapport au parti et l'exigence d'une démocratie interne à l'intérieur des organisations ouvrières, seul moyen permettant à la classe de corriger les tendances bureaucratiques des cadres et des intellectuels.

Peu adaptée à la réalité sociale du XXe siècle, cette orientation aboutit toujours soit à l'échec politique (Luxemburg, Trotsky), soit au passage de ses représentants à l'une des deux autres tendances (Parvus, Lukács).

2º Deux autres courants rigoureusement opposés dans leurs conclusions politiques, mais ayant néanmoins une base théorique commune, dans la constatation que le prolétariat ne saurait être à lui seul le moteur social d'une révolution anticapitaliste, et cela, parce que dans les sociétés occidentales avancées, il est

---

1. Nous renonçons *provisoirement* à toute désignation par les termes : gauche, centre et droite, pour éviter l'intervention trop marquée d'éléments affectifs dans la discussion.

partiellement ou totalement intégré à la société existante, et que, dans les pays sous-développés, il constitue une force sociale trop faible et qui d'ailleurs risque elle aussi de s'orienter vers un simple trade-unionisme réformiste.

A partir de cette constatation, un de ces courants s'oriente vers un réformisme effectif, dont l'éventail idéologique s'étend du révisionnisme ouvert jusqu'aux groupements (que dans beaucoup de cas, on a appelés traditionnellement centristes) à idéologie radicale et à pratique intégrée, alors que l'autre s'oriente au contraire vers l'exigence d'une action révolutionnaire, qui n'est plus fondée uniquement sur la prise de conscience spontanée du prolétariat, mais sur la possibilité d'une action commune de toutes les couches sociales mécontentes et virtuellement oppositionnelles. Ce dernier courant aboutit à l'affirmation de la priorité d'un parti rigoureusement discipliné, capable de coordonner et d'organiser l'action de groupes sociaux différents, et à la nécessité de compromis destinés à permettre l'action commune de tous ces groupes.

Cette relation entre les deux courants qui se sont d'ailleurs développés, le premier en Occident, le second dans des pays peu industrialisés, notamment en Russie, explique l'existence de nombreux développements théoriques communs (influence de Hilferding sur Lénine, interprétation analogue des schèmes de la reproduction, affirmation de la possibilité d'une science sociale objective, complétée chez les uns par des normes éthiques, chez les autres par des règles techniques d'action sociale), sur lesquels se fondent, bien entendu, des valorisations et des attitudes pratiques totalement opposées.

Mieux adaptés à l'histoire sociale réelle et exprimant probablement les forces effectives des sociétés où ils se sont développés, ces deux courants ont contribué réellement à la structuration de ces sociétés.

Il s'agit là, bien entendu, d'une schématisation tout à fait générale et qui aura besoin de très nombreuses précisions particulières, pour l'étude des phénomènes concrets qui ont le plus souvent un caractère complexe et intermédiaire, avec prédominance cependant de l'un ou de l'autre de ces éléments schématiques.

Ajoutons aussi que nous savons pratiquement peu de choses sur le fondement social précis du premier courant, et que c'est là un problème extrêmement important pour la compréhension de l'histoire du marxisme.

L'esthétique du jeune Lukács

On sait dans les milieux philosophiques que Georges Lukács prépare depuis plusieurs années son grand ouvrage sur l'esthétique qui doit, selon lui, couronner l'ensemble de son œuvre. Une partie en a d'ailleurs déjà paru en Italie sous le titre : *Prolégomènes à une esthétique marxiste* [1]. Ce n'est naturellement pas de ce travail que nous voulons parler aujourd'hui.

L'œuvre de Lukács se divise en deux parties bien distinctes séparées par une longue période de silence entre 1927 et les années qui précèdent la dernière guerre mondiale. Ainsi, quelle qu'ait été l'évolution ultérieure de Lukács, les travaux publiés entre 1908 et 1926 constituent un groupe d'écrits relativement fermé à l'intérieur duquel l'attitude du philosophe a subi une évolution cohérente et compréhensible qui l'a amené du kantisme au marxisme orthodoxe. Ce sont les idées esthétiques de Lukács pendant cette période et notamment dans son premier livre allemand [2] : *L'Ame et les formes* [3] que nous nous proposons d'examiner aujourd'hui.

L'importance que gardera selon nous l'œuvre du

[1]. *Prolegomeni a un'estetica*, Editori Riuniti, *Nuova Biblioteca di Cultura*.
[2]. Les écrits antérieurs publiés en hongrois ne sont pas accessibles au lecteur occidental.
[3]. Georg Lukács : *Die Seele und die Formen*, Essays, Berlin, 1911.

jeune Lukács dans l'histoire de la pensée occidentale reste en premier lieu attachée au fait d'avoir établi la jonction entre le structuralisme dont il était parti, et la pensée marxiste qu'il rejoignit par la suite.

Mais déjà *L'Ame et les formes* se présente comme une synthèse entre un structuralisme plus ou moins phénoménologique et un kantisme tragique.

Car, au fond, et bien qu'à notre connaissance Lukács n'ait jamais admis l'influence explicite de la phénoménologie, il nous paraît évident que la position structuraliste qui domine ses premiers écrits, s'explique en partie par l'influence, sinon directe, tout au moins implicite, des idées husserliennes.

Ami de Lask, venant de l'École néo-kantienne de Heidelberg, laquelle s'orientait déjà vers les sciences humaines (par opposition au néo-kantisme de Marburg centré sur les sciences physiques et mathématiques), Lukács se trouvait dans un milieu intellectuel et universitaire en contact très étroit avec le groupe de Fribourg-en-Brisgau. On désignait d'ailleurs communément les penseurs de ces deux universités sous le vocable : École philosophique du Sud-Ouest allemand (*Südwestdeutsche Schule*).

Pour illustrer les contacts entre l'École néo-kantienne de Heidelberg et l'École phénoménologique de Fribourg, il suffit de rappeler que le célèbre article de Husserl : « La philosophie comme science rigoureuse », fut publié pour la première fois dans le *Logos*, la revue des néo-kantiens de Heidelberg, ou bien que les deux premiers écrits de Heidegger sont puissamment influencés par Lask et que le second, *Die Kategorien- und Bedeutungslehre des Duns Scotus*, se réfère explicitement à lui dans la préface.

Or, le grand apport de la phénoménologie à la compréhension positive de la réalité humaine nous semble avoir été non pas la découverte, mais la thématisation explicite de l'idée de structure et même si on ne se limite pas à Husserl, de l'idée de structure significative. Sans doute un phénoménologue de stricte obédience n'accepterait-il pas cette affirmation. Il faut donc souligner que nous la formulons dans une perspective scientifique et positive et non pas phénoménologique.

Il ne s'agit pas de savoir quelles sont les idées essentielles de la phénoménologie pour qui veut la comprendre en tant que système philosophique, mais de savoir ce qui, parmi les idées qu'elle a développées, reste valable dans une perspective dialectique, même si on refuse la phénoménologie en tant que position philosophique.

Sans doute, Lukács au moment où il écrivait *L'Ame et les formes*, n'était-il pas encore marxiste. Néanmoins, c'était en esthéticien soucieux de comprendre les créations effectives et en penseur kantien qu'il élaborait son œuvre. Il n'y a donc rien d'étonnant à le voir choisir (inconsciemment bien entendu), dans l'œuvre de Husserl, non pas ce qui est le plus important pour la pensée phénoménologique, mais ce qu'il pouvait incorporer à ses propres pensées. Ce n'est pas non plus un hasard si ce choix s'est porté d'emblée sur l'idée de structure significative (qui a d'ailleurs donné naissance à la seule grande école scientifique, issue de la phénoménologie, la psychologie de la Gestalt).

Avec l'idée phénoménologique de structure significative, l'affinité de Lukács est d'ailleurs, à l'époque de *L'Ame et les formes*, bien plus grande qu'elle ne le sera jamais par la suite, car la phénoménologie se définit essentiellement par son caractère non génétique qui l'oppose à toute pensée dialectique. Or, le kantisme est lui aussi résolument non génétique. Il n'y a ainsi rien d'étonnant à voir réalisée dans le premier livre allemand de Lukács la synthèse entre une position résolument kantienne et un structuralisme non génétique d'inspiration, sinon directement, tout au moins indirectement husserlienne.

Encore faut-il ajouter que si la phénoménologie a,

au XXe siècle, rendu *explicite* l'idée de structure significative, celle-ci se trouvait déjà *implicitement* contenue dans la philosophie classique depuis Pascal et Kant jusqu'à Hegel et Marx.

Il reste qu'il y a une grande distance entre l'implicite et l'explicite et cela, même si parfois le concept est employé d'une manière plus efficace et plus opératoire par ceux qui s'en servent implicitement que par ceux qui en font la théorie.

En bref, ce qu'on pourrait appeler, selon les préférences, une des chances exceptionnelles ou un des mérites les plus importants de Lukács, a été de se trouver au début du siècle à la confluence de deux courants philosophiques : le kantisme dont il a retrouvé le sens authentique à travers les déformations néo-kantiennes, et la phénoménologie.

C'est ce qui lui a permis d'élaborer une œuvre qui constitue incontestablement une étape importante dans le devenir de la philosophie occidentale.

Nous venons de dire que *L'Ame et les formes* est un ouvrage rigoureusement kantien et pourtant le mot « rigoureusement » est peut-être impropre dans la mesure où c'est un ouvrage d'essais dans le sens le plus strict du terme et où l'on pourrait se demander à juste titre dans quelle mesure un kantisme rigoureux est compatible avec l'idée même d'essai.

Dans la perspective tragique *qui est celle de Lukács* et qui correspond au sens authentique de la pensée kantienne, la vérité est en effet *une*, et toutes les autres formes de pensée ou d'expression sont, dans la mesure où elles en diffèrent, entièrement *dépourvues de valeur*.

L'essai, en revanche, est précisément une forme d'expression qui pose plutôt des questions qu'elle n'apporte de réponses et qui, surtout, lorsqu'il s'agit de ces dernières, les esquisse plutôt qu'elle ne les affirme.

C'est d'ailleurs Lukács lui-même qui, dans son ouvrage, en définit merveilleusement l'essence : l'essai, nous dit-il, est une forme intermédiaire entre la philosophie qui exprime une vision du monde sur le plan du concept, et la littérature qui est la création imaginaire d'un univers cohérent de personnages individuels et de relations particulières.

Apparenté à la philosophie puisqu'il s'exprime sur le plan conceptuel, l'essai reste une forme intermédiaire dans la mesure où il ne pose ses problèmes *qu'à l'occasion* d'une réalité particulière. Il est ainsi toujours un ouvrage à deux dimensions. Celle de l'objet sur lequel il porte et celle des problèmes qu'il pose. C'est un ouvrage écrit « à l'occasion de... » et il existe naturellement une relation à la fois complexe et nécessaire entre les problèmes et l'objet. Cela signifie que ce dernier a pour l'essayiste, et cela quelles que soient ses réserves, tout au moins par certains côtés, une valeur *positive*.

Le plan de l'ouvrage de Lukács était, par certains côtés, rigoureusement conforme à ses intentions kantiennes. Développant la vision tragique et le refus radical et authentique du monde qu'elle implique, dans le dernier chapitre de l'ouvrage, Lukács fait précéder celui-ci de l'analyse de plusieurs formes de refus qui lui paraissent en dernière instance inauthentiques et insuffisamment radicales.

En présentant cependant l'étude de ces formes inauthentiques de refus non pas comme une analyse théorique mais comme une série d'essais, en les prenant pour objet, en s'efforçant chaque fois de faire comprendre ce qu'elles avaient de partiellement, et notamment d'esthétiquement valable en tant que formes cohérentes d'expression de l'âme humaine, et surtout en faisant précéder l'ensemble par un « essai sur l'essai » tout aussi positif que le chapitre final consacré à la métaphysique de la tragédie, et cependant difficilement compatible avec celui-ci, Lukács introduisait, à l'intérieur de sa propre position kantienne, un élément qui la mettait en question et indiquait qu'il était déjà en train de la dépasser en s'orientant vers l'hégélianisme de son prochain ouvrage.

Nous venons de dire que l'esthétique du jeune Lukács est structuraliste en précisant cependant qu'il a évolué continuellement depuis le structuralisme statique et esthétique de *L'Ame et les formes* et de la *Théorie du roman* jusqu'au structuralisme génétique et généralisé de *Histoire et conscience de classe* [1].

Aussi, lorsque nous nous proposons de dégager les lignes générales de cette esthétique, rencontrons-nous d'emblée un des problèmes méthodologiques les plus importants de l'histoire des idées, celui de savoir si une étude compréhensive de l'ouvrage d'un penseur ou d'un courant de pensée doit se limiter à suivre l'ordre chronologique ou, inversement, comprendre aussi le passé à la lumière de l'avenir.

Le positivisme a toujours défendu la première de ces positions et les arguments en sa faveur semblaient corroborés par le simple bon sens.

Lorsque nous étudions un ouvrage rien ne nous autorise à introduire dans cette étude autre chose que le contenu même du texte étudié, sa structure, son organisation interne et, si l'on n'est pas phénoménologue, les facteurs extérieurs de tous ordres, économiques, sociaux, intellectuels, etc., qui ont pu agir sur la genèse de ce contenu et de cette structure.

Au fond, on pourrait dire que le déterminisme positiviste ou rationaliste explique la réalité par le passé alors que le structuralisme phénoménologique tend à l'expliquer en premier lieu et même exclusivement par le présent.

---

1. Georges Lukács : *Histoire et conscience de classe*, traduit par K. Axelos et J. Bois, Éd. de Minuit, Paris, 1960.

A l'encontre de l'un et de l'autre, la pensée dialectique, sans méconnaître l'importance du passé et du présent, voit néanmoins dans l'avenir un facteur important de l'explication positive ; et elle justifie cela par l'hypothèse d'un structuralisme génétique universel qui voit dans tout donné, passé ou présent, un ensemble de virtualités qui ne prendront leur véritable signification que par leur évolution ultérieure et leur insertion dans les structurations en cours et les structures dynamiques et relativement équilibrées qu'engendreront ces dernières. Malgré son immense admiration pour Darwin, Marx a nettement marqué cette différence lorsqu'il écrivit dans la préface à l'*Introduction à la critique de l'économie politique* que « l'anatomie de l'homme est une clef pour l'anatomie du singe » [1].

Ce problème méthodologique se pose naturellement aussi dans notre étude. On peut en effet exposer les idées de *L'Ame et les formes* sans aucune référence à *Histoire et conscience de classe*. Il serait alors difficile, à la fois, de les fonder et de montrer leur importance dans le devenir de la pensée occidentale. C'est qu'une fois de plus, il faut se le rappeler, l'anatomie de l'homme est une

---

[1]. « *La société bourgeoise est l'organisation historique de la production la plus développée, la plus différenciée. Les catégories qui expriment ses conditions, la compréhension de son organisation propre permettent de comprendre l'organisation et les rapports de production de toutes les formes de sociétés disparues, avec les ruines et les éléments desquelles elle s'est édifiée, dont les vestiges en partie encore non dépassés traînent en elle, tandis que ce qui avait été simplement indiqué s'est épanoui et a pris toute sa signification, etc. L'anatomie de l'homme est une clef pour l'anatomie du singe. Ce qui, dans les espèces animales inférieures, indique une forme supérieure, ne peut, au contraire, être compris que lorsque la forme supérieure est déjà connue. L'économie bourgeoise fournit la clef de l'économie antique, etc. Mais nullement selon la méthode des économistes qui effacent toutes les différences historiques et, dans toutes les formes de société, voient la société bourgeoise. On peut comprendre le tribut, la dîme, etc., lorsqu'on comprend la rente foncière. Mais il ne faut pas les identifier.* » (Karl Marx : *Introduction à la critique de l'économie politique*, Paris, 1928, éd. M. Girard, p. 342.)

clef pour l'anatomie du singe, et c'est à partir d'*Histoire et conscience de classe* qu'on saisit l'importance et la signification des ouvrages antérieurs.

L'idée essentielle de *L'Ame et les formes*, résumée d'ailleurs dans son titre, est que les valeurs spirituelles en général et littéraires et philosophiques en particulier, sont fondées dans l'existence d'un certain nombre de formes, de structures cohérentes qui permettent à l'âme humaine d'exprimer ses différentes possibilités.

Mais rien dans l'ouvrage ne nous indique encore sur quoi est fondé le privilège des *formes cohérentes*. (On voit, en revanche, clairement comment la véracité fonde, parmi ces formes, le privilège de la vision tragique.)

C'est dans *Histoire et conscience de classe* seulement que nous voyons la philosophie de l'histoire fondée sur le fait que l'homme est l'être qui tend à créer en permanence des structures cohérentes de plus en plus vastes de sorte que l'affirmation du privilège esthétique, philosophique, religieux, etc. de ces structures découle naturellement du simple fait qu'il s'agit d'activités et de créations humaines.

Trois idées se révèlent ainsi étroitement liées l'une à l'autre :

1º L'homme est un être historique qui tend à donner une signification à sa vie.

2º L'histoire, création humaine, est significative et suppose la validité de la catégorie de progrès.

3º Les formes cohérentes de la création spirituelle constituent naturellement des formes privilégiées d'une activité à l'intérieur desquelles la cohérence est un des principaux critères de valeur.

Enfin une dernière idée proprement esthétique concerne la forme non pas en tant que structure cohérente constituant la signification essentielle de l'œuvre littéraire, mais la forme prise dans un sens beaucoup plus étroit comme modalité d'expression de cette signification [1].

En effet, les différentes « formes » que Lukács analyse dans l'ouvrage, ont ceci de commun qu'elles expriment toutes, à l'exception de l'essai, un dépaysement, une rupture insurmontable entre l'homme et le monde ; et Lukács rencontre pour chacune d'entre elles le problème proprement technique de la manière qui a permis au poète et à l'écrivain de construire une œuvre unitaire à partir d'une signification essentiellement dysharmonique.

C'est cette manière d'exprimer une signification qu'on pourrait aussi appeler « forme » dans un sens plus étroit ; et naturellement étant donné la différence entre les significations, le caractère spécifique de chacune des dysharmonies dont l'expression est étudiée dans l'ouvrage, l'essayiste se trouve chaque fois devant un problème particulier qui s'est posé à l'écrivain et que celui-ci a résolu d'une manière spécifique.

Nous ne saurions naturellement pas reprendre ici les différentes analyses contenues dans l'ouvrage. Il est cependant important de souligner que dès cette époque, Lukács a senti le relâchement, dans la société moderne, du lien entre la signification de l'œuvre et sa forme, relâchement dû au fait que le donné tend, dans cette société, de plus en plus, sans transposition sur le plan de la création spirituelle, à se suffire dans sa forme immédiate, ce que les penseurs marxistes ont analysé comme une des conséquences du processus de réification.

Dans un langage qui s'inspire du Lukács de 1923, on doit dire que le développement de la production pour le marché entraîne nécessairement l'apparition d'une vie

---

[1]. Nous ne sommes pas certain que ces deux sens du mot soient nettement différenciés dans l'esprit de Lukács au moment où il écrit ce livre. Il utilise en tout cas chacun de ces deux concepts.

économique *autonome* (et de son corollaire, la science des faits économiques, l'économie politique), obéissant à ses propres lois, et qui est de plus en plus indépendante de tout processus éthique, intellectuel ou artistique.

La relation entre l'infra et la superstructure, entre la vie réelle des hommes et son expression spirituelle, devient ainsi beaucoup plus relâchée, et cela donne à l'ensemble des efforts individuels dans le domaine des superstructures un caractère à la fois plus vaste, plus expérimental et plus inauthentique.

Il y a une relation étroite entre le fait que notre société est devenue, sur le plan de la conscience, la société du musée imaginaire qui comprend et collectionne dans ses musées ou ses anthologies, toutes les formes d'expression depuis les plus primitives jusqu'aux plus récentes, y compris la littérature et la peinture des enfants et des aliénés, le fait qu'elle est, en même temps, la société des plus grandes audaces expérimentales sur les différents plans de la création esthétique et le fait qu'elle est, probablement, la société dans laquelle la véritable créativité est la plus faible et, en tout cas, la plus difficilement décelable faute d'un critère universellement admis.

C'est là une analyse que Lukács développera en 1923 et que les marxistes ultérieurs ont souvent reprise [1]. Dès 1908, cependant alors qu'il était encore tout à fait étranger à la pensée marxiste, Lukács décrivait phénoménologiquement cette situation.

Après un long développement sur les rapports entre la forme et la signification en général, il analysait ces rapports dans le monde moderne et terminait par un passage qui nous semble assez important pour être cité *in extenso* :

« On peut aussi poser le problème de la manière sui-

---

1. Voir Georges Lukács : *Histoire et conscience de classe*, et aussi Lucien Goldmann : « La réification », dans *Recherches dialectiques*.

vante : la richesse et la forme. A quoi peut-on et à quoi doit-on renoncer pour sauver la forme ? Et doit-on nécessairement renoncer à quelque chose ? Pourquoi ? Peut-être parce que les formes ne sont pas nées de notre vie et parce que cette vie est si peu esthétique, parce qu'elle est devenue, par suite de son caractère anarchique, si faible et si impuissante, qu'elle n'est même plus approximativement capable de transformer, conformément à une nécessité propre, ce qui, dans les formes, est changeant et doit être changeant pour permettre la naissance d'un art vivant et authentique.

« De sorte qu'il ne saurait y avoir aujourd'hui que, soit une forme abstraite, résultant de la réflexion sur l'art, de la contemplation enthousiaste des grandes œuvres du passé et de l'effort de comprendre leur mystère — mais cette forme abstraite ne saurait exprimer le caractère spécifique de notre vie, les richesses et les beautés qui, dans cette vie, sont liées au présent — soit une absence totale de forme, due au fait que tout ce qui agit ne le fait qu'à travers le vécu collectif immédiat et devient incompréhensible à l'instant même où cesse ce vécu collectif.

« Peut-être est-ce là le fondement, mais il est en tout cas certain qu'il y a là un conflit et tout aussi certain qu'il n'y a jamais eu de conflits analogues dans les époques de grande création. C'est pourquoi le lyrisme le plus personnel pouvait s'exprimer de manière immédiate dans les tragédies grecques et c'est pourquoi aucune richesse si grande fût-elle, n'aurait pu faire éclater les grandes compositions du Quattrocento et encore moins, naturellement, les œuvres plus anciennes. En bref, il y a aujourd'hui des œuvres qui agissent par, et des œuvres qui agissent malgré leur forme, et pour beaucoup d'entre elles, on se pose le problème (on devrait peut-être se le poser pour toutes) de savoir si elles contiennent encore quelque chose d'harmonieux.

« En d'autres termes, existe-t-il un style contemporain ? Peut-il y avoir un tel style ? Est-il possible de saisir quelque chose d'essentiel à travers les formes abstraites et de le saisir de manière telle, qu'on ne laisse s'échapper la totalité de la vie d'aujourd'hui ? Est-il possible de fixer pour l'éternité les couleurs, les odeurs et le pollen de nos instants passagers, couleur, odeur et pollen qui, demain, n'existeront peut-être plus et d'exprimer en même temps ce qui en nous est essentiel et ne nous est peut-être même pas connu [1] ? »

Après la *Théorie du roman* qui, tout en remplaçant les idées kantiennes de *L'Ame et les formes* par une pensée hégélienne, gardait les mêmes positions esthétiques et changeait seulement d'objet en abordant l'analyse des formes littéraires épiques, *Histoire et conscience de classe* paru en 1923 et qui vient d'être publié en français, abandonne la problématique proprement esthétique pour développer, pour la première fois au XXe siècle, une interprétation du marxisme comme structuralisme génétique généralisé.

Dans l'histoire de la philosophie et des sciences sociales, ce livre marque une étape dans la mesure où l'introduction de la catégorie de totalité, l'affirmation de l'impossibilité de séparer les jugements de fait des jugements de valeur et surtout l'introduction dans les sciences sociales du principal concept opératoire de la pensée dialectique, celui de conscience possible (*Zugerechnetes Bewusstsein*), créent la possibilité d'une sociologie dialectique positive.

Naturellement, une telle vision d'ensemble implique, même si elle ne les développe pas explicitement, des conséquences esthétiques, et cela d'autant plus qu'il suffit pour les dégager de mettre en relation l'ancien concept de « forme » qui dominait les ouvrages antérieurs de Lukács avec le structuralisme génétique de 1923 dominé par le concept de « conscience possible ».

---

1. Georg Lukács : *Die Seele und die Formen*, p. 248-249.

Ce dernier qui signifie le maximum d'adéquation à la réalité que saurait atteindre (tout en étant entendu qu'elle ne l'atteindra peut-être jamais) la conscience d'un groupe, sans que pour cela celui-ci soit amené à abandonner sa structure, se révèle en effet étroitement apparenté à l'ancien concept de forme de l'âme individuelle.

La « forme » avait jadis pour Lukács une valeur typique privilégiée, sans cependant que ce privilège soit justifié autrement que par un décret du critique, une sorte d'affirmation implicite que ce jugement de valeur était inséparable de la participation effective à la culture.

L'amour et la compréhension des formes, la reconnaissance de leur valeur humaine particulière était, en quelque sorte, ce qui caractérisait « les gens bien nés ».

En 1923, la tendance à la cohérence est devenue pour Lukács quelque chose d'universel, la principale caractéristique de toute réalité humaine. L'art, la philosophie, les grandes créations spirituelles en général se rallient ainsi aux processus sociaux d'ensemble. Elles deviennent des réalités humaines, privilégiées sans doute, mais de même nature que tous les autres phénomènes qui constituent la réalité sociale et historique.

Et par cela même, la perspective habituelle de la sociologie des superstructures se trouve à la fois maintenue et renversée. Maintenue, dans la mesure où la création esthétique, loin de se présenter comme un phénomène individuel, apparaît au contraire comme une manifestation du lien inséparable qui relie les consciences individuelles aux structures globales que nous appelons habituellement consciences collectives. Renversée, dans la mesure où l'œuvre d'art, loin de refléter purement et simplement la conscience collective et d'être réductible à celle-ci (le schème habituel du marxisme vulgaire : « la superstructure n'est que... »), constitue au contraire un degré de cohérence unique vers lequel tendent, avec plus ou moins d'efficacité, les consciences des individus qui constituent le groupe.

Loin de traduire ce qu'ils disent et pensent réellement, l'œuvre révèle ainsi aux membres du groupe ce « qu'ils pensaient sans le savoir » ; elle est le point le plus avancé d'une cohérence vers laquelle tendent les consciences réelles des individus et comme telle, naturellement, unique et irremplaçable.

Il ne faut cependant pas oublier que l'œuvre ne peut atteindre cette cohérence et avoir cette valeur exemplaire, que parce qu'elle est constituée par les catégories mentales dynamiques et collectives qui structurent la conscience du groupe, et déterminent une vection dans laquelle l'artiste, l'écrivain ou le philosophe est simplement allé un peu plus loin que les autres hommes.

Dans cette perspective, le célèbre dilemme de l'individuel et du collectif qui a fait tant de mal aux sciences humaines se trouve entièrement dépassé.

L'œuvre créatrice est non seulement l'œuvre à la fois la plus personnelle et la plus sociale, mais encore elle est la plus personnelle parce qu'elle est la plus sociale et inversement. Elle se situe sans doute à l'avant-garde du groupe dont elle exprime la vision, mais il n'y a d'avant-garde qu'étroitement liée à l'ensemble du corps de l'armée.

Soulignons aussi que, par la place qu'elle assigne à l'art dans l'ensemble de la vie sociale, la pensée de Lukács est une synthèse des grandes esthétiques classiques de Kant et de Hegel.

Comme le premier, Lukács place la création esthétique au même niveau que les autres grandes activités créatrices de l'homme, la science, la philosophie, l'action refusant à la fois de la subordonner à la pensée comme l'avaient fait les pré-kantiens et plus tard à nouveau Hegel, et de lui accorder un privilège quelconque qui lui subordonnerait les autres activités créatrices comme l'ont fait les romantiques.

Comme Hegel cependant, il se refuse à réduire l'art à un élément essentiellement formel et abstrait, pour y voir une structure dynamique qui est toujours une synthèse entre une signification variable et étroitement liée au devenir historique, et la forme la plus adéquate pour son expression.

En terminant cette étude, on permettra au sociologue de remarquer que, même du point de vue méthodologique, la valeur cognitive que présente respectivement l'étude du phénomène collectif proprement dit et celle de la création individuelle se trouve, dans cette perspective, totalement modifiée. Car, si l'on avait depuis longtemps cherché dans l'étude de la vie sociale des renseignements sur la genèse et la signification des œuvres individuelles littéraires, artistiques, philosophiques, etc., la perspective lukacsienne met en lumière le fait que l'on peut et l'on doit trouver aussi dans l'étude des grandes œuvres des renseignements concernant la genèse et la signification des structures collectives.

C'est que, en esthétique, comme partout ailleurs, Lukács a été, au XXe siècle, le premier penseur qui a de nouveau mis au centre de la pensée philosophique la catégorie de la Totalité dont on ne saurait jamais suffisamment souligner le caractère opératoire et la fertilité scientifique.

Jean-Paul Sartre :
« Question de méthode »

Jean-Paul Sartre vient de publier un important ouvrage philosophique qui réunit deux œuvres autonomes bien que complémentaires : *Question de méthode*, qui avait déjà paru dans la revue *Les Temps modernes*, et *Critique de la raison dialectique. Théorie des ensembles pratiques*, qui constitue le premier volume d'un système philosophique propre à l'auteur.

Que nous soyons ou non d'accord avec ses analyses, Jean-Paul Sartre nous paraît être la figure la plus importante de la pensée française contemporaine. Aussi lorsqu'il entreprend de préciser ses positions par rapport aux sciences de l'homme en général et au marxisme en particulier, une réflexion sérieuse sur les problèmes qu'il soulève s'impose-t-elle aussi bien aux marxistes qu'à tous ceux qui s'intéressent à la philosophie, à la psychologie ou à la sociologie.

Soulignons donc que nous espérons publier ultérieurement une discussion plus approfondie de l'ensemble de l'ouvrage. Pour l'instant, nous nous limiterons à formuler quelques-unes des principales réflexions que nous a inspirées le premier des travaux contenus dans ce volume.

Il n'est malheureusement pas facile de discuter de manière équitable l'ouvrage de Jean-Paul Sartre, et cela entre autres à cause du caractère particulier de sa manière d'écrire. Philosophe, penseur politique, sociologue, psychologue, critique littéraire, écrivain, Sartre ne se soucie nullement de délimiter même approximativement les domaines et passe facilement des idées générales aux exemples concrets dont il esquisse succinctement l'analyse, et qui plus est, se réfère en permanence à son expérience individuelle. On ne saurait donc examiner l'ensemble des problèmes soulevés par son livre. La seule discussion approfondie d'une quelconque dizaine de pages demanderait probablement tout un volume.

Ceci dit, nous n'insisterons aujourd'hui que sur l'idée centrale de l'ouvrage et sur un seul parmi les nombreux problèmes particuliers qu'il soulève, celui des relations entre les études sociologiques et historiques et la dialectique marxiste.

Question de méthode qui se compose de trois chapitres : « Marxisme et existentialisme », « Le problème des médiations et des disciplines auxiliaires », « La méthode progressive-régressive » et d'une conclusion de huit pages, est avant tout une critique poussée de la sociologie et de la psychologie positivistes et d'un certain « marxisme » dégradé et unilatéral, critique fondée sur une conception positive et dialectique de la réalité sociale qui nous paraît essentiellement juste et que d'ailleurs, à la suite de Marx et de Lukács, nous essayons nous-même de défendre depuis un certain nombre d'années. C'est dire que nous sommes en accord avec J.-P. Sartre pour tout ce qui concerne sa position d'ensemble à laquelle nous ne saurions adresser qu'une seule objection importante, celle de ne pas être assez radicale et de ne pas tirer toutes les conséquences de ses propres prémisses. Ajoutons cependant que notre accord avec Sartre est beaucoup moins poussé dès qu'il s'agit d'analyses concrètes et partielles.

Commençons par les réflexions de J.-P. Sartre sur le marxisme. Sur ce point, sa position nous paraît en effet loin d'être claire. D'une part, il nous dit souvent, et en cela il a certainement raison, que le marxisme a subi pendant une très longue période une distorsion et une stérilisation qui lui ont enlevé une grande partie de sa valeur positive et scientifique, en tant que méthode d'explication et de compréhension des faits humains. Sartre justifie même l'existentialisme, comme étant une sorte de complément nécessaire de ce marxisme unilatéral et desséché, complément qui, il le dit explicitement dans les dernières lignes de son étude, « n'aura plus de raison d'être à partir du jour où la recherche marxiste prendra la dimension humaine... Absorbé, dépassé et conservé par le mouvement totalisant il cessera d'être une enquête particulière pour devenir le fondement de toute enquête » (p. 111). De même, il cite la célèbre troisième *Thèse* sur Feuerbach, dans laquelle Marx critique toute attitude positiviste, et interprète ce texte précisément comme une pareille critique : « Ou bien c'est une simple tautologie et nous devons tout simplement comprendre que l'éducateur lui-même est un produit de circonstances et de l'éducation, ce qui rendrait la phrase inutile et absurde ; ou bien c'est l'affirmation décisive de l'irréductibilité de la *praxis* humaine ; l'éducateur doit être éduqué : cela signifie que toute l'éducation doit être une entreprise » (p. 61) [1]. Ailleurs, il écrit : « Marx a précisé sa pensée : pour agir sur l'éducateur, il faut agir sur les facteurs qui le conditionnent. Ainsi se trouvent liés inséparablement dans la pensée marxienne les caractères de la détermination externe et ceux de cette unité synthétique et progressive qu'est la *praxis* humaine.

---

[1]. « Fondement de tout savoir » « irréductibilité », les termes sont notamment dans le contexte sartrien pour le moins ambigus. Il s'agit du problème de la nature de la praxis, *savoir implicite* ou *non savoir* sur lequel nous reviendrons à la fin de cet article. Pour la pensée dialectique la praxis est partiellement savoir et la théorie praxis. Sur ce point Sartre reste malgré tout dualiste.

Peut-être faut-il tenir cette volonté de transcender les oppositions de l'extériorité et de l'intériorité, de la multiplicité et de l'unité, de l'analyse et de la synthèse, de la nature et de l'antiphysis, *pour l'apport théorique le plus profond du marxisme* [1]. Mais ce sont des indications à développer : l'erreur serait de croire que la besogne est facile » (p. 61, n. 1). De même, au sujet de notre étude sur la tragédie au xviie siècle *qu'il qualifie de marxiste*, il écrit : « Goldmann montre la détermination d'une partie du champ culturel par une passion humaine éprouvée concrètement par un groupe singulier à l'occasion de sa déchéance historique [2]. »

Tous ces exemples semblent indiquer qu'il y a pour Sartre un marxisme valable par rapport auquel le marxisme unilatéral qu'il critique ne constitue qu'une dégradation.

Et pourtant, en de très nombreux endroits de son étude, Sartre parle soit du marxisme en général, soit du marxisme post-marxien dans son ensemble, comme d'un positivisme idéaliste et mécaniste.

En réalité, les reproches de Sartre ne sauraient porter ni contre les œuvres théoriques de Marx [3] ni contre le célèbre ouvrage de Lukács *Histoire et conscience de*

---

1. Souligné par nous.
2. A notre grand étonnement, Sartre qualifie notre position de pantragisme, alors que nous n'avions adopté ni de près ni de loin une pareille attitude. Il s'agissait d'analyser une pensée tragique, celle des jansénistes, de Pascal et de Racine, dans une perspective dialectique qui n'était elle-même nullement tragique.
3. Nous écrivons les œuvres *théoriques*, parce qu'il nous semble qu'il faudrait utiliser avec beaucoup de circonspection les articles de circonstance comme par exemple ceux que Marx publiait dans la *New York Tribune* (où le texte était même parfois modifié par la rédaction), dans lesquels de toute évidence, Marx n'examinait pas au microscope chacune de ses formulations. Ceci dit, il ne faut pas non plus tomber dans l'excès contraire, car si on se limite à leurs idées fondamentales, on trouve dans ces articles un certain nombre d'analyses qui sont parmi les plus brillantes de l'œuvre marxienne.

classe, 1923 [1] ; ni contre la plupart des analyses de penseurs comme par exemple Korsch, Rosa Luxemburg, Lénine [2] et Trotsky, ni, nous nous excusons de le dire, contre nos propres ouvrages. Précisons d'ailleurs au passage que si Sartre définit son exigence d'une méthode positive et scientifique de compréhension des faits humains, comme étant celle d'une *anthropologie structurelle et historique*, nous avons nous aussi défini la méthode positive en sciences humaines et plus précisément la méthode marxiste, à l'aide d'un terme presque identique (que nous avons d'ailleurs emprunté à Jean Piaget), celui de *structuralisme génétique*.

En bref, s'il est vrai que le marxisme est devenu pendant une certaine période, dans un très grand nombre de travaux qui s'en réclament, un positivisme mécaniste, idéaliste ou éclectique, les positions dialectiques que défend Sartre, fondées sur les concepts de *projet*, de *primauté de l'avenir*, d'*identité du sujet et de l'objet* (ce terme se trouve chez Lukács, Sartre parle d'identité du questionneur et du questionné) existaient déjà implicitement ou explicitement chez Marx lui-même et dans tout un secteur de la pensée marxiste postmarxienne, surtout à partir de l'ouvrage de Lukács de 1923. Quant à la distorsion déjà mentionnée, qui régit certains courants de la pensée marxiste, elle est due, comme le dit Sartre lui-même, à des circonstances historiques particulières, qu'il se contente malheureusement d'esquisser rapidement. Il aboutit ainsi à une image qui nous paraît partielle et par cela même insuffisante. Il écrit en effet, et à juste titre : « Le marxisme s'est arrêté : précisément parce que cette philosophie veut changer le monde, parce qu'elle vise « le devenir-monde de la philosophie », parce qu'elle est et veut être

---

[1]. Sartre qui cite très souvent Lukács en s'y opposant toujours ne se réfère malheureusement qu'à ses ouvrages d'après 1945.
[2]. A l'exception, il est vrai, de *Matérialisme et empiriocriticisme*.

pratique, il s'est opéré en elle une véritable scission qui a rejeté la théorie d'un côté et la *praxis* de l'autre. Dès l'instant où l'U. R. S. S., encerclée, solitaire, entreprenait son effort gigantesque d'industrialisation, le marxisme ne pouvait pas ne pas subir le contrecoup de ces luttes nouvelles, des nécessités pratiques et des fautes qui en sont presque inséparables. En cette période de repliement (pour l'U. R. S. S.) et de reflux (pour les prolétariats révolutionnaires) l'idéologie elle-même est subordonnée à une double exigence : la sécurité — c'est-à-dire l'unité — et la construction en U. R. S. S. du socialisme » (p. 25).

D'ailleurs, dans cette analyse même, Sartre se contredit sur un point essentiel puisqu'il nous dit, quelques lignes plus loin, que cette « séparation de la théorie et de la pratique eut pour résultat de transformer celle-ci en un *empirisme sans principe* [1], celle-là en un savoir pur et figé » (p. 25), mais que : « Il est vrai aussi que la pratique marxiste dans les masses *ne reflète pas ou reflète* peu la sclérose de la *théorie* »[1] (p. 29). Sans doute, à l'objection selon laquelle il y aurait contradiction entre « l'empirisme sans principe » et la « *praxis* qui ne reflète pas ou reflète peu la sclérose de la théorie », Sartre objecterait probablement que la première citation se rapporte à la bureaucratie du parti et de l'état soviétique et la seconde à la *praxis* des masses. Mais il serait difficile dans ses propres perspectives et peu sérieux du point de vue scientifique d'admettre que l'évolution sociale et politique de l'U. R. S. S. et celle du socialisme dans le reste du monde, quelle que soit la manière dont on la juge, ait été le résultat d'une pratique juste des masses qui se serait opposée aux intentions différentes et même contraires des appareils politique et étatique.

Ce qui nous paraît cependant encore plus grave,

---

1. Souligné par nous.

c'est que Sartre affirme d'une manière tout aussi superficielle que celle qu'il reproche aux sociologues positivistes et aux pseudo-marxistes, l'existence d'une corrélation (certainement réelle) entre, d'une part, le souci de sécurité de l'U. R. S. S. et le reflux du mouvement révolutionnaire et, d'autre part, la sclérose de la pensée marxiste sans cependant essayer d'indiquer par des analyses concrètes les différentes *modalités structurelles et significatives* qu'a prises cette relation entre les réalités socio-politiques et les distorsions idéologiques.

Sans doute les quelques lignes qu'il consacre à ce problème ne lui permettaient-elles pas de l'approfondir davantage, mais dans une étude intitulée *Question de méthode*, il valait peut-être mieux soit éviter de l'aborder, soit, s'il voulait à tout prix indiquer sa propre position politique, souligner tout au moins l'insuffisance théorique de cette analyse.

Nous nous demandons d'ailleurs dans quelle mesure la contradiction mentionnée entre « l'empirisme sans principe » de la pratique et « la pratique des masses qui ne reflète pas ou reflète peu la sclérose de la théorie » ne trouve pas son origine dans le désir de justifier à la fois la distance et le rapprochement de Sartre au moment où il écrivait cette étude par rapport au parti communiste.

Ces réserves faites, Sartre a parfaitement raison d'affirmer que la réalité humaine est toujours *effort de dépassement* et ne saurait se définir que comme un certain nombre d'ensembles structurés de *projets* humains orientés vers l'*avenir* et vécus concrètement par les individus ; il a raison aussi de souligner que l'essence objective de la réalité ne saurait jamais être la simple réduction de ces projets à quelque chose qui leur serait totalement étranger.

Sans doute, et tous les marxistes sérieux l'ont toujours mis en lumière, la signification objective du comportement des individus ne coïncide-t-elle pas avec leurs intentions et leurs volontés conscientes ; mais cela est précisément dû au fait que, dans la réalité objective et globale qui décide de la signification objective du comportement, l'intention n'est qu'un facteur parmi de nombreux autres constitués par les obstacles matériels, l'action des autres hommes, leur opposition ou leur concours à la réalisation de ces intentions et aussi par les possibilités et les difficultés de compréhension que chaque perspective individuelle ou collective (le mot collectif désignant ici un *ensemble structuré* de perspectives individuelles) implique du comportement des autres groupes et individus [1]. Mais le passage du phénomène empirique abstrait et superficiel à la réalité conceptuelle concrète suppose *l'insertion du premier dans une totalité structurée* grâce à un ensemble de *médiations* dont l'aboutissement doit être non pas la réduction du point de départ à quelque chose de différent mais au contraire la mise en lumière de ce que le fait empirique comportait de cohérence interne et de richesse concrète. Il ne suffit pas — et sur ce point Sartre a parfaitement raison — de dire que Valéry est un petit-

---

1. Il va de soi que *le sujet collectif* dont l'affirmation constitue la principale opposition entre la dialectique et la pensée sartrienne n'a pas de réalité autonome en dehors des individus organiques et des consciences individuelles. Le concept de « sujet collectif » signifie simplement qu'un certain nombre d'individus se trouvent engagés dans un ensemble de relations mutuelles et de relations avec le monde ambiant telles que leurs comportements et leurs vies psychiques constituent une structure qui rend intelligibles certaines transformations de ce monde. Vu de l'extérieur, l'individualisme est lui-même une structure particulière du sujet collectif ; vus de l'intérieur, le projet d'une conscience qui se pense comme individuelle se limite nécessairement à la mort, le projet d'une conscience qui se pense comme collective se situe dans la dimension historique ou transcendante.

Il y a bien entendu l'avenir éternel du croyant (mais l'individualisme classique est athée) et le succédané de communauté constitué, dans la société bourgeoise, par la famille et les descendants. Ce sont des problèmes sur lesquels nous n'avons pas le temps d'insister ici.

bourgeois ; n'importe quelle étude érudite traditionnelle vaut mieux qu'une pareille réduction. Mais à supposer que cette thèse soit vraie (et nous n'en sommes nullement assuré), il faut montrer comment la réalité sociale de la petite bourgeoisie à une certaine époque implique, entre autres, l'élaboration d'un ensemble de catégories mentales qui se retrouvent par la suite à un niveau d'élaboration et de cohérence particulièrement poussé dans l'œuvre de Valéry, œuvre qu'elles structurent et dont elles permettent de comprendre la signification et la richesse. Soulignons d'ailleurs qu'une pareille étude nous paraît nécessaire non seulement pour comprendre la réalité historique globale dans son essence conceptuelle, mais aussi pour comprendre la réalité spécifique, la richesse et la cohérence interne de l'œuvre de Valéry sur le plan même où voulait la situer l'intentionnalité concrète de son auteur, celui de la création culturelle — intellectuelle et littéraire.

Or c'est ici que nous pensons devoir soulever l'objection la plus importante que nous voudrions faire à l'étude de Sartre. Si nous sommes en effet en accord avec lui lorsqu'il reproche à certains marxistes de réduire les faits sociaux à des concepts préétablis, en négligeant leur étude empirique concrète, et aussi lorsqu'il reproche à la sociologie positiviste et objectiviste de regarder les faits humains comme des réalités extérieures en ignorant leur caractère de projet orienté vers l'avenir, et le fait qu'ils sont plus ou moins étroitement liés par leur caractère même de réalités humaines avec le projet du théoricien qui les étudie, rien ne nous semble plus erroné et plus dangereux que de croire qu'on pourrait rendre positifs et scientifiques les travaux de la sociologie positiviste en leur adjoignant simplement comme fondement une anthropologie structuraliste et génétique. J'ajoute d'ailleurs que si cela était vrai, toute la critique de Sartre perdrait beaucoup de son importance, aucun sociologue ou psychologue sérieux n'ayant probablement jamais pensé qu'il avait épuisé son objet. Il est en effet probable que chacun d'entre eux se déclarerait entièrement satisfait si on reconnaissait l'utilité et la valeur scientifique partielle de son travail en ajoutant seulement qu'il aurait besoin d'être complété par les recherches de telle ou telle autre discipline.

Au fond, notre critique porte sur le titre même du deuxième chapitre de l'étude de Sartre : « Le problème des médiations et des disciplines auxiliaires ». Peut-on traiter la sociologie et la psychologie positivistes comme des disciplines auxiliaires d'une anthropologie structuraliste et génétique ? (Ce qui impliquerait d'ailleurs, selon le centre d'intérêt où l'on se place, qu'on pourrait tout aussi bien traiter cette anthropologie comme discipline auxiliaire de la psychologie ou de la sociologie.)

En fait, il nous semble que c'est là une position intenable et que Sartre a omis de tirer les conséquences les plus importantes de sa critique. Le problème méthodologique fondamental de toute science humaine — surtout lorsqu'on se situe dans une perspective structuraliste et historique — réside dans le découpage de l'objet d'étude et, dans le cas particulier, dans le découpage des structures significatives.

Une fois ce découpage fait et admis, les résultats de la recherche seront pratiquement prévisibles et d'éventuelles erreurs concrètes de méthodologie facilement corrigibles. Or, c'est à ce niveau que se situe le débat : une sociologie positiviste aboutit le plus souvent à des découpages dans lesquels tout ce que Sartre a si bien défini comme les interrelations structurées des *projets* individuels doit nécessairement disparaître, et si Sartre avait eu à faire lui-même une recherche historico-sociologique concrète, il se serait aperçu de l'impossibilité d'accepter sinon de manière tout à fait exceptionnelle tels quels les résultats d'une étude de Kardiner sur les Maoris par exemple en se contentant de *les interpréter* autrement.

L'introduction dans l'étude du caractère des groupes sociaux comme ensembles structurés de consciences individuelles orientées vers l'avenir et vers un certain nombre de possibilités objectives, aboutit pratiquement toujours à un *découpage différent de l'objet d'étude, à la découverte d'un certain nombre de faits nouveaux qui ont nécessairement échappé aux penseurs positivistes et à la mise en lumière d'une structure concrète* dans laquelle se retrouveront, bien entendu, à titre d'éléments partiels certains faits et certaines caractéristiques déjà constatés par les sociologues positivistes qui ont étudié le même secteur de la réalité. Si l'on veut à tout prix appeler « disciplines auxiliaires » les études de cette sociologie, on ne saurait le faire tout au plus que dans la mesure où on peut appeler « auxiliaires » au départ d'une étude positive des inventaires provisoires et incomplets qui existent déjà et que le chercheur ne saurait naturellement ignorer, mais qui ne peuvent constituer pour lui qu'un point de départ (ou plus exactement *un* des éléments de son point de départ) à partir duquel il devra essayer de retrouver la réalité essentielle qui sera le plus souvent différente de celle de laquelle il était parti.

Sartre n'est d'ailleurs pas sans être, au moins en partie, conscient du problème. Après avoir écrit ce texte étonnant : « L'intégration de la sociologie au marxisme est d'autant plus aisée qu'elle se donne pour un hyper-empirisme » (p. 58) [1], selon lequel cette so-

---

1. La citation continue d'ailleurs : « Seule, elle se figerait dans l'essentialisme et le discontinu ; reprise — comme le *moment* d'un empirisme surveillé — dans le mouvement de totalisation historique, elle retrouvera sa profondeur et sa vie, mais c'est elle qui maintiendra l'irréductibilité relative des champs sociaux, c'est elle qui fera ressortir, au sein du mouvement général, les résistances, les freinages, les ambiguïtés et les équivoques. Il ne s'agit d'ailleurs pas *d'adjoindre* une méthode au marxisme : c'est le développement même de la philosophie dialectique qui doit l'amener à produire dans un même acte la synthèse hori-

ciologie est d'autant plus facile à intégrer à une pensée dialectique qu'elle en est plus éloignée, il se demande dans sa conclusion quel pourrait être le statut même de l'anthropologie structurelle par rapport aux sciences positives. Comme il se rend très bien compte qu'elle ne saurait constituer une science particulière à côté d'autres sciences de même nature, il nous explique qu'il s'agit d'une compréhension dont l'explicitation ne saurait aboutir aux éléments d'un savoir conceptuel mais à une reproduction du mouvement dialectique, compréhension qui ne se distingue pas de la *praxis* et qui est à la fois existence immédiate et fondement d'une connaissance indirecte de l'existence (p. 105), et ailleurs (p. 107), que « le rôle de cette anthropologie est de fonder son *savoir* sur le *non-savoir* rationnel et compréhensif ». Pour aboutir à l'affirmation qu'elle est « la perpétuelle dissolution de l'intellection dans la compréhension et inversement la perpétuelle redescente qui introduit la compréhension dans l'intellection comme dimension de *non-savoir* rationnel au sein du savoir, c'est l'ambiguïté même d'une discipline dans laquelle le questionneur, la question et le questionné ne font qu'un ».

Il nous semble que tout ceci est assez confus et que cette confusion provient du fait que Sartre essaie d'une part de sauvegarder la valeur d'un savoir contestable (sociologie et psychologie positivistes) qu'on intègre-

zontale et la totalisation en profondeur. Et d'autres, tant que le marxisme s'y refusera, tenteront le coup à sa place. »

Nous ne comprenons cependant pas pourquoi une anthropologie dialectique aurait besoin de trouver dans une autre science tous ces « résistances, freinages, ambiguïtés et équivoques » qui lui sont donnés dans la réalité empirique qu'elle se propose d'étudier. Et s'il s'agit seulement d'un marxisme déformé et unilatéral, on ne voit nullement en quoi ses résultats théoriques pourraient être corrigés ou améliorés par l'adjonction des résultats d'une autre perspective tout aussi fausse et qui constitue simplement le revers de la même médaille. La somme des résultats de deux méthodes fausses ne constitue pas une vérité.

rait à une connaissance « philosophique », laquelle doit être d'une autre nature (compréhension, *praxis*, non-savoir, etc.), mais qui, dans la mesure où elle « pénètre dans le savoir », le modifie fondamentalement sans qu'on puisse encore très bien comprendre à quel stade de la recherche on pourrait parler d'intégration pure et simple.

Nous avouons que la position de Marx et Lukács (de laquelle Sartre se rapproche souvent) nous paraît incomparablement plus claire. L'identité du sujet et de l'objet crée aux sciences de l'homme un statut différent des sciences de la nature. Elle fait de toute affirmation sur la réalité humaine une intervention pratique, une *praxis*, qui rend impossible la séparation des jugements de fait et des jugements de valeur. Il s'ensuit qu'une connaissance positive des faits humains implique toujours une prise de position et une étude à la fois explicative et compréhensive. Dans ces conditions, le problème d'une épistémologie des sciences humaines devient celui d'une étude aussi avancée que possible des caractères spécifiques de ce type de *savoir conceptuel*, qui est essentiellement différent de ceux qui caractérisent respectivement d'une part la logique formelle et les mathématiques et d'autre part les sciences de la nature, *mais qui n'est nullement un non-savoir*.

Espérant que ces développements ont précisé dans l'esprit du lecteur la très grande mesure dans laquelle nous sommes d'accord avec les analyses de Sartre et aussi les points sur lesquels nous nous séparons de lui, nous voudrions, avant de terminer cet article, aborder encore brièvement deux problèmes particuliers.

Sartre a raison, nous l'avons déjà dit, de reprocher à un très grand nombre de travaux se réclamant du marxisme d'être abstraits et idéalistes dans la mesure où, pour passer du donné empirique abstrait à l'essence conceptuelle objective et concrète, ils suppriment les médiations, aboutissant ainsi à une sorte de tour de passe-passe idéaliste, entièrement dépourvu d'intérêt, tour de passe-passe dont il nous a donné l'image caricaturale dans l'analyse qui consiste à dire : Valéry est un petit-bourgeois. Aussi Sartre est-il parfaitement justifié de consacrer le chapitre intermédiaire, le plus important de son étude, au problème des médiations. Seulement, c'est ici peut-être que la survivance de l'existentialisme dans sa pensée actuelle nous paraît la plus vivace. Il nous semble en effet que pour une anthropologie structuraliste et historique, Sartre accorde — *du point de vue concret de la recherche et de l'explication des faits sociaux* — une importance démesurée à la médiation constituée par la structure psychologique des individus. Non que cette médiation ne soit réelle et qu'un des aspects importants de tout comportement ne soit sa signification individuelle — nous avons déjà dit qu'il n'y a pas de faits humains qui soient autre chose qu'un *ensemble structuré* de relations entre les comportements individuels — seulement, sauf dans le cas de travaux de psychologie individuelle, il serait pratiquement inconcevable de vouloir étudier les faits historiques ou culturels par l'intermédiaire de tous les individus qui y participent. Sartre le sait naturellement et au fond, consciemment ou inconsciemment, il s'en est tiré par un déplacement des plans et en étudiant les exemples de Flaubert et de Napoléon. Or bien entendu, ni Flaubert ni Napoléon ne sont dans les domaines respectifs de la création littéraire et de l'action historique, des individus *quelconques*. Le problème réel est celui de l'individu *privilégié* dans l'ensemble d'un devenir collectif. Il nous semble cependant que Sartre joue ici sur deux tableaux, car si tout marxiste sérieux lui concédera sans difficulté qu'on ne peut étudier *Madame Bovary* en dehors de Flaubert ni la Révolution française en éliminant Napoléon, il n'en reste pas moins vrai que cette affirmation admise,

Sartre envisage par la suite l'étude de l'individu Flaubert à travers la *psychanalyse* et le vécu individuel (conflits familiaux de son enfance, etc.,) c'est-à-dire à l'aide d'une méthodologie qui précisément étudie l'homme Flaubert non pas comme *individu privilégié* à l'intérieur d'un processus de création collective, mais comme individu *quelconque* à la compréhension duquel on applique les mêmes procédés de recherche qu'à n'importe quel autre individu qu'on essaierait de comprendre [1].

Sartre dit des choses pertinentes sur l'importance de l'étude de l'œuvre pour la compréhension de la psychologie de son auteur. Il a aussi parfaitement raison quand il souligne la parenté méthodologique entre la psychanalyse et le marxisme [2] ; il nous semble seulement qu'il se trompe lorsqu'il accorde une importance particulière au vécu individuel et psychanalytique de l'écrivain pour la compréhension de la signification

---

1. Il est vrai que Sartre analyse longuement aussi le cas d'un individu non privilégié, celui du colonisé à qui il était interdit de piloter un avion et qui, sans avoir appris à le faire, s'est emparé un jour d'un appareil, a décollé et s'est finalement tué à l'atterrissage. Seulement, l'analyse d'ailleurs très fine de Sartre montre clairement à quel point il est impossible de comprendre ce comportement individuel en dehors d'une connaissance historico-sociologique du problème de la colonisation, mais non pas la nécessité d'intégrer l'étude compréhensive de ce comportement particulier à l'étude scientifique du problème de la colonisation. En bref, tous les faits humains ont une signification objective historique et une signification objective individuelle. L'une et l'autre dépassent de loin les intentions conscientes et ne sauraient être atteintes par le chercheur qu'à travers un certain nombre de médiations. Mais si la connaissance de la première est indispensable pour accéder à la seconde, *la réciproque ne nous paraît pas valable*.
2. Encore sa propre perspective aurait-elle dû l'amener à sentir à quel point ce structuralisme génétique qu'est la psychanalyse freudienne manque précisément, sous l'influence peut-être des structures de pensée dominantes à la fin du XIXe et au début du XXe, de la catégorie essentielle à toute pensée dialectique, celle de *l'avenir* comme facteur déterminant du présent.

objective de son œuvre. En effet, cette étude, si développée et si exhaustive qu'elle puisse être, ne saurait, *tant qu'elle reste sur le plan du vécu individuel*, dégager autre chose que la signification objective de l'œuvre à l'intérieur de la structure psychique de l'auteur, c'est-à-dire ce en quoi elle ressemble à tous les symptômes psychiques de la vie de tout autre individu sain d'esprit ou aliéné.

Or le problème n'est pas de savoir ce qu'était *Madame Bovary pour Flaubert*, mais ce par quoi *Madame Bovary* est une *œuvre culturelle importante*, c'est-à-dire une *réalité historique*, ce qui la différencie de mille autres écrits moyens de la même époque et des divagations de tel ou tel aliéné. Une note me semble exprimer clairement ce problème. Sartre y distingue en effet « le mysticisme esthétique de Flaubert qui se retrouve partout dans *Madame Bovary*, qui crève les yeux et que le public n'a pas absorbé parce qu'il ne l'y cherchait pas. Seul Baudelaire a vu clair... mais que pouvait-il contre cet événement neuf et collectif qu'est la transformation d'un livre par la lecture... Ce sens de *Madame Bovary* est resté sous les voiles jusqu'à aujourd'hui » (p. 49).

A supposer (nous ne voulons pas prendre parti sur ce point) que Sartre ait raison dans cette analyse, la réalité esthétique et culturelle du livre, celle qui a fait de lui un événement historique, celle qui seule intéresse l'anthropologue et le sociologue, est celle qui a été saisie par les lecteurs à travers plusieurs générations ; quant aux intentions subjectives de Flaubert et à leur signification psychique objective, elles ne sauraient intéresser que le psychiatre ou le psychologue qui étudient un cas individuel [1].

Il y aurait encore beaucoup à dire sur de nombreux points de détail de l'ouvrage de J.-P. Sartre, nous nous

---

1. A moins que ce mysticisme esthétique n'ait été lui-même un élément d'un courant idéologique objectif et supra-individuel.

contenterons ici d'en mentionner un dernier qui nous paraît particulièrement important.

Sartre écrit quelque part que la possibilité d'une anthropologie structuraliste et historique est fondée sur le fait que, quelle que soit la différence entre les créations culturelles et les instruments mentaux à l'aide desquels elles ont été accomplies, le chercheur qui se situe à l'intérieur de l'une d'entre elles, peut toujours comprendre le comportement des hommes qui appartiennent à une autre. Il définit les postulats fondamentaux de l'anthropologie structuraliste par les termes : « Pas de nature commune, communication toujours possible » (p. 105). L'ethnologue peut toujours comprendre des primitifs qu'il étudie et inversement. Or nous avons peur qu'il ne s'agisse là d'une affirmation *a priori* qui est peut-être vraie mais qu'il faudrait contrôler à la lumière d'un nombre suffisant de recherches empiriques.

Il y a entre les différentes structures mentales un degré plus ou moins grand de communication possible qu'il faut étudier et justifier dans chaque cas particulier. Rien ne s'oppose *a priori* à ce qu'une d'entre elles soit tout à fait opaque pour une autre qui en est très éloignée, et qu'aucun chercheur vivant et pensant à l'intérieur de celle-ci ne puisse comprendre les comportements humains dans celle-là. En fait, le problème se pose au niveau des recherches concrètes inspirées par les concepts de *possibilité objective* et de *conscience possible*, concepts que nous avons développés ailleurs et qui se trouvent au centre des analyses de Marx et de plusieurs travaux de Lukács ; et nous avouons que nous avons été très étonné de ne rencontrer dans l'étude de Sartre que le premier et non pas le second. Seulement son introduction ne l'aurait-elle pas obligé d'abandonner l'espoir d'intégrer à la pensée dialectique sans la modifier de manière notable et essentielle les résultats des travaux de la sociologie et de la psychologie positivistes ?

Réflexions sur la pensée de Herbert Marcuse

Il n'est pas facile de se situer, en quelques pages, par rapport à l'une des figures les plus complexes et les plus responsables de la pensée philosophique contemporaine et cette tâche devient plus difficile encore s'il faut expliquer l'immense écho qu'a trouvé, directement ou indirectement, la pensée de Marcuse dans la jeunesse estudiantine mondiale dont les manifestations constituent probablement le phénomène historique le plus important de ces dernières années et peut-être le premier symptôme d'un tournant historique dans le développement du monde contemporain.

Cet écho, fondé d'ailleurs sur un malentendu qu'il faut mettre en lumière, ne saurait cependant être réduit à un phénomène accidentel car il témoigne d'une correspondance profonde entre la pensée de Marcuse et les aspirations de cette jeunesse.

Commençons par esquisser, ne serait-ce que de manière approximative et schématique, l'itinéraire de Marcuse à travers l'histoire de la philosophie contemporaine dont sa pensée constitue un élément important.

Élève de Martin Heidegger, Marcuse commença par découvrir l'origine hégélienne de la pensée de son maître qu'il développa dans un ouvrage devenu assez vite fameux dans le monde des spécialistes de la philosophie : *Hegels Ontologie und die Grundlegung einer Theorie der Geschichtlichkeit*, pour s'orienter par la suite vers un marxisme à la fois hégélien et heideggerien qu'il développa dans une série de chroniques philosophiques de la revue théorique de la social-démocratie allemande *Die Gesellschaft*. Cette position qui l'amena par certains côtés, sur le plan philosophique, assez près de celle qu'avaient développée peu auparavant Georg Lukács et Karl Korsch (cependant politiquement plus engagés et plus radicaux que Marcuse : Lukács était communiste, Korsch, d'abord communiste, rejoignit par la suite l'opposition de gauche) fit de lui la troisième figure de proue de ce qu'on appelait à l'époque le « marxisme européen ».

Ici il faut cependant nous arrêter quelque peu ; Heidegger, Hegel, Marx ; le rapprochement de ces noms doit sembler étonnant au lecteur français à la lumière de la littérature philosophique européenne des quarante dernières années. Il l'est beaucoup moins, si, faisant abstraction de cette littérature, on revient aux textes et au contexte des années 1928-1932.

La philosophie existentialiste a en effet son origine intellectuelle [1] dans le livre de Lukács, *L'Ame et les formes* paru en 1911, à partir duquel se développa une discussion entre deux penseurs qui, bien que de force et de pénétration inégales, joueront tous deux un rôle important dans la pensée de la première moitié du XXe siècle : Georg Lukács et Ernst Bloch.

Évoluant de la position kantienne, tragique et existentialiste de *L'Ame et les formes*, à travers l'hégélianisme de la *Théorie du roman* vers la philosophie marxiste de *Histoire et conscience de classe* Lukács reste cependant immuable sur un point, l'exigence de clarté et de conscience rigoureuse et la critique qu'elle implique de toutes les formes de fausse conscience qui ne sauraient être

---

1. Et non sociale ; voir à ce sujet Lucien Goldmann, *Pour une sociologie du roman*. Éd. Gallimard, Paris.

qu'idéologiques. Contre cette position Ernst Bloch défendra énergiquement et sans relâche la valeur humaine et intellectuelle et surtout la fonction historique positive et créatrice d'un certain type de pensée qui dépasse le scientifique et le vérifiable, la valeur positive de l'*Utopie*. L'espoir qui se pense et qui est peut-être philosophiquement fondé — bien qu'il ne le soit pas *positivement* — en un avenir essentiellement et radicalement différent du présent, avenir que les hommes doivent créer par leur action, a-t-il le caractère négatif de l'idéologie et de la fausse conscience ou bien le caractère positif de l'utopie historiquement créatrice ? C'est, réduit à une formulation appauvrissante et schématique sans doute mais néanmoins valable, le fondement de la discussion qui s'est exprimée dans une série d'ouvrages particulièrement importants pour l'histoire de la pensée européenne : d'un côté, fourmillant d'analyses positives et promouvant sur beaucoup de points un renouveau total de la pensée philosophique et aussi du statut des sciences humaines et de leurs méthodes *L'Ame et les formes*, *La Théorie du roman*, *Histoire et conscience de classe*, de l'autre, plus poétiques et plus spéculatifs à la fois, la première et la seconde édition (profondément remaniée) du livre célèbre de Ernst Bloch, *Esprit de l'utopie* et l'ouvrage plus simpliste et plus vulgarisateur sur *Thomas Munzer, théologien de l'utopie*.

Cette discussion allait, par la suite, pénétrer avec certaines modifications assez importantes dans la sociologie universitaire à travers l'ouvrage de Karl Mannheim *Idéologie et utopie* et, en ce qui concerne Lukács seulement, à travers la fameuse première partie de *Sein und Zeit* de Heidegger[1].

Bien entendu la plupart des lecteurs, de culture uni-

---

1. Voir à ce sujet notre étude sur *Georg Lukács et Martin Heidegger*, à paraître aux éditions Gallimard.

versitaire, ont lu *Sein und Zeit* dans une tout autre perspective et n'ont rien aperçu de cette relation. Il arrivera cependant à Sartre dans *L'Être et le Néant* de lire dans Heidegger des choses qui n'y étaient pas (la théorie du sujet transindividuel et de l'équipe) mais qui étaient à l'origine du livre, à savoir, dans l'ouvrage de Lukács ; et, de même à un niveau beaucoup plus profond et plus essentiel, Marcuse fera dès 1928 une lecture analogue de l'ouvrage de Heidegger en y découvrant son origine hégélienne et marxiste (en fait, médiatisée par l'écrit de Lukács).

Il restait cependant entre Marcuse et Lukács une différence importante.

Heidegger, développant une philosophie dualiste de l'histoire, séparait radicalement l'ontologique de l'ontique, la philosophie des sciences positives (et aussi l'authentique de l'inauthentique, l'élite de la masse, etc.) ; moniste, fidèle en cela à Hegel et à Marx, Lukács refusait toute séparation de ce genre, et tout en critiquant tout positivisme, toute idée de science à l'indicatif et toute métaphysique, toute *théorie* philosophique se voulant conceptuellement fermée et séparée de l'action et de la totalité, exigeait une science philosophique et une philosophie scientifique et positive et n'envisageait même pas qu'on puisse développer à un niveau purement conceptuel une ontologie marxiste de l'histoire. Chacune de ces deux positions était cohérente et se défendait à l'intérieur de la philosophie respective de leurs tenants.

Si nous nous souvenons cependant bien des articles de Marcuse, ils présentaient cette caractéristique assez curieuse et en dernière instance significative d'être écrits au niveau conceptuel et philosophique en dehors de toute analyse historique concrète ; au niveau où se situait au fond toute la philosophie du concept, de Platon à Descartes et à Kant.

Survivance heideggerienne à l'intérieur d'une pensée

qui ne l'était plus, mais survivance qui, étant donné la position marxiste qu'il avait adoptée ramenait la pensée de Marcuse, au moins par cet aspect, vers une philosophie du concept et de la théorie avec laquelle précisément Marx, Lukács et Heidegger avaient rompu.

La deuxième phase importante dans l'évolution de la pensée de Marcuse se situe entre 1933 et 1941 ; c'est son intégration au groupe connu sous le nom d' « École de Francfort », auquel il appartient, au fond, encore aujourd'hui et dont faisaient partie à l'époque, en dehors des trois principaux membres qui continuent à le représenter : Horkheimer, Adorno et Marcuse, Walter Benjamin mort pendant la guerre, Erich Fromm et Leo Löwenthal qui s'en sont séparés. La principale activité de ce groupe a été la publication en France d'une revue *Zeitschrift fur Sozialforschung*, d'un volume sur l'autorité et la famille et aux États-Unis d'un ouvrage théorique signé conjointement par Horkheimer et Adorno : *Dialektik der Aufklarung* (Dialectique du rationalisme), centré sur la dialectique entre les caractères d'une part positifs et progressifs et d'autre part négatifs, réifiants, et favorisant l'oppression et la domination, de la philosophie rationaliste classique.

Or, d'une manière sans doute différente et en tout cas plus claire et plus accessible, les articles de Marcuse pendant cette période, articles dont quelques-uns viennent d'être réunis dans un volume, tournent autour de ce même problème.

Horkheimer et Adorno s'étaient efforcés avant tout de comprendre et de mettre en lumière les éléments du rationalisme bourgeois de l'époque libérale qui avaient préparé de manière imperceptible et rendu possible le brusque tournant de cette société vers la dictature totalitaire dans un des pays les plus avancés de la civilisation industrielle et l'acceptation de ce développement par la bourgeoisie allemande et même jusqu'à un certain point par les classes dominantes des autres pays occidentaux. Étudiant l'histoire de la philosophie (non pas de manière détaillée et concrète mais à travers ses lignes générales) Marcuse s'attache sans doute lui aussi à montrer ce que la philosophie idéaliste impliquait déjà d'acceptation de l'univers bourgeois de l'oppression et de l'exploitation mais il souligne beaucoup plus que les autres penseurs de l'École, le caractère critique, l'exigence de rationalité, de bonheur, que, malgré ses distorsions réactionnaires, cette philosophie avait encore conservé de son époque héroïque, notamment pendant la Renaissance. Promesses et exigences qui ont été reprises par les idéologies politiques révolutionnaires, en particulier par le matérialisme et la « philosophie critique », terme sous lequel, étant donné le style prudent de la revue, il désigne surtout le marxisme.

En somme, une différence d'accent à l'intérieur d'une école unitaire. Tout au plus peut-on dire que Marcuse relie la critique négative qui deviendra de plus en plus caractéristique de l'École de Francfort [1] à un rappel constant des exigences de changement radical de la société au risque de se situer partiellement tout au moins dans le domaine d'une pensée utopique qui lui apparaît être le prix de toute continuation de la véritable tradition philosophique.

Mais, brusquement, apparaissent dans ces articles des passages qui marquent l'éloignement par rapport à la pensée dialectique.

C'est que, pour l'instant, les analyses marxistes semblent avoir été infirmées aussi bien par l'évolution stalinienne de l'U. R. S. S. que par la victoire hitlérienne. Or c'était une des idées centrales de la pensée dialectique et notamment de celle de Marx et de Lukács qu'il ne fallait pas opposer à la réalité des idées abstraites

---

1. Contrairement à l'utopie positive que continue à développer Ernst Bloch et qui n'est d'ailleurs, par rapport à la pensée dialectique, que l'autre face de la médaille.

morales ou utopiques, mais essayer de comprendre la naissance au sein même de cette réalité de forces sociales porteuses d'idées nouvelles et d'exigences progressistes.

Contre tous ceux qui lui attribuaient un programme moral et normatif Marx avait souligné qu'il concevait ses analyses avant tout comme l'expression de la vision et des exigences d'une force sociale réelle se développant à l'intérieur de la société capitaliste : le prolétariat.

Et même si cette assertion était inexacte, ce qui paraît de plus en plus avoir été le cas, l'idée que toute pensée valable doit être l'expression d'une conscience de groupe intérieure à la société et se comprendre comme telle, la catégorie de l'*identité partielle ou totale du sujet et de l'objet de la pensée* [1] restait le pivot de la dialectique. Or, voilà que nous lisons dans un article de Marcuse intitulé « Philosophie et théorie critique » de 1937 : « Mais si l'évolution prévue par la Théorie Critique ne se réalise pas, si les forces qui devaient provoquer les transformations sont repoussées et semblent être vaincues ? Autant la vérité de la théorie n'est pas infirmée, autant elle apparaît dans une lumière nouvelle et éclaire des aspects et des côtés nouveaux de son objet. De nombreuses exigences et indications de la théorie prennent un poids spécifique différent. La fonction modifiée de la théorie dans la nouvelle situation lui confère dans un sens plus fort le caractère d'une théorie critique... »

« Comme la philosophie, elle (la théorie critique) s'oppose à toute justice qui accepte la réalité existante, à tout positivisme satisfait ; mais, contrairement à la philosophie elle dégage ses buts seulement à partir des tendances réelles du processus social. Aussi ne craint-elle pas le reproche d'être utopique qu'on soulève coutumièrement contre l'idée d'un ordre nouveau. Si la vérité n'est pas réalisable à l'intérieur de l'ordre

---

1. Selon Marx et Lukács, dans le matérialisme historique le prolétariat se pense soi-même et prend conscience de son rôle dans la société.

social existant elle aura en tout cas pour celui-ci un caractère utopique. Une pareille transcendance ne parle pas contre mais pour la vérité. Pendant longtemps l'élément utopique a été le seul élément progressiste de la philosophie ; ainsi les constructions du meilleur État, du maximum de plaisir, du bonheur parfait, de la paix éternelle, etc. L'entêtement né du parti pris de défendre la vérité contre toutes les apparences, a été remplacée aujourd'hui dans la philosophie par l'extravagance (*Schrullenhaftigkeit*) et un opportunisme sans limites. La théorie critique reste fidèle à cet entêtement en tant que qualité réelle de la pensée philosophique. La situation actuelle met encore plus en évidence cette qualité ; le recul s'est produit à une étape où les conditions économiques de la transformation étaient réalisées... »

Nous avons cité ce long passage parce qu'il indique clairement le lien entre la victoire du national-socialisme (et du stalinisme) et l'évolution de la pensée de Marcuse (et probablement de l'École de Francfort dans son ensemble).

« Contrairement à la philosophie dans laquelle l'élément utopique a été longtemps le seul élément progressiste », la théorie critique cherchait ses buts dans les tendances existantes du processus social. Le recul politique, la défaite des forces progressistes a rendu la philosophie officielle entièrement réactionnaire mais a aussi ramené la théorie critique de la dialectique à l'utopie, du « dépassement de la philosophie » aux positions progressistes de cette dernière.

Marcuse et les penseurs de l'École de Francfort ont-ils ainsi rallié les positions de Ernst Bloch ? Pas tout à fait, car celui-ci continue à développer une utopie optimiste alors que le groupe Marcuse, Horkheimer, Adorno s'attache en premier lieu à critiquer la réalité sociale et la vie culturelle existantes en montrant aussi — il est vrai — les éléments négatifs que contenait déjà le rationalisme des époques antérieures.

Sans nier l'existence d'une certaine parenté entre les positions de Bloch et celles du groupe de Francfort, la différence reste néanmoins considérable. On pourrait la formuler schématiquement comme opposition entre la critique pessimiste et l'utopie optimiste, étant entendu que l'utopie de Bloch implique elle aussi une critique de l'existant et que la critique réaliste des penseurs de l'École de Francfort implique encore (et impliquera toujours chez Marcuse) l'idée purement rationnelle et comme telle utopique et non dialectique d'une société future dépourvue d'oppression et *radicalement* différente de l'ordre social actuel.

L'une et l'autre de ces positions s'opposent cependant à la pensée dialectique laquelle à l'époque semble d'ailleurs infirmée dans ses analyses concrètes par l'évolution historique et défendue seulement par quelques esprits dogmatiques et, en tant qu'idéologie mensongère et oppressive, par les tenants de ce que l'on appellera plus tard le « marxisme institutionnel ».

Pendant toute cette période la supériorité intellectuelle des analyses de l'École de Francfort sur la répétition monotone de l'utopie optimiste par Bloch et la répétition mécanique de la lettre des analyses marxiennes par les marxistes « orthodoxes », institutionnels ou simplement dogmatiques ne fait pas de doute ; les quelques rares penseurs marxistes critiques se cantonnant dans des analyses historiques ou esthétiques ou bien s'orientant comme Erich Fromm qui quitta le groupe de Francfort vers une psychanalyse « révisionniste ».

Ajoutons dès maintenant que cette situation changera avec l'apparition des analyses marxistes de plusieurs penseurs italiens reprises en France par Serge Mallet et André Gorz.

Revenons cependant à Marcuse. En 1941 paraissait à New York un livre *Reason and Révolution, Hegel and the Rise of Social Theory* qui fut longtemps considéré comme étant l'ouvrage représentatif de l'hégélianisme progressiste, une sorte de contrepoint à l'hégélianisme conservateur représenté par « l'Introduction à la lecture de Hegel » de Kojève et par les livres d'Eric Weil.

J'avoue que je l'ai lu moi aussi jadis dans cette perspective. Si on le reprend cependant aujourd'hui on s'aperçoit que c'est un livre fort peu dialectique qui, à travers un langage hégélien et de multiples citations de Hegel, représente un retour vers une position kantienne et fichtéenne actualisée et radicalisée — et qui par certains côtés, mais par certains côtés seulement — se rapproche des positions de J.-P. Sartre [1]. Radical et critique, cet ouvrage ne contient en effet nulle part l'idée de l'identité du sujet et de l'objet, de la raison et de la réalité, comme affirmation que les seuls buts valables et réalisables sont ceux qui se dégagent, à partir des tendances réelles du processus social effectif et si les termes hégéliens y apparaissent, ils signifient toujours au contraire l'exigence (en dernière instance morale et kantienne) d'incarner le sujet dans l'objet, la raison dans la réalité, l'exigence de transformer le monde et de créer une société conforme aux aspirations rationnelles et valables des individus ou tout au moins de la raison à la fois individuelle et universelle.

A partir de là, deux autres problèmes particulièrement importants séparent les positions de Marcuse des positions dialectiques ; l'absence d'un sujet empirique et transindividuel *intérieur* à la société comme fondement des exigences de la raison pose le problème du caractère individuel ou transindividuel, et aussi empirique ou transcendantal de celle-ci et cette même absence de

---

[1]. L'élément commun c'est la conscience individuelle opposée à la réalité sociale oppressive existante. La différence réside dans le caractère malgré tout plus universel de cette raison individuelle chez Marcuse et dans l'absence chez lui de la catégorie, centrale pour Sartre, de l'engagement.

force *interne* qui assurerait le progrès doit poser à la pensée de Marcuse le problème auquel se heurtait déjà les rationalistes mécanistes des XVIIe et XVIIIe siècles, celui d'un facteur *externe* de transformation.

Sur aucun de ces deux problèmes les textes de Marcuse ne sont parfaitement univoques. Il nous paraît cependant clair qu'il est entraîné par les exigences de cohérence de sa pensée vers les idées du sujet individuel (et même intelligible ou transcendantal) et de la dictature, pédagogique et transitoire sans doute, des philosophes et des sages.

Sur le premier point il critiquera par exemple dans un article de 1948 la confusion qui règne dans *l'Être et le Néant* entre la conception ontologique et la conception empirique du sujet individuel sans mettre nullement en question l'idée même de ce sujet comme telle, pour ajouter en 1965 un paragraphe dans lequel il se solidarise entièrement avec l'évolution ultérieure de Sartre devenue le théoricien d' « une conversion radicale » et « d'une morale de la libération ».

De même dans une postface de 1954 à *Reason and Revolution* il écrira : « L'idée marxienne du prolétariat comme négation absolue de la société capitaliste réunit en *un seul* concept la relation historique entre la réalisation de la liberté et ses conditions préalables. Dans un sens rigoureux la libération *suppose* la liberté ; elle ne peut être réalisée que si elle est l'œuvre d'individus libres et si elle est portée par eux. Des individus libres des besoins des intérêts de la domination et de l'oppression.» Et cette postface se termine par les lignes suivantes: « L'idée d'une autre forme de raison et de liberté telle qu'elle avait été envisagée tant par l'idéalisme que par le matérialisme dialectiques, apparaît à nouveau comme une utopie ; mais le triomphe des forces répressives qui font obstacle au progrès ne diminue pas la vérité de cette utopie. La mobilisation totale de la société contre la libération définitive de l'individu qui constitue le contenu historique de la période actuelle montre à quel point la possibilité de cette libération est réelle [1]. »

Enfin sur la question des conditions de la transformation, une idée revient de temps à autre, assez rarement, il est vrai, dans les écrits de Marcuse.

« Les frustrations et les détours de la satisfaction qu'exige la volonté générale ne doivent pas être nécessairement sombres et inhumains ni la raison nécessairement autoritaire. Il reste néanmoins la question, comment la civilisation peut-elle produire sans en être empêchée la liberté alors que l'absence de liberté est devenue un élément et le noyau même de l'appareil psychique ? Et si ce n'est pas le cas, qui a le droit d'établir et d'imposer des échelles objectives de valeurs ?

« Depuis Platon jusqu'à Rousseau l'idée d'une dictature pédagogique exercée par ceux dont on peut admettre qu'ils ont acquis la connaissance du vrai bien, constitue la seule réponse honnête ; cette réponse a été oubliée. Depuis, le savoir concernant la création d'une existence humaine pour tous les hommes n'est plus limité à une élite privilégiée, les faits sont trop évidents et la conscience individuelle les comprendrait sans plus si elle n'en était méthodiquement empêchée et détournée » (*Eros und Zivilisation*, éd. allemande, p. 217).

Cette citation nous paraît caractéristique des hésitations de Marcuse qui laissent néanmoins entrevoir une pensée cohérente. La dictature pédagogique est la seule réponse honnête ; elle a été cependant oubliée non pas arbitrairement mais parce que, dans la société

1. Il faut préciser que le concept de « possibilité réelle de libération », fréquent dans les écrits de Marcuse semble signifier seulement la possibilité réelle par rapport aux conditions économiques et sociales abstraction faite de la conscience empirique des individus et des groupes sociaux existants à l'intérieur des sociétés industrielles avancées, puisque toute son œuvre insiste sur le caractère intégré de cette conscience et ne fait aucune place aux tendances virtuelles orientées vers le changement et la libération.

moderne, la connaissance des faits est accessible à toutes les consciences individuelles. Mais ceci vaut seulement pour la conscience rationnelle, intelligible des individus, non pas pour leur conscience empirique empêchée de comprendre la vérité par les forces répressives de la société. Il ne reste en fait que la dictature pédagogique des philosophes bien qu'elle ne doive plus être que transitoire et temporaire.

Ainsi Marcuse en arrive-t-il à une position à la fois opposée et apparentée à celle de Heidegger. Opposée parce que la pensée de Heidegger était une théorie conservatrice et réactionnaire des élites réservant l'entente et la conscience de l'Être au philosophe, au poète et à l'homme d'État qu'il opposait radicalement à la masse inauthentique (dont l'étude est du domaine de la sociologie et de la psychologie positiviste) une théorie qui constituait ainsi une justification philosophique de la dictature permanente des chefs et des élites.

Marcuse, en revanche, développe une philosophie progressiste et critique profondément influencée par la tradition dialectique, qui affirme la possibilité d'une liberté et d'une connaissance universelle accessibles à tous les hommes et impliquant la suppression de l'oppression, de l'exploitation et du concept même d'élite.

Apparentée néanmoins, car, contrairement au monisme de Marx (et de Lukács) qui réunissait en un seul concept la relation historique entre la réalisation de la libération et ses conditions préalables, Marcuse aboutit à un dualisme apparenté au dualisme heideggerien. Sa pensée implique une opposition radicale et fort peu dialectique entre l'oppression et la liberté, l'existant et l'idéal, ce qui est et ce qui doit être, entre l'empirique et le rationnel, le donné et l'utopique, dualité qui, malgré l'esprit critique, démocratique et progressiste de Marcuse l'oblige à faire, de temps en temps tout au moins, une place à l'idée de dictature pédagogique des sages comme structure de transition et de passage.

Nous avons cependant quitté la pensée de Marcuse pendant les dernières années de la guerre. Ce qui a suivi a été pour les penseurs humanistes et critiques une déception profonde, l'échec de tous les espoirs nés au cours de la lutte contre le fascisme de créer une société nouvelle libre d'oppression et d'exploitation. A la place, s'est développé en Occident un phénomène nouveau et qui a bien entendu besoin d'être analysé, le capitalisme d'organisation, la société de consommation. Dans ces conditions il n'y a rien d'étonnant à constater que Marcuse et les penseurs de l'École de Francfort n'ont pas eu à modifier les positions critiques et négatives qu'ils avaient prises envers la société existante et qu'ils les ont au contraire renforcées s'attachant en tout premier lieu à souligner l'abîme croissant entre les espoirs humanistes qui avaient animé toute la vie culturelle occidentale au cours des siècles et la réalité sociale en train de se constituer. Dans ce domaine, l'œuvre critique d'Adorno a pris une ampleur considérable et a joué, qu'on soit d'accord ou non avec lui par ailleurs, un rôle positif et salutaire dans la prise de conscience des intellectuels et notamment des étudiants allemands.

Il n'en reste pas moins vrai que la société occidentale contemporaine (le capitalisme d'organisation, la société de consommation) était essentiellement différente de la société libérale du début du siècle et aussi de la société totalitaire du fascisme allemand. Aussi le maintien d'une position critique radicale, le refus d'accepter un ordre social dans lequel, contrairement à la société libérale, les revenus et le niveau de vie des masses augmentaient et, contrairement au fascisme, la répression politique avait fait place au rétablissement des libertés formelles d'expression et du jeu parlementaire, exigeait-il une analyse approfondie et renouvelée de cette société.

C'est la tâche qu'a accomplie Marcuse dans deux

ouvrages particulièrement importants et complémentaires qui ont exercé une influence profonde sur la pensée philosophique et sociale contemporaine, *Eros and Civilisation* et *One Dimensional Man*.

Publiés en français, trop connus pour avoir besoin d'être analysés ici, nous nous contenterons d'en mentionner l'idée fondamentale. *Eros and Civilisation* se situe sur le plan des rapports entre la société et les aspirations profondes de l'individu. En rencontrant, avec l'ensemble des penseurs de l'École de Francfort, l'œuvre de Freud, Marcuse y a découvert l'opposition entre les aspirations instinctives de l'individu — libido et instinct de mort — et l'organisation sociale qui pour exister et se développer suppose la répression de ces aspirations, la frustration et la sublimation au nom du principe de réalité. Or, chez Freud, ces concepts avaient un caractère pour ainsi dire essentiel et en tout cas anhistorique. Sociologue et philosophe de la culture, Marcuse leur ajoute une dimension historique sans cependant — contrairement par exemple à Fromm — tempérer l'opposition radicale entre les désirs fondamentaux et la répression sociale.

Il commence par établir la forme concrète que prend dans la société moderne le principe de réalité — celle du principe de productivité — et par distinguer la répression *indispensable* à un certain moment de l'histoire pour maintenir l'existence de la vie sociale la plus rationnelle possible, de la répression *effective* née du besoin de maintenir la structure répressive de la société réellement existante. Il obtient ainsi le concept de « répression additionnelle » constituée par la différence entre la première et la seconde pour montrer que l'évolution sociale contemporaine tout en abaissant au minimum la répression *nécessaire* grâce au développement extraordinaire des forces productives et de la productivité accroît de manière notable la répression réelle pour donner aux forces productives et aux rapports sociaux la structure répressive du capitalisme d'organisation et de la société de consommation. Cette double tendance aboutit ainsi à un accroissement notable de la « répression additionnelle » non seulement par rapport aux « possibilités de libération » qui intéressent Marcuse en tout premier lieu, mais même par rapport aux sociétés du passé.

L'homme unidimensionnel se situe sur le plan historique et culturel et montre le danger que l'évolution contemporaine du capitalisme et de la société de consommation représente pour la culture et pour le développement de la personnalité. Depuis Pascal à travers Kant, Hegel et Marx, la philosophie dialectique avait défini l'homme par la double dimension de l'adaptation à la réalité et du dépassement de celle-ci, du réel et du possible (la philosophie idéaliste prédialectique le définissait d'ailleurs par la raison qui était à la fois maîtrise et dépassement de la réalité). L'exigence de dépassement était ainsi essentielle pour toute l'histoire de la culture occidentale. Or, voici, et Marcuse le montre dans une série d'analyses remarquables, que pour la première fois dans l'histoire se développe une organisation sociale planifiée qui par l'augmentation du niveau de vie mais surtout par la manipulation des consciences tend à renforcer considérablement la dimension adaptative et à réduire considérablement jusqu'à les supprimer les exigences de dépassement et les forces tendant à le réaliser.

Il va de soi que dans la mesure où toute culture et tout développement de la personnalité sont liés à la dimension du dépassement et du possible et fondées en elle, cette évolution constitue une menace considérable pour l'avenir de la création culturelle et de la liberté individuelle authentique qu'elle tend à supprimer pour les remplacer par ce monstre, résultant de la planification sociale : l'homme, bien rémunéré, vivant de manière confortable et ne connaissant que deux formes de comportement : l'exécution des décisions prises par d'autres et la consommation : l'homme unidimensionnel.

On saurait difficilement surestimer l'importance de ces deux ouvrages qui ont été les premiers à formuler le programme des forces oppositionnelles et critiques — qui contrairement à toutes les analyses de Marcuse — étaient en train de se développer *réellement* au sein des sociétés industrielles avancées. La pensée socialiste traditionnelle parlait au nom de l'appauvrissement et de la misère des masses, subsidiairement au nom du manque de démocratie formelle, de tolérance et de liberté d'expression et parfois au nom du manque de démocratie et d'égalité dans le domaine de l'instruction. En continuant à formuler des revendications de ce genre, revendications que le capitalisme d'organisation était précisément en train de satisfaire, lentement certes, mais sûrement, les forces oppositionnelles se trouvaient en porte à faux face à la société existante et leur pensée prenait un caractère de plus en plus dogmatique, idéologique et artificiel.

Le mérite des livres de Marcuse — même si par ailleurs on n'est pas d'accord avec ses analyses — a été d'exprimer pour la première fois au niveau théorique les principaux problèmes de la société contemporaine, les raisons du mécontentement réel qui était en train de se développer dans un secteur important et croissant de cette société, mécontentement qui s'exprimait déjà dans la littérature et dans la création artistique d'avant-garde et dont les sociologues positivistes traitaient avec mépris la formulation théorique en parlant ironiquement de « critique culturelle » (Dahrendorf) ou de littérature-bohème-de-Saint-Germain-des-Prés, jusqu'au jour où il est devenu évident que leurs énormes appareils d'études et de recherches étaient passés à côté des tensions fondamentales de la société qu'ils étudiaient sans même en avoir enregistré l'existence.

Pour compléter cette esquisse de l'œuvre de Marcuse, mentionnons-en encore deux autres points importants. Nous avons déjà dit que sa pensée exigeait comme facteur de transition une force *extérieure* à la société de consommation et que cela l'amenait parfois à se référer à l'idée d'une dictature éducative des philosophes (ce qui explique peut-être le fait que selon de multiples témoignages il aurait dans une conférence défendu le rôle relativement positif des universités existantes). L'évolution sociale et politique qui a suivi la fin de la guerre a cependant fait apparaître d'autres forces moins utopiques, extérieures à la société de consommation et s'opposant à celle-ci, le tiers monde, les couches marginales — noirs, américains, bohème, etc. — que Marcuse a intégrées à sa pensée dans laquelle elles tendent de plus en plus à s'ajouter comme facteur de transformation aux philosophes et aux sages et à prendre le pas sur ces derniers.

Enfin il nous faut parler de la controverse entre Marcuse et le « révisionnisme » psychanalytique et marxiste.

Nous avons déjà dit que pendant longtemps les écrits d'Adorno et de Marcuse se situaient à un niveau de réflexion beaucoup plus élevé non seulement que celui de la sociologie et de la critique littéraire universitaires mais aussi que celui du marxisme officiel [1].

Les choses ont cependant changé le jour où un certain nombre de penseurs dialectiques, Fromm en psychanalyse, quelques théoriciens italiens et Serge Mallet en sociologie ont abandonné la lettre des théories freudiennes et marxiennes par sauvegarder l'esprit vivant de la pensée dialectique, et notamment le principe de

---

1. Pour ne mentionner qu'un exemple particulier : nous pensons que si dans la fameuse controverse entre Lukács et Adorno le premier avait *en principe* raison en exigeant une pensée plus dialectique et moins moralisante, il ne pouvait cependant invoquer aucune analyse concrète de la réalité sociale ou culturelle en faveur de ce principe.

l'identité du sujet et de l'objet, celui de la nécessité de fonder les exigences critiques sur des forces réellement existantes et agissantes dans la réalité sociale.

Nous ne sommes pas compétents pour intervenir dans la discussion entre Marcuse et Fromm, mais il nous semble évident que Freud avait éliminé de son œuvre toute force *positive* agissant dans le sens d'une meilleure adaptation de l'individu à la société et surtout de l'organisation sociale aux besoins et aux aspirations de l'individu.

Aussi nous semble-t-il difficile d'accepter avec Marcuse la réunion sous une seule rubrique — celle des idéologies favorisant l'adaptation — de tous les essais d'introduire ces forces dans la pensée psychanalytique — qu'ils soient orientés vers l'adaptation de l'individu à la société répressive de consommation ou vers le développement dans celle-ci de forces agissant dans le sens de la critique et de l'exigence d'un renouveau.

Et la même remarque vaut aussi pour l'attitude de Marcuse envers ce qu'on appelle couramment le « révisionnisme » marxiste. Il y a une différence *essentielle* entre l'abandon des exigences critiques et l'adaptation à la société existante de tout un secteur de pensée qui se réclame encore du socialisme et le développement d'un ensemble d'analyses connues sous le nom de « réformisme révolutionnaire » représenté en Italie surtout par Trentin et Victor Foa et introduites en France par Serge Mallet et certains écrits de André Gorz.

Abandonnant les théories marxiennes dépassées, de la paupérisation de la classe ouvrière, du prolétariat comme classe révolutionnaire universelle, de la nécessité d'une révolution politique préalable à toute transformation économique et même l'idée de la dictature du prolétariat pour les sociétés occidentales, ces analyses insistent sur le développement d'une « nouvelle classe ouvrière » — encore le terme est-il une concession à la tradition — car il s'agit à la fois des ouvriers qualifiés travaillant dans les branches avancées de la production et des techniciens et des spécialistes dont le nombre s'accroît et qui seront amenés par l'évolution économique et sociale à refuser le capitalisme d'organisation et à demander une démocratie économique réelle dont la seule réalisation effective sera l'*autogestion* des entreprises et des institutions sociales.

Or, là aussi Marcuse — à tort selon nous — s'est refusé à admettre l'existence d'une différence essentielle entre les deux formes de « révisionnisme » et les a confondues comme idéologies qui favorisent l'intégration à la société existante.

Si après avoir situé l'œuvre de Marcuse par rapport à la pensée philosophique et critique nous essayons de la situer aussi par rapport aux principales théories positivistes et conservatrices de la sociologie universitaire nous sommes amené à constater là aussi, comme dans le cas de ses rapports avec la pensée de Heidegger, l'existence à la fois d'une opposition radicale et d'une certaine concordance.

Sans doute la théorie de « la fin des idéologies » (Raymond Aron, Daniel Bell) est-elle conservatrice et apologétique et même la théorie de la « disparition du radar intérieur » (Riesman) peut en dernière instance être interprétée dans le même sens malgré l'incontestable supériorité de la conscience philosophique et critique de cet auteur.

Sans doute, contrairement à ces théoriciens, Marcuse a-t-il toujours insisté sur le caractère menaçant pour la culture, la liberté et l'épanouissement des individus de l'évolution vers l'homme unidimensionnel, sans doute aussi s'est-il toujours attaché à souligner l'existence de forces instinctives réprimées et d'une raison transcendantale qui refusent et condamnent la société de consommation au nom de la dignité humaine et du besoin fondamental de liberté et de bonheur ; sans doute a-t-il vu et proclamé le danger et la menace là où les Daniel

Bell et les Raymond Aron ont vu un espoir salutaire et souhaitable, mais ceci dit, il reste que toutes ces théories ont un élément fondamental en commun : l'affirmation, qui s'est avérée erronée, d'une *stabilisation*, relative sans doute, mais sérieuse et profonde des relations sociales dans les sociétés industrielles occidentales et l'absence de forces sérieuses de contestation et d'opposition à l'intérieur de ces sociétés.

Or les événements de mai-juin en France ont en quelques semaines mis radicalement en question la validité de cette analyse en montrant que le passage de la société capitaliste monopolistique des années 1910-1950 à la société capitaliste d'organisation d'après-guerre constituait un processus beaucoup plus vaste et plus complexe qu'il n'apparaissait dans les analyses que nous venons de mentionner.

Schématiquement (nous ne pouvons pas développer ici ces idées qui feront l'objet d'une étude distincte) après les deux phases du capitalisme libéral et du capitalisme des monopoles et des trusts ou, comme nous l'avons appelé ailleurs, du « capitalisme en crise » auxquelles correspondaient respectivement d'une part la régulation (plus ou moins) libérale du marché et les philosophies individualistes du rationalisme et de l'empirisme et d'autre part l'absence de régulation du marché, les crises sociales et économiques qu'elle a entraînées et sur le plan culturel, la philosophie existentialiste [1] la troisième phase du capitalisme occidental que les sociologues ont désigné par des termes variés (société de consommation, société de masse, société technocratique, capitalisme d'organisation) est née de la seconde révolution industrielle et de la création d'un ensemble de mécanismes d'autorégulation économique destinés à remplacer la régulation libérale du marché pratique-

---

1. Voir sur ce point L. Goldmann, *Pour une sociologie du roman*. Gallimard, Paris.

ment supprimée par les concentrations industrielles.

Les deux processus de transformation technique et économique se sont cependant effectués dans le cadre extérieur de relations sociales juridiques et politiques traditionnelles qu'elles avaient sans doute modifié de l'intérieur dans un sens profondément autoritaire et dirigiste. Et cette modification a pu s'effectuer sans changement juridique et institutionnel grâce à son acceptation par une génération à laquelle elle apportait la satisfaction de ses besoins les plus importants : l'augmentation des revenus et la sécurité économique, qui avaient occupé une place considérable dans la conscience de gens âgés aujourd'hui de plus de 40 ans.

Mais précisément la réalisation de ces objectifs qui allait de soi pour les générations nouvelles, devait tôt ou tard soulever le problème de l'adaptation des *relations sociales* aux possibilités des sociétés dans lesquelles l'augmentation des richesses rendaient de moins en moins rationnelles les relations autoritaires et dirigistes nées du souci exclusif et primordial d'augmentation de la productivité.

Plus la société deviendra riche, plus l'importance de *la culture*, de la liberté et des satisfactions personnelles authentiques s'accroîtra par rapport au principe d'efficacité dans la production des biens matériels et plus les nouvelles couches d'ouvriers qualifiés, de techniciens et de spécialistes tendront à refuser le statut unidimensionnel de simples exécutants bien rémunérés pour demander une démocratisation des responsabilités économiques et du pouvoir de décision, plus ils s'orienteront vers l'exigence d'une adaptation des relations sociales aux nouvelles structures techniques et économiques de la société, vers l'exigence de la réalisation de l'autogestion.

Le terme lui-même, à peine connu en avril par quelques centaines ou tout au plus quelques milliers d'intellectuels et d'étudiants, est devenu en quelques semaines une catégorie courante et fondamentale de la réflexion de toutes les couches salariées [1].

Il s'est avéré que ce qui apparaissait aux théoriciens comme une stabilisation et un équilibre relativement durables n'était au fond qu'une étape qui commence déjà à être révolue dans le processus d'adaptation des sociétés industrielles occidentales à la seconde révolution industrielle.

Il reste bien entendu à analyser les formes concrètes de ces premiers mouvements de contestation et notamment le décalage entre la conscience et le comportement réel des acteurs, caractéristique de tous les premiers mouvements sociaux qui ouvrent la voie à une ère nouvelle ; il reste aussi à se demander pourquoi ces mouvements se sont manifestés tout d'abord parmi les étudiants et pourquoi ils ont, en France, pris une intensité et une ampleur particulières. Tout ceci ne saurait, cela va de soi, être examiné dans les limites de cette étude.

Mentionnons cependant l'existence d'un processus peu analysé par la sociologie positiviste : la transformation de la fonction et de la nature de l'université.

La société libérale était constituée par une *dualité* dans les relations sociales qui avaient un caractère *autoritaire* et *quasi monarchique* dans l'entreprise, *démocratique* et *égalitaire* sur le marché et, sur le plan économique, politique, juridique et culturel à l'intérieur de la couche des notables [2].

Ajoutons aussi que la structure autoritaire s'étendait au-delà de l'usine à d'autres institutions et notamment dans les couches moyennes à la famille où le notable indépendant était en même temps le chef réel et autoritaire du groupe constitué par sa femme et ses enfants.

---

1. Ce qui ne veut pas dire qu'elles l'acceptent, mais l'évolution des consciences ne fait que commencer.
2. Il va de soi que cela valait *formellement* pour tous les citoyens mais *réellement* seulement pour les membres de la couche assez large de notables.

Or cette dualité de structures posait le problème de la transition entre l'enfance des futurs notables pendant laquelle ils devaient obéir au père (et plus tard aussi au maître d'école et au professeur de lycée dans les petites classes) et leur statut d'adulte, égalitaire, démocratique et critique par rapport à leurs semblables, autoritaire mais dans le sens de la responsabilité et du commandement et non pas de l'obéissance, dans leur profession ou dans leur entreprise.

Or c'est précisément l'université [1] réservée aux fils de notables qui était appelée à remplir cette fonction de formation de l'esprit critique, de l'indépendance de jugement et d'assurer le passage de l'obéissance à l'autonomie, de la soumission à la responsabilité et à l'égalité.

On comprend pourquoi, pour remplir ses fonctions, cette université devait être et a été réellement dans une assez grande mesure *libérale et critique.*

Le passage au capitalisme d'organisation a cependant modifié de manière fondamentale la nature des relations sociales en étendant le dirigisme et le statut autoritaire à l'ensemble de la vie économique : l'État pratiquement séparé de l'économie pendant la période libérale est devenu l'agent économique le plus important [2]. A l'opposition entre l'organisation autoritaire de la production et l'organisation démocratique de la vie sociale et politique caractéristique de l'époque libérale s'est substitué un rapprochement de plus en plus étroit du statut de l'une et de l'autre favorisé par l'intervention étatique dans l'économie et le fait que, l'augmentation des revenus et du niveau de vie a facilité l'acceptation

---

1. Et dans une certaine mesure les dernières classes de lycée.
2. En France il est vrai la Constitution a été changée, mais les principes extérieurs de la démocratie libérale et parlementaire et le statut juridique de la propriété ont été conservés tant en France que dans les autres grands pays occidentaux, alors que leur contenu se modifiait profondément.

de cette transformation par les individus, et a rendu pendant longtemps jusqu'à un certain point superflue la contrainte extérieure et la modification du statut extérieur des institutions. En bref, l'évolution s'est faite de l'intérieur dans le sens d'une société technocratique constituée par une couche de plus en plus restreinte de gens *qui prennent les décisions* dans les différents domaines — ceux qu'on appelle les technocrates — et une couche de plus en plus large de spécialistes et de techniciens au statut de simples *exécutants*.

Un autre aspect de cette même évolution a été le remplacement progressif de l'ancienne couche de notables indépendants par une partie de ce que certains théoriciens ont appelé « la nouvelle classe ouvrière » et qu'il vaudrait mieux appeler « les nouvelles couches moyennes salariées », constituées de spécialistes plus ou moins qualifiés, ayant un niveau de vie égal à celui des anciens notables et même un niveau supérieur mais n'ayant plus ni le même statut ni les mêmes responsabilités, de spécialistes préoccupés avant tout de bien remplir leurs fonctions c'est-à-dire d'exécuter de manière aussi valable et aussi efficace que possible des décisions prises ailleurs et auxquelles ils n'ont pas participé. Cette transformation a profondément agi à son tour sur la structure de la vie familiale car ces membres des couches moyennes salariées n'étaient bien entendu nullement préparés par leur vie professionnelle et sociale à revendiquer et à assumer, comme les anciens notables indépendants, l'autorité et la responsabilité dans leurs relations avec leurs épouses et leurs enfants [1].

Cela explique, entre autres, pourquoi à l'accroissement du caractère hiérarchique et autoritaire des relations sociales dans les sociétés modernes a correspondu une libéralisation croissante de la vie familiale dans les

---

1. On voit à quel point il est erroné d'expliquer le mouvement étudiant par la « révolte contre le père ».

couches moyennes et une diminution de l'autorité des parents et notamment du père.

Dans ces conditions, la fonction même de l'université s'est trouvée renversée. Elle doit maintenant assurer la transition d'une structure familiale libérale à une structure sociale autoritaire et hiérarchisée, transformer des jeunes gens habitués à un degré relativement élevé d'indépendance en spécialistes aptes à s'insérer comme simples exécutants dans la hiérarchie sociale et économique. On comprend comment et pourquoi l'ancienne université critique et libérale s'est transformée lentement et insensiblement en université autoritaire engendrant et favorisant le mandarinat.

Ajoutons que le processus a été considérablement facilité par deux autres facteurs : la croissance du nombre des étudiants par rapport à celui des enseignants et aux locaux disponibles résultant de l'élévation du niveau de vie et de l'accès à l'université de couches de plus en plus larges de la population et d'autre part le cadre juridique et organisationnel napoléonien de l'université jadis plus ou moins contrebalancé par le fonctionnement réel de celle-ci mais qui se prêtait admirablement à cet aspect des nouvelles exigences de la société technocratique.

En même temps cependant cette université s'avérait doublement insuffisante tant par rapport à la préparation aux exigences de démocratisation et d'adaptation des relations sociales aux nouvelles structures techniques et économiques dont nous avons parlé plus haut, qu'à la simple transmission des connaissances à une époque où le progrès rapide de celles-ci exclut toute maîtrise d'un domaine par un seul homme et entraîne assez souvent une supériorité des cadres moyens (chercheurs, assistants et même d'une petite minorité d'étudiants avancés) sur les titulaires des postes hiérarchiquement supérieurs (professeurs, directeurs de laboratoire et de service) situation à laquelle on ne saurait faire face qu'en remplaçant l'esprit d'autorité par l'esprit d'équipe, la camaraderie entre les chercheurs et la collaboration amicale et démocratique à l'intérieur des groupes de recherche et d'enseignement [1].

Cette transformation que nous avons mentionnée surtout parce qu'elle n'a pas à notre connaissance été remarquée par les sociologues universitaires n'explique bien entendu pas à elle seule le développement de la contestation estudiantine et une étude concrète devrait tenir compte de nombreux autres facteurs qu'il ne saurait être question d'analyser ici.

Contentons-nous de constater que, comme tous les autres sociologues, Marcuse a dû rencontrer avec une certaine surprise d'abord, les révoltes noires aux U. S. A. et surtout les mouvements d'étudiants qu'il n'avait ni prévus ni inspirés mais qui mus en premier lieu par des revendications culturelles et morales et seulement subsidiairement et dans certains pays, par des revendications économiques avaient trouvé dans ses ouvrages et au fond *seulement dans ses ouvrages* la formulation théorique de leurs problèmes et de leurs aspirations [2].

Dans cette situation il a tout d'abord pris position dans un article de 1965 intitulé « Repressive tolerance » dans la conclusion duquel il déclarait qu'aucun éducateur et aucun intellectuel ne pouvait de manière justifiée

---

1. Dans *Le Monde* du 19 septembre une universitaire écrivait sérieusement : « Le travail collectif est utile, il est indispensable lorsqu'il s'agit de faire des dépouillements, de rassembler une documentation. Personne n'a jamais mis en doute le caractère bénéfique de la constitution collective de tel ou tel *corpus* mais la mise en œuvre de la documentation, les constructions explicatives, les options et les jugements ne sauraient être qu'un travail individuel; on peut discuter en petit groupe mais on est condamné à penser tout seul. » Et cela a été écrit en 1968 !

2. Il est évident que la plupart des étudiants qui se réclamaient de Marcuse ignoraient tout de sa pensée et de ses écrits. Ils avaient néanmoins raison en le faisant. La vie sociale a sa logique propre et possède surtout des moyens de diffusion de la pensée autres que la lecture directe et les *mass média*.

condamner ceux qui prenaient les risques de la révolte violente contre l'oppression établie.

Par la suite devant les mouvements de mai-juin en France, il a, dans une conférence au colloque de Korçula, indiqué une modification de ses positions dans un sens optimiste parlant même d'un essai qu'il était en train de rédiger et qui s'intitulerait « Au-delà de l'homme unidimensionnel » mais il a aussi souligné à nouveau que la première tâche de tout penseur critique devait être le rappel de l'exigence de transformation *radicale* et a insisté sur le danger de se satisfaire de modifications partielles. Ernst Bloch qui était présent a immédiatement salué le rattachement de Marcuse aux positions de l'utopie optimiste qu'il défend depuis 1920 et Marcuse a, en définitive, et avec quelques réserves, confirmé cette constatation et rendu hommage au vieux maître.

Qu'on nous permette de terminer cet article par le souvenir d'une discussion qui a eu lieu en mai 1968 à un colloque organisé par l'U. N. E. S. C. O. pour célébrer le centenaire de la publication du *Capital* : dans un de ces exposés remarquables dont il a l'habitude, Marcuse venait de développer ses théories ; quatre congressistes lui ont aussitôt reproché son pessimisme et sa critique radicale ; un philosophe communiste a expliqué que les choses allaient à merveille dans son parti et dans la classe ouvrière; un économiste soviétique a fait l'apologie de l'U. R. S. S.; une participante anglaise a fait savoir que tout allait très bien en Chine populaire ; enfin un professeur de l'Université de Paris a chanté les louanges de la société occidentale.

J'ai demandé alors la parole pour faire remarquer — et ce sera la conclusion de cet article — qu'en critiquant la pensée de Marcuse tous ces intellectuels prouvaient à quel point elle était fondée puisqu'ils montraient à quel point ils étaient tous adaptés et intégrés à tel ou tel secteur de la société moderne oppressive et réifiée, mais qu'au même instant à Paris et dans les autres grandes villes d'Europe et du monde des milliers d'étudiants acclamaient Marcuse, se réclamaient de ces ouvrages et prouvaient en ce faisant et par leur action même, que, si sa critique était souvent justifiée, si elle avait donné une formulation théorique à leurs problèmes et à leurs aspirations, il avait néanmoins essentiellement et fondamentalement tort dans son pessimisme, dans sa théorie de l'homme unidimensionnel et de l'absence de toute force de contestation et de renouveau à l'intérieur de la société contemporaine de consommation.

Socialisme et humanisme

I

Dans la pensée des principaux théoriciens marxistes d'avant 1917, la victoire de la révolution prolétarienne, la socialisation des moyens de production et l'établissement d'une planification centralisée devaient aboutir à une organisation sociale dans laquelle, après une phase transitoire de dictature démocratique du prolétariat [1], la suppression de la division de la société en classes sociales et l'abolition de l'exploitation de l'homme par l'homme devaient entraîner l'intégration des grandes valeurs héritées de l'humanisme bourgeois (universalité, liberté individuelle, égalité, dignité de la personne humaine, droit d'expression), et leur donner pour la première fois dans l'histoire de l'humanité un caractère authentique à la place du statut purement *formel* qu'elles avaient dans la société capitaliste [2].

---

1. *Dictature*, dans la mesure où elle implique l'existence d'un État prolétarien exerçant des mesures de contrainte contre la bourgeoisie. *Dictature démocratique* dans la mesure où cet État représente la grande majorité de la population et où, pour la première fois dans l'histoire, la contrainte s'exerce seulement à l'encontre d'une petite minorité réactionnaire.
2. Ce texte doit paraître dans un volume collectif d'études sur le même sujet, qui sera publié en langue anglaise, sous la direction d'Erich Fromm, par Doubleday and Co, Inc., New York.

Car si, dans les sociétés capitalistes démocratiques, la loi reconnaît l'égalité et la liberté *juridiques* des citoyens et le droit pour chacun d'exprimer librement ses idées, l'inégalité *économique* réduit non seulement l'égalité, mais aussi la liberté et le droit d'expression, à un statut purement *formel* dans la mesure où les citoyens sont non seulement divisés en une minorité de riches et une masse de travailleurs relativement pauvres, mais où cette pauvreté enlève aux derniers la possibilité de jouir réellement des libertés reconnues par la loi [1] et d'utiliser effectivement le droit d'exprimer publiquement leurs idées [2].

En revanche, la société socialiste, en rétablissant l'égalité effective et même en supprimant dès son premier stade les différences notables de fortune, devait rendre tout leur sens à la liberté, à l'égalité et à la dignité humaine. Aussi, cette société où l'exploitation serait abolie, où la production serait rationnellement planifiée et où la suppression de la production pour le marché rétablirait l'aspect qualitatif des relations des hommes avec les biens et avec les autres hommes, devait-elle réaliser une synthèse supérieure des éléments positifs des trois grandes formes de société qui l'avaient précédée, à savoir :

a) l'*absence de classes* des sociétés primitives ;

b) les *relations qualitatives* des hommes avec les autres hommes et avec la nature, qui caractérisent les sociétés précapitalistes, et

c) la *rationalité* que la société capitaliste avait introduite dans l'entreprise ainsi que les valeurs d'*universalité*, d'égalité et de liberté étroitement liées à cette rationalité.

C'est pourquoi la révolution socialiste devait consti-

---

1. On connaît la célèbre boutade d'Anatole France constatant que la loi reconnaît aux millionnaires et aux clochards le même droit de coucher sous les ponts.

2. Il faudrait pour cela disposer de l'argent nécessaire pour publier un journal, organiser des réunions, etc.

tuer aux yeux de Marx, d'Engels et des penseurs marxistes ultérieurs la fin de la préhistoire et le passage du royaume de la nécessité au royaume de la liberté.

Ce schéma élaboré au xixe siècle continue d'ailleurs à dominer en grande mesure la pensée socialiste contemporaine. Cependant, l'existence, depuis 1917, d'abord d'un seul et ensuite de plusieurs États à caractère socialiste qui s'en réclament sur le plan idéologique, mais qui, sur le plan politique et social, agissent à l'intérieur d'une réalité extrêmement complexe, a fait apparaître une discordance plus ou moins grande entre, d'une part, la réalité sociale, économique et politique de ces sociétés et de ces États et, d'autre part, cette superstructure ; discordance dont le dépassement devrait constituer une des tâches primordiales d'une pensée socialiste vivante qui essaierait de se situer au point le plus avancé de la compréhension de la réalité et de la démystification des idéologies.

Cette discordance entre la réalité et les idéologies n'est en soi ni nouvelle, ni surprenante. Les grands mouvements sociaux et politiques ont presque toujours, en effet, développé par la force des choses des représentations simplifiées de l'avenir et de la possibilité de réaliser les valeurs qui les animaient, et presque toujours aussi, lorsque, après leur victoire, la réalité sociale s'est avérée beaucoup plus complexe et enchevêtrée que n'avaient pu le prévoir les hommes dont l'action l'avait créée, il s'est trouvé des dirigeants que la situation nouvelle privilégiait pour soutenir que celle-ci correspondait exactement à ce que les révolutionnaires avaient voulu et prévu, et qu'il n'y avait pas lieu de soulever des problèmes.

Mais toujours aussi, les penseurs progressistes se sont efforcés de mettre à nu la distance entre ces affirmations et la réalité, de démonter le mécanisme par lequel l'idéologie révolutionnaire s'est transformée en « idéologie » apologétique, de rétablir l'accord entre la pensée et la réalité, accord qui seul peut assurer à la première un caractère vraiment progressiste ; c'est, entre autres choses, la fonction qu'ont remplie Marx et Engels par rapport aux idéologues de la bourgeoisie triomphante et c'est certainement la fonction que devraient remplir aujourd'hui par rapport :

a) aux apologistes des nouvelles sociétés socialistes nées des révolutions anticapitalistes,

b) aux apologistes des sociétés occidentales en voie de transformation, et

c) aux apologistes des sociétés du « tiers monde », les penseurs qui veulent continuer de manière effective et vivante l'héritage des grands fondateurs du marxisme.

C'est pourquoi il est urgent de revenir, en se libérant des slogans qui encombrent non seulement la vie politique, mais encore la pensée théorique du mouvement socialiste, à des analyses positives, aussi précises que possible, de l'évolution sociale et politique du monde depuis 1917. C'est dans le cadre de cette tâche que nous voudrions aujourd'hui soulever, ne serait-ce que de manière schématique, un problème qui nous paraît particulièrement important.

Si nous comparons en effet les analyses de Marx à l'évolution réelle des sociétés capitalistes et socialistes depuis, respectivement, la fin du XIXe siècle et 1917 à nos jours, il nous semble que cette comparaison impose deux *rectifications* particulièrement importantes qui, si elles se présentent *sur le plan théorique* comme deux précisions faciles à intégrer à l'ensemble de la pensée marxienne et marxiste, entraînent, en revanche, sur le *plan pratique*, pour l'action socialiste, d'importantes modifications de perspectives et d'orientations.

Or, chacune de ces deux rectifications concerne respectivement dans les sociétés capitalistes occidentales et dans les sociétés à caractère socialiste le problème des relations entre la réalité et les valeurs humanistes.

Commençons par la première. Des deux grandes

analyses marxiennes de la société capitaliste, à savoir :

a) la théorie du fétichisme de la marchandise (ou de la réification, pour employer un terme consacré ultérieurement par Lukács), et

b) la théorie de la paupérisation progressive du prolétariat et de son développement *nécessaire* vers une prise de conscience révolutionnaire,
la première s'est avérée non seulement valable, mais même beaucoup plus importante pour la compréhension de l'évolution du monde capitaliste au xxe siècle que ne l'avaient pensé les théoriciens marxistes antérieurs à 1917, alors que la seconde s'est au contraire avérée de plus en plus dépassée et même contredite par l'évolution réelle d'une société qui changeait de structure sur certains aspects essentiels.

Il est caractéristique que, malgré son orthodoxie, Lénine était déjà contraint, pour rendre compte de la réalité sociale et politique de son temps, d'ajouter aux analyses de Marx deux idées particulièrement importantes, à savoir que

a) l'évolution spontanée du prolétariat mène au trade-unionisme et non à la constitution d'une classe révolutionnaire [1], et

b) qu'il existe en Occident une couche plus ou moins large du prolétariat, « l'aristocratie ouvrière », intégrée à la société capitaliste et constituant la base sociale du mouvement réformiste.

Or, à ces constatations qui auraient besoin d'être approfondies et développées, même pour la compréhension de la première moitié du xxe siècle [2], s'ajoutent les

---

1. Voir notamment son ouvrage *Que faire ?*
2. Le prolétariat occidental a été dans ses *couches essentielles effectivement réformiste*, ce qui semble dû au fait que la fraction de la classe ouvrière occidentale qui a échappé, grâce à l'existence des marchés coloniaux et à l'action syndicale, au processus de paupérisation prévu et attendu par Marx, a été beaucoup plus large que ne le pensait Lénine.

transformations du capitalisme occidental après la Seconde Guerre mondiale.

N'ayant pas ici le loisir de nous étendre plus longuement, nous nous bornerons à constater que, grâce au retard dans les pays capitalistes occidentaux de la révolution attendue par les marxistes orthodoxes, grâce à l'expérience de la grande crise économique de 1929-1933 et surtout sous la pression du développement de la puissance économique — et par cela même militaire — de l'U. R. S. S. et, par la suite, du camp socialiste tout entier, le monde capitaliste a élaboré des mécanismes plus ou moins perfectionnés d'autorégulation économique qui lui permettent aujourd'hui d'éviter dans une très grande mesure les crises structurelles de surproduction et d'assurer dans les pays industrialisés de l'Occident, même en dehors de l'existence des marchés extra-capitalistes, non seulement un grand essor des forces productives mais aussi un niveau de vie croissant (de façon plus ou moins lente ou plus ou moins rapide) de la grande majorité de la population, y compris la classe ouvrière.

Sans doute est-il possible qu'une économie proprement socialiste amène un accroissement encore plus rapide de la production et du bien-être de la population, mais le fait n'est pas absolument certain et, en tout cas, l'action socialiste ne peut plus se fonder dans les sociétés industrielles de l'Occident sur la misère croissante du prolétariat et sur la transformation *nécessaire* de celui-ci en force révolutionnaire.

A partir de là se dessine, dans ces sociétés, une évolution sociale, économique et politique, différente de celle prévue par Marx et comportant d'autres perspectives et surtout d'autres dangers.

Les hommes, et plus particulièrement les ouvriers, ne sont plus, dans ces sociétés, poussés *nécessairement* par la paupérisation croissante dans la voie du socialisme. Un monde réellement socialiste leur offrirait peut-être, et même probablement, des avantages économiques et un surplus de bien-être ; encore faut-il qu'ils s'en rendent compte et cette prise de conscience ne se produira certainement pas de façon aussi inéluctable et aussi fatale que le pensaient les théoriciens marxistes du XIXe siècle. La lutte entre le capitalisme et le socialisme devient dans ces sociétés une lutte pour la conquête de la conscience de la classe ouvrière et de la population dans son ensemble, lutte dans laquelle — et ceci est particulièrement important — l'infrastructure, loin d'aider le camp socialiste, comme le pensaient Marx et les marxistes traditionnels, joue au contraire en faveur de l'intégration dans l'ordre social existant.

Car les transformations économiques que nous venons de mentionner entraînent aussi de profonds changements sociaux et psychiques.

Sur un plan, en effet, l'évolution de la société capitaliste occidentale, loin de s'orienter dans une direction différente de celle qu'avait prévue Marx, ainsi que cela a été le cas en ce qui concerne la paupérisation, a confirmé au contraire ses analyses à un degré que n'avaient jamais imaginé les penseurs marxistes du XIXe siècle ; nous voulons parler de l'analyse marxienne du fétichisme de la marchandise.

Marx avait en effet montré à quel point l'apparition du marché réduit à l'implicite toutes les valeurs transindividuelles en les éliminant de la conscience et en les réduisant progressivement à l'aspect phénoménal et quantitatif de deux nouvelles propriétés des choses inertes : la valeur et le prix qui transforment les biens en marchandises. De même Marx et surtout, après lui, Lukács ont beaucoup insisté sur le caractère de passivité que conférait à la vie et au comportement des individus soumis aux lois économiques du marché, qui prenaient le caractère d'une force quasi naturelle, le développement de la réification.

D'autre part, il est vrai, le développement de la production pour le marché a créé pour la première fois le fondement de l'insertion dans la vie sociale et du développement ultérieur de valeurs nouvelles, constitutives de l'humanisme occidental, notamment celles d'universalité, d'égalité, de liberté et de tolérance [1].

Par la suite, cependant, le passage de la société artisanale productrice pour le marché à la société capitaliste industrielle, avec le cortège considérable d'inégalités économiques que celle-ci comportait et l'organisation hiérarchique de la production dans l'entreprise, a affaibli ces valeurs de l'individualisme humaniste, à la fois sur le plan de leur extension et sur celui de leur nature.

Sur le plan de leur extension, il les a en effet éliminées de la production en les circonscrivant étroitement dans la sphère du marché et dans le domaine abstrait et périphérique du juridique et du politique.

Sur le plan de leur nature, il les a rétrécies en leur donnant un caractère purement formel en opposition avec le contenu réel qu'elles recouvraient.

Quelle que soit cependant la validité incontestable de ces analyses, il faut constater aujourd'hui que ni Marx ni Lukács n'avaient vu à quel point les sociétés qu'ils

---

1. Il nous semble que l'opposition entre la *tolérance* et la *liberté de pensée et d'expression* constitue une des principales différences entre l'humanisme bourgeois et l'humanisme socialiste.

Le terme même de *tolérance* implique, en effet, un certain degré d'indifférence à l'erreur. Né dans le domaine de la croyance religieuse et de la foi, il correspond au caractère forcément athée et rationaliste de la bourgeoisie ascendante et à un ordre social et économique qui a supprimé les valeurs transindividuelles. La bourgeoisie classique, rationaliste ou empiriste, devient *tolérante* en matière de religion parce que la foi a perdu pour elle toute importance et toute réalité effective.

Un humanisme socialiste, en revanche, qui implique le *droit pour chaque homme d'exprimer librement ses convictions*, exclut l'indifférence envers les opinions des autres, et suppose l'effort commun et permanent de trouver la vérité et d'établir l'accord par la discussion libre, franche et ouverte.

analysaient gardaient encore, de par la simple existence du marché libéral (et, par la suite, d'un marché monopoliste à faible intervention étatique), une sphère si réduite fût-elle d'activité individuelle et de valeurs capables de structurer la conscience des individus. Le développement de l'impérialisme monopoliste tout d'abord — lequel a sapé la base des fonctions économiques de l'individu et, par cela même, éliminé les valeurs individualistes — et, par la suite (surtout après la Seconde Guerre mondiale), la massive intervention étatique — laquelle est étroitement liée à l'apparition des mécanismes d'autorégulation — ont, en revanche, tendance à éliminer *réellement* toute fonction et toute responsabilité des individus en tant que tels dans la production et sur le marché et, par cela même, à vider les consciences individuelles de tout contenu autonome et immanent, réalisant ainsi un degré de passivité qu'aurait difficilement imaginé même le théoricien le plus pessimiste du début du siècle[1].

Il va de soi que, tout en constituant un danger considérable pour la culture et particulièrement pour la culture humaniste, cette passivité progressive de la population, qui se manifeste par un désintéressement croissant pour tout ce qui dépasse la consommation in-

---

1. Ce sont là des réalités qu'expriment tout aussi bien les écrivains les plus importants de notre temps — de Kafka aux écrivains les plus récents tels que Beckett, Ionesco, Robbe-Grillet, Adamov, ou bien *La Nausée* de Sartre et *L'Étranger* de Camus — que des sociologues aussi étrangers au marxisme que David Riesman lorsqu'il constate le passage d'une société à régulation interne à une société à régulation externe. On pourrait naturellement dégager les mêmes phénomènes en étudiant l'évolution de la peinture.

Dans une boutade brillante, Erich Fromm enregistrait le même phénomène au cours de son intervention orale au congrès de Dubrovnik, en déclarant qu'il y avait eu d'abord des gens qui voyageaient pour apprendre et pour enrichir leurs connaissances, puis des touristes « qui emportaient avec eux des appareils photographiques, alors qu'aujourd'hui il n'y avait plus que des appareils photographiques qui voyagent, accompagnés d'un touriste pour les servir ».

dividuelle ou familiale, accompagné d'une amélioration progressive du standard de vie, favorise considérablement l'intégration des travailleurs à la société existante et va à l'encontre d'une évolution vers le socialisme.

Or, *c'est dans cette situation* que les socialistes se trouvent devant le problème d'un programme apte à mener sur le plan des superstructures, de la pensée politique, sociale et culturelle, la lutte pour la conscience des individus. Les deux perspectives possibles entre lesquelles doivent consciemment ou implicitement opter les travailleurs dans le monde occidental contemporain sont celle d'une société technocratique réservant le pouvoir de décision à une minorité très réduite de technocrates capables d'assurer — et qui assureront probablement — un standard de vie croissant à la grande majorité de la population, mais qui aboutira sinon nécessairement, du moins très probablement, à un monde déshumanisé dont les possibilités culturelles seraient réduites au minimum et, à l'opposé, celle d'une société socialiste et démocratique capable, elle aussi, d'assurer aux travailleurs un bien-être probablement égal, voire plus élevé, mais qui assurerait aussi, et avant tout, le développement des responsabilités individuelles de toute la population et créerait des fondements sociaux et économiques d'un essor de la vie spirituelle et culturelle.

Il s'agit donc d'amener les salariés à se rendre compte que si la voie de l'égoïsme et de la facilité les pousse vers l'intégration, leur intérêt réel et celui des leurs leur commandent d'agir consciemment à contre-courant afin de sauver à la fois leur propre dignité et les grandes conquêtes culturelles de l'histoire.

Pour clore ce paragraphe, nous ne pouvons que mentionner brièvement le changement considérable que cette nouvelle situation implique sur le plan des perspectives politiques. Il semble évident, en effet, que la suppression de la paupérisation absolue, la création de mécanismes d'autorégulation économique, le désintéressement progressif, la passivité et l'intégration croissantes de la population ont enlevé toute valeur pratique et toutes chances politiques au programme traditionnel d'une révolution politique, socialiste et prolétarienne, née de la misère et *précédant* les transformations économiques.

C'est pourquoi, dans les sociétés capitalistes occidentales, le seul programme socialiste réaliste qui puisse avoir des chances de réussite est, aujourd'hui, un programme « de réformes de structure [1] » analysant sans ménagements la situation que nous venons d'esquisser et s'efforçant de faire comprendre aux travailleurs

---

1. Nous avions d'abord écrit « réformiste » lorsque des discussions avec plusieurs socialistes, notamment italiens, nous ont fait comprendre que le terme pourrait prêter à confusion. La signification des mots dépend en effet du contexte dans lequel ils sont employés, et si, dans la pensée socialiste de la première moitié du xxe siècle, la discussion tournait autour des deux concepts de *réforme* et de *révolution*, le premier signifiant surtout aménagements de détail plus ou moins importants à l'intérieur du régime capitaliste, l'autre, passage du régime capitaliste au régime socialiste par la guerre civile, la prise du pouvoir par les partis prolétariens et l'instauration de la dictature du prolétariat qui procédera, entre autres, à la socialisation des moyens de production, il s'agit maintenant d'un troisième concept qui ne s'identifie avec aucun des deux que nous venons de mentionner.

Celui d'un passage à la gestion ouvrière qui peut se faire par secteurs et qui, tout en impliquant la possibilité de conflits plus ou moins aigus, n'implique plus nécessairement ni une guerre civile antérieure aux transformations économiques, ni une transformation synchrone de la société dans son ensemble, mais qui, cela va de soi, peut entraîner, à un certain moment, dans tel ou tel pays, une guerre civile, comme il peut aussi dans d'autres pays en faire l'économie.

Au fond il s'agit d'un processus analogue dans ses lignes schématiques à celui qui a amené la transformation de la société féodale en société capitaliste, transformation économique graduelle suivie parfois d'une guerre civile (Angleterre, France), mais qui dans certains pays s'est faite aussi sur un mode conflictuel, sans doute, mais sans révolution violente. On peut appeler au choix cette transformation : réforme ou révolution, à condition de préciser, dans un cas comme dans l'autre, que le concept a un sens différent de celui qu'il avait dans la littérature marxiste de la fin du xixe siècle et de la première moitié du xxe.

qu'ils ont tout intérêt à revendiquer d'abord un droit de contrôle et ensuite un droit de gestion des entreprises — droits qui seuls pourraient leur assurer, à côté d'avantages économiques plus ou moins importants, une participation et une responsabilité effectives dans les grandes décisions de la vie économique, sociale et politique, et la possibilité de prendre une part active au développement d'une véritable culture humaniste.

Nous arrivons ainsi à l'idée d'une voie vers le socialisme, analogue à celle qu'a suivie la bourgeoisie dans la société féodale, une voie dans laquelle les transformations économiques, graduelles et pacifiques (bien que conflictuelles), précèdent une éventuelle révolution politique qui, d'ailleurs, ne serait plus toujours inévitable (voir le cas de l'ascension au pouvoir de la bourgeoisie en Allemagne au XIXe siècle).

II

Si nous passons maintenant à l'autre volet de notre analyse, force nous est de constater que l'évolution des sociétés à caractère socialiste s'est avérée, elle aussi, extrêmement complexe et surtout différente des prévisions — nécessairement schématiques et sommaires — des créateurs du marxisme.

Les différences entre ces prévisions et la réalité sont multiples, et cela n'a rien d'étonnant puisque, aussi bien, aucun théoricien, si génial fût-il, ne saurait trouver en dehors de l'expérience empirique et concrète autre chose qu'un schéma très sommaire et très général de la réalité ; cela ne pose d'ailleurs pas de problème majeur aussi longtemps que ce schéma correspond, quelle que soit sa généralité, aux structures essentielles de la réalité.

Il nous semble cependant que les différences entre l'évolution effective des sociétés à caractère socialiste et le schéma traditionnel de la pensée marxienne ne sont pas seulement l'expression d'une richesse plus grande de la réalité concrète par rapport à une analyse schématique, ou bien de telles ou telles différences de détail, mais concernent certains points *essentiels* de la réalité.

Dans la pensée de Marx, d'Engels et des marxistes ultérieurs, la future société socialiste et surtout communiste devait, grâce à la socialisation des moyens de production, à la suppression du marché et à la mise en place d'une production planifiée, permettre de réaliser — nous l'avons déjà dit — une société susceptible de réunir les qualités positives des trois grandes formes d'organisation sociale qui caractérisaient ce que les marxistes ont appelé parfois la « préhistoire de l'humanité », à savoir :

a) la suppression des classes sociales et de l'exploitation de l'homme par l'homme que l'humanité avait déjà connue dans les sociétés primitives, bien qu'*à un niveau d'extrême pauvreté* ;

b) le caractère qualitatif et non réifié des relations interhumaines et des relations entre les hommes et la nature, qui avait caractérisé, bien que *sur un mode barbare et injuste* le plus souvent, les formes précapitalistes, essentiellement traditionalistes, d'organisation de la production et de la distribution ;

c) les deux grands apports de la production pour le marché et même de la production capitaliste, à savoir :

1º *L'organisation rationnelle de la production* avec le développement rapide des forces productrices qu'elle entraîne et assure, organisation rationnelle que la société capitaliste avait introduite dans les entreprises, mais non pas dans les relations entre celles-ci et la production globale, et que la future société socialiste devait étendre à l'ensemble de la production des biens.

2º *Les valeurs humanistes*, nées et développées dans la société occidentale parallèlement à l'apparition et au développement de la production pour le marché, telles que l'universalité, l'égalité, la liberté individuelle et, faisant partie de celle-ci, la liberté d'expression.

Et, bien entendu, la réunion, pour la première fois dans l'histoire, de ces différentes caractéristiques : abolition de l'exploitation, suppression des classes sociales, établissement de relations qualitatives entre les hommes et entre les hommes et la nature, organisation rationnelle de la production, universalité, égalité, liberté, jointes à un grand essor des forces productives, devait réaliser une société fondée sur une communauté véritable et une liberté authentique.

En décrivant ce schéma, nous nous permettrons d'introduire ici une digression sur la signification et la nature des deux principales transformations que la production pour le marché a apportées dans la structure de la vie sociale : l'apparition des valeurs individualistes et la rationalisation du processus de production ; car, sur ces deux points, le passage de la société productrice des marchandises des villes du Moyen Age et de l'époque de la Renaissance à la société capitaliste et, par la suite, à sa phase impérialiste et au capitalisme contemporain d'organisation, a eu des effets rigoureusement opposés.

En ce qui concerne la *rationalisation* de la production, cette évolution a, en effet, représenté *un progrès continu* à travers les quatre phases de la production pour le marché que nous venons de mentionner, chacune d'entre elles représentent un niveau plus élevé d'organisation rationnelle des forces productives à l'intérieur de l'entreprise (qui prenait des dimensions de plus en plus grandes), tout en maintenant l'absence d'organisation rationnelle de l'ensemble.

Dans ce sens, les grands penseurs marxistes ont le plus souvent considéré la socialisation des moyens de production, qu'ils imaginaient liée à une planification globale et centralisée, comme une continuation — qui impliquait sans doute un saut qualitatif — de la progression de la rationalité dans l'organisation des forces productives telle qu'elle s'est manifestée à travers le marché artisanal du Moyen Age, le capitalisme libéral et l'impérialisme.

Inversement, en ce qui concerne le développement des valeurs individualistes (liberté, égalité et dignité individuelle), le passage de la société artisanale à la société capitaliste a représenté, comme nous l'avons déjà signalé, un rétrécissement considérable de leur sphère d'application et surtout une dégradation essentielle, puisqu'il tendait à les réduire à des réalités purement *formelles* contredites par le *contenu* réel de la vie sociale, contenu qu'elles tenaient dans une très grande mesure à masquer et à soustraire à la conscience des hommes. A ce rétrécissement et à cette dégradation économique et sociale a correspondu, sur le plan culturel, la dégradation de l'humanisme du Moyen Age et de la Renaissance, ainsi que du xviiie siècle français et du xixe siècle allemand, les deux siècles de la bourgeoisie révolutionnaire ou progressiste, au profit d'un pseudo-humanisme, sous-produit de la pseudo-culture officielle, alors que l'humanisme authentique de la fin du xixe siècle et du début du xxe siècle prenait un caractère oppositionnel et anti-bourgeois.

Sur ce point, la société socialiste devait représenter non pas une continuation de l'évolution de la société artisanale vers le capitalisme libéral et l'impérialisme mais, au contraire, une reprise des valeurs traditionnelles de l'humanisme occidental à un niveau qui devait permettre enfin de leur donner un contenu authentique et de leur assurer une réalité intégrale ; cela d'autant plus que dans la société du Moyen Age et de la Renaissance, ainsi que dans l'idéalisme allemand de la fin du xviiie siècle et du début du xixe, les valeurs individualistes étaient encore reliées aux valeurs trans-individuelles et qualitatives des cultures antérieures que la production pour le marché n'avait pas encore détruites, alors que la dégradation des valeurs individualistes dans la société capitaliste s'est trouvée renforcée par le progrès de la réification et par la disparition presque totale de ces valeurs transindividuelles.

La société socialiste devait restaurer et développer d'autant plus la tradition des valeurs de l'humanisme occidental qu'elle devait non seulement leur enlever le caractère formel en supprimant les classes sociales et l'exploitation, mais encore les insérer et les lier organiquement à une communauté humaine authentique et consciente des valeurs transindividuelles libérées de ces entraves considérables qu'avaient représentées dans les époques précapitalistes la pauvreté et l'exploitation.

C'est dans cette même perspective que nous voudrions introduire ici quelques remarques sur le concept de liberté. On peut sans doute concevoir, et à juste titre, l'histoire comme un progrès des sociétés vers une liberté croissante. Dans l'état actuel de la terminologie et de la discussion autour du problème, il nous paraît cependant important de souligner l'existence de deux contenus différents et, en partie, mais en partie seulement, complémentaires, contenus pour lesquels il ne nous a pas été possible de trouver des termes adéquats en français et que, au cours d'une discussion lors d'un congrès à Dubrovnik, on avait désigné en anglais et en allemand par les termes de *liberty to, Freiheit zu* et *liberty from, Freiheit von* [1].

---

1. A un certain moment, la discussion s'était concentrée sur un exemple qui nous a paru particulièrement suggestif et que nous nous permettons de mentionner ici. Un des participants définissait la liberté uniquement comme liberté d'entraves juridiques, *liberty from*, fidèle en cela au rationalisme des Lumières, et donnait comme exemple le fait que tous les citoyens ne sont pas libres d'entrer ou de ne pas entrer dans une bibliothèque. Nous lui avons répondu qu'à côté de cette liberté incontestablement réelle et précieuse, il en existe une autre, la *liberty to*, celle de construire des bibliothèques dans

Nous désignerons donc ces deux concepts de façon assez imprécise par les termes « liberté collective » et « libertés individuelles », à condition de rappeler que cette terminologie n'est qu'un pis-aller et que tout accroissement de la liberté collective (*liberty to*) a également un caractère *individuel*, de même que tout accroissement ou régression de la liberté individuelle (*liberty from*) a également un caractère collectif [1].

Ces précisions terminologiques une fois admises, nous pouvons considérer que l'accroissement de la « liberté collective » est un trait qui, avec bien entendu des interruptions et des reculs, caractérise l'ensemble de l'évolution historique de l'humanité ; c'est précisément cet accroissement qui nous permet de parler de progrès historique. La conception matérialiste de l'histoire, qui se trouve aujourd'hui confirmée par tout un ensemble de recherches psychologiques sur lesquelles nous ne pouvons pas insister ici, est centrée précisément sur l'affirmation que l'homme se définit par l'effort d'inventer continuellement des instruments conceptuels et matériels lui permettant de s'assurer une maîtrise progressive du milieu ambiant, naturel et social, et que toutes les structures psychiques, y compris ses valeurs, s'adaptent toujours à cette exigence.

La liberté individuelle (*liberty from*), en revanche,

---

lesquelles il est important, bien entendu, que, par la suite, tout le monde puisse pénétrer. Et nous avons dû refuser la proposition que nous faisait cet interlocuteur de conserver le terme liberté pour désigner la *liberty from*, le droit d'entrer dans la bibliothèque, et d'utiliser celui de pouvoir pour désigner la *liberty to*, la possibilité de construire celles-ci, pour une raison qui nous paraît extrêmement importante : dans le langage courant, le terme « pouvoir » désigne tout autant la possibilité de *détruire* les bibliothèques, d'agir à l'encontre du progrès de la liberté, que celui de les *construire*.

1. C'est pour les mêmes raisons que les termes de liberté positive et de liberté négative s'avèrent impropres, chacune de ces libertés ayant un caractère à la fois négatif (son progrès signifiant la suppression de certaines entraves) et positif (son progrès signifiant la possibilité de faire certaines choses que l'on ne pouvait faire auparavant).

est une valeur *spécifique* qui apparaît à un certain moment de l'histoire et ne constitue qu'une étape, *une* des structures possibles à l'intérieur de l'histoire en tant que progrès de la « liberté collective ». Elle caractérise en effet certaines époques particulières dans l'histoire du monde occidental, la Grèce antique, dans une certaine mesure Rome, et surtout le développement de la société occidentale, à partir de l'apparition des villes du Moyen Age jusqu'au XXe siècle, et constitue précisément ce que nous appelons l'humanisme individualiste, l'affirmation de l'autonomie de la conscience individuelle à l'intérieur du progrès historique en tant que développement de la liberté collective et de la maîtrise de la nature, cette autonomie étant d'ailleurs, nous l'avons déjà dit, sérieusement menacée d'être vidée de l'intérieur par les formes que prend aujourd'hui cette même société occidentale qui avait jadis assuré son développement.

En fait — et c'est précisément le marxisme qui nous a permis de le comprendre — le développement des valeurs humanistes occidentales s'est trouvé lié au développement de la production pour le marché ; cette liaison présentait cependant un caractère dialectique et contradictoire car, sur le plan culturel, ces valeurs étaient d'autant plus radicales et élaborées que le marché avait un caractère plus individualiste (production artisanale, capitalisme libéral), mais en même temps ces formes individualistes de production pour le marché correspondaient aux périodes où celle-ci était le moins développée et cela veut dire où les valeurs qui lui correspondent ne pouvaient pas encore se développer non plus à un niveau suffisant pour structurer l'ensemble de l'organisation sociale ; par la suite, le grand développement de la production pour le marché, qui correspond à la période impérialiste et au capitalisme contemporain d'organisation, en éliminant, pour la plupart des hommes, toute participation active et responsable à la vie économique et en faisant de la responsabilité le privilège d'un groupe social particulier et limité — les technocrates — et non un caractère de l'individu comme tel, enlevait de l'intérieur tout contenu à l'individualisme et par cela même aux valeurs humanistes.

Or, la pensée de Marx et d'Engels, ainsi que celle des penseurs marxistes qui leur ont succédé, se situait, on l'a dit assez souvent, dans le cadre de l'humanisme occidental, tant sous ses formes chrétiennes que sous ses formes rationalistes et athées. Si radicale qu'ait été leur critique de la religion et notamment de la religion chrétienne et de la religion juive, si forte qu'ait été leur opposition à la société bourgeoise, leur pensée s'est toujours développée dans la ligne d'un humanisme intégral, affirmant les valeurs de la liberté individuelle, de la liberté d'expression, de l'universalité et de l'égalité, bien qu'en penseurs dialectiques ils eussent envisagé et accepté la nécessité de périodes de dictature comme étapes indispensables, mais transitoires, vers la réalisation authentique et intégrale de ces valeurs. Sur le plan philosophique, c'est le célèbre problème du mal et de sa fonction positive et progressiste dans l'histoire en tant que le seul moyen de réalisation du bien ; pour parler avec Gœthe, le fait que l'homme doit vendre son âme au diable pour arriver à Dieu ; mais le diable n'est pas Dieu et à aucun moment les penseurs socialistes n'avaient fait de la dictature, même prolétarienne, des limitations de la liberté et de l'égalité, une valeur fondamentale et durable de leur philosophie.

Or, sans pouvoir entrer dans les détails, il est évident, pour tous les théoriciens sérieux, qu'en U. R. S. S. d'abord, et dans un grand nombre de pays à caractère socialiste par la suite, s'est développé un appareil bureaucratique considérable et une société dans la vie intellectuelle, sociale et politique de laquelle les valeurs de l'humanisme occidental (liberté, égalité et notamment liberté d'expression) ont joué et jouent encore un rôle extrêmement réduit.

Les descriptions du stalinisme et même de la situation actuelle en Chine et dans un certain nombre de démocraties populaires sont suffisamment nombreuses, les faits trop connus, pour nous y arrêter.

Reste le problème plus important pour le théoricien de l'explication du phénomène et des raisons théoriques qui pourraient rendre compte de ce décalage considérable, et portant sur des points essentiels, entre les prévisions de Marx et des marxistes d'avant 1917 et les réalités effectives des sociétés socialistes, telles qu'elles se sont développées après la révolution.

Il y a incontestablement dans l'explication, sinon du fait comme tel, du moins dans celle de son ampleur et de l'intensité qu'il a atteint, l'intervention de facteurs conjecturaux qui sont sans doute moins inquiétants que les facteurs structuraux dans la mesure où ils ont, par définition, un caractère passager ou localisé.

La première révolution communiste s'est en effet produite (précisément parce que le prolétariat occidental était en grande mesure intégré à l'ordre capitaliste sur le mode explicite du réformisme ou sur le mode implicite et oppositionnel du centre social-démocrate d'avant 1914), non pas, comme le pensait Marx, dans une société économiquement avancée, mais dans un pays retardataire qui se trouvait encore devant les problèmes de la révolution bourgeoise (réforme agraire et suppression des privilèges féodaux), dont la bourgeoisie était cependant devenue trop réactionnaire pour être capable de les résoudre.

Ajoutons que cette révolution a été favorisée par la guerre 1914-1918 et l'immense désir de paix de la paysannerie russe.

Ce fait a eu plusieurs conséquences, en partie transitoires et en partie durables, parmi lesquelles il faut compter :

a) la structure sociale retardataire à prédominance agricole de la Russie après 1917, structure sociale aujourd'hui dépassée grâce au processus d'industrialisation rapide de l'U. R. S. S. pendant les quarante-cinq dernières années ;

b) conséquence de cette structure retardataire, la faiblesse militaire de l'U. R. S. S. par rapport au monde capitaliste qui l'entourait, et la situation de forteresse assiégée qui en est résultée — situation peu favorable au développement des valeurs humanistes en général et des libertés individuelles en particulier [1].

Là aussi cependant la situation de forteresse assiégée se trouve aujourd'hui dépassée et ses conséquences culturelles et politiques sont appelées à disparaître avec plus ou moins de rapidité.

c) Une réalité conjoncturelle nous paraît, en revanche, être constituée par l'absence, dans la Russie tsariste (si ce n'est dans l'opposition), d'une tradition démocratique et humaniste qui aurait pu influencer de manière décisive aussi bien les premières années de formation que l'évolution ultérieure de la première société socialiste.

Sans doute, aucune de ces trois conséquences : structure sociale retardataire et prédominance agricole, faiblesse militaire, absence de tradition démocratique ne se seraient présentées dans le cas d'une révolution socialiste dans un pays avancé, telle que la prévoyait

---

1. Pour juger l'importance de cette situation militaire pour la vie politique de l'U. R. S. S., il suffit de mentionner les relations évidentes que toute étude sociologique, tant soit peu approfondie, pourrait mettre en lumière entre :

1) la défaite de la révolution et la stabilisation du capitalisme allemand, après 1923 et l'élimination des trotskystes en U. R. S. S. en 1925-27;

2) la rupture de Tchang Kaï-chek avec les communistes chinois, la stabilisation du Kuo-Min-Tang épuré en Chine en 1927 et l'élimination des droitiers en U. R. S. S. en 1928-29;

3) le rétablissement de l'équilibre des forces grâce aux armes nucléaires et à la déstalinisation.

Marx, et cette constatation peut en partie rendre compte du décalage entre la vision marxienne de la société socialiste future et la réalité effective de celle-ci dans la première période de son existence.

Il n'en reste pas moins qu'en dehors de ces facteurs *conjoncturels* qui ont sans doute agi dans le sens d'un renforcement du caractère dictatorial des sociétés socialistes et ont fait obstacle à l'intégration par ces sociétés des valeurs humanistes et libérales, un autre facteur de nature *structurale* a pu agir — et a, pensons-nous, réellement agi — dans le même sens. Et, bien entendu, une telle action — dans la mesure même où elle est durable et risque de se répéter dans toute société à structure analogue — pose à la pensée socialiste des problèmes autrement graves.

C'est en effet la pensée marxiste qui a mis en lumière la relation historique entre l'existence de la production pour le marché et les valeurs libérales et individualistes de l'humanisme bourgeois, la conjonction, propre à cette structure historique particulière, du progrès de la maîtrise par l'homme de la nature et de la société, de la *liberty to* (qui caractérise l'ensemble de l'histoire), avec un développement important et notable des libertés individuelles et de l'humanisme individualiste, de la *liberty from*.

Il était donc naturel et prévisible — bien que ni Marx et Engels ni les penseurs marxistes ultérieurs n'y eussent jamais pensé — que la suppression de la production pour le marché et son remplacement par une planification centralisée dans les sociétés socialistes changeât sur un point précis la direction de l'évolution, en favorisant un très grand développement du conformisme de l'intégration des individus au groupe et de l'acceptation des normes et opinions reconnues et approuvées par ce dernier.

C'est ce qui s'est produit effectivement, et à un degré extrême, explicable, probablement, par le fait que cette tendance structurelle a été renforcée par l'action des trois facteurs conjoncturels que nous venons d'indiquer.

Qu'on nous permette en terminant cet article de mentionner, à partir de ces réflexions, l'importance théorique et doctrinale que présente, malgré le fait qu'il s'agisse d'un petit pays, l'expérience yougoslave, qui, en essayant de réagir contre le bureaucratisme et la centralisation stalinienne, a incorporé à la pensée socialiste *la découverte du fait que la socialisation des moyens de production n'implique pas nécessairement, comme le pensait Marx et les marxistes ultérieurs, une planification centralisée intégrale et la suppression du marché.*

La grande conquête de la démocratie socialiste yougoslave, l'*autogestion ouvrière*, est du point de vue théorique non seulement le moyen d'assurer une démocratie effective, mais aussi l'union d'une socialisation très poussée de la propriété des moyens de production, socialisation qui permet de supprimer l'exploitation de l'homme par l'homme et, en tout cas, une partie notable des manifestations de la réification, et du *maintien d'une production pour le marché*, susceptible de constituer le fondement d'un développement réel et authentique de la *liberty from*, des valeurs humanistes de liberté en général, de liberté d'expression en particulier et de dignité individuelle.

On aboutit ainsi, par l'analyse aussi bien des sociétés capitalistes occidentales que des sociétés à caractère socialiste, à une idée *centrale* : celle de l'*autogestion ouvrière*, qui nous paraît être le seul axe et le seul fondement possible d'un véritable programme socialiste dans le monde contemporain. Bien entendu, le caractère de cette autogestion aussi bien que le chemin pour y arriver seront différents selon qu'on part d'une société capitaliste à démocratie formelle, d'un pays dictatorial comme l'Espagne, d'une société socialiste à planification centralisée ou d'un pays en voie de développement ; bien entendu aussi le maintien du marché, même accompagné de la suppression de la propriété privée des moyens de production, peut faire apparaître des difficultés importantes dont le dépassement exigera de sérieuses études empiriques et théoriques.

Mais ce sont là des problèmes qui dépassent le cadre de cette étude dont le but était de montrer le lien entre les idées d'autogestion ouvrière, de conservation du marché et de développement d'une culture humaniste dans le cadre d'une lutte pour un avenir socialiste qui seul peut préserver l'avenir de l'homme et de la culture.

De la rigueur et de l'imagination dans la pensée socialiste

Si j'ai choisi ce titre au premier abord un peu surprenant, c'est parce qu'il me paraît formuler deux exigences qu'il serait utile de rappeler dans la situation actuelle à tous ceux qui participent d'une manière ou d'une autre aux discussions théoriques qui se développent aujourd'hui entre penseurs se réclamant du marxisme.

L'intervention des intérêts d'État dans la pensée socialiste, notamment pendant la longue période de dogmatisme stalinien, a en effet modifié par certains côtés, et pas toujours de manière heureuse, les démarches de cette pensée et les discussions qui les accompagnent. Des intérêts particuliers (nous appelons ainsi ceux de tel ou tel groupe, ou de tel ou tel État par rapport à l'intérêt général que constitue le progrès mondial du socialisme) et les réactions contre ces intérêts interviennent dans la discussion et provoquent des distorsions par rapport à ce qui est la seule chose qui devrait compter réellement, à savoir, la compréhension de la réalité et l'établissement des perspectives d'avenir.

Marxiste, nous savons très bien que dans chaque épisode particulier de l'affrontement qui occupe une si grande place dans la pensée socialiste actuelle entre dogmatiques et révisionnistes, il importe avant tout de mettre en lumière à la fois les intérêts particuliers et surtout institutionnels qui influencent la position des dogmatiques et provoquent telle ou telle distorsion, et les intérêts et les réactions psychiques qui se trouvent à la base de la pensée révisionniste. A côté de ces tâches importantes, il serait cependant peut-être aussi utile de faire ce que j'appellerais volontiers une analyse phénoménologique des deux positions en montrant que, par rapport à une discussion théorique idéale libérée de toute distorsion de cette nature, le dogmatisme se caractérise précisément par un manque d'imagination créatrice, par une capacité insuffisante à modifier les idées et les théories traditionnelles ou à élaborer des théories nouvelles capables de saisir la réalité sociale actuelle, qui est — cela va de soi — différente de celle par rapport à laquelle avaient été élaborées les anciennes théories, alors qu'inversement, trop souvent le révisionnisme qui attaque le dogmatisme et met en lumière son manque d'imagination, s'expose lui-même à un reproche complémentaire mais non moins justifié : celui de manquer de rigueur. Soucieux surtout de montrer le caractère oppressif ou académique, mais en tout cas sclérosé, de l'attachement à la lettre des anciennes théories, il arrive aux révisionnistes d'oublier que ces théories elles-mêmes ont été jadis un effort vivant et plus ou moins efficace pour comprendre la réalité sociale de l'époque, et que, s'ils ont raison d'exiger une plus grande liberté pour la recherche actuelle, cette revendication ne se justifie et n'a de sens que dans la mesure où elle correspond à un effort *encore plus rigoureux* pour analyser théoriquement la société de notre temps, et les possibilités grandes ou réduites qu'elle offre à l'action socialiste.

Ainsi, sans être nullement phénoménologue, et tout en étant, en tant que marxiste, convaincu qu'à l'origine des discussions actuelles il y a des structurations sociales, des groupements et des intérêts collectifs dont il faut mettre en lumière le lien avec les positions théoriques si l'on veut aboutir à une compréhension explicative, il ne nous paraît pas moins opportun de constater que le conflit entre dogmatisme et révisionnisme entraîne, dans son expression intellectuelle, une perte d'imagination théorique, notamment chez les dogmatiques, et très souvent une perte non moins dangereuse de rigueur chez les révisionnistes. Ajoutons que ces phénomènes sont plus graves encore quand il s'agit de la pensée marxiste que dans les autres domaines de la vie intellectuelle, cette pensée exigeant par principe, dans la mesure où elle est centrée sur le concept de maximum de conscience possible fondée sur la réalité sociale effective, un très grand développement de synthèse entre la rigueur et l'imagination théoriques, c'est-à-dire entre les deux qualités que la discussion actuelle tend précisément à réduire et, à la limite, à supprimer.

Ajoutons cependant, que même ce schéma est encore trop simpliste ; car dès que nous abordons la discussion théorique actuelle dans la sociologie marxiste ou d'inspiration marxiste dans le monde occidental (le manque de connaissance du russe, du chinois et des langues slaves nous empêche de parler de la discussion dans les sociétés socialistes) nous constatons que le manque d'imagination caractérise non seulement le groupe dogmatique qui se refuse à modifier la plupart des idées établies et transmises par la pensée marxiste traditionnelle même lorsqu'elles ne correspondent plus à la réalité de notre temps, mais aussi certaines écoles révisionnistes, parmi lesquelles une école d'inspiration marxiste des plus brillantes et des plus remarquables, je veux parler de l'École de Francfort (désignation sous laquelle il faut embrasser non seulement Horkheimer et Adorno mais aussi Herbert Marcuse qui leur est très lié, bien qu'il enseigne aujourd'hui aux U. S. A.). Rien de plus différent en apparence qu'un quelconque dogmatique, membre du Parti communiste qui défend de manière institutionnelle et non critique les positions officielles des organismes dirigeants du Parti, et les trois penseurs que je viens de nommer. Marcuse, Horkheimer et Adorno sont des théoriciens hautement intelligents qui ont développé à l'extrême l'esprit critique et la rigueur théorique, et il serait difficile de nier le fait que leurs travaux se situent au tout premier plan de la vie théorique contemporaine. Et pourtant, vue dans la perspective phénoménologique que nous avons décidé d'adopter dans la présente étude, il y a — pour employer une formule choquante et paradoxale — malgré des différences qui sont sans doute considérables, un élément commun entre disons, Garaudy et Marcuse : c'est le manque d'imagination théorique.

Bien entendu, ce manque d'imagination n'est pas de même nature. Chez Garaudy, c'est le manque d'imagination par rapport aux thèses et aux résolutions de tel ou tel organisme dirigeant. Chez Marcuse et chez Adorno, le manque d'imagination par rapport à la société existante qu'ils analysent par ailleurs — nous l'avons déjà dit — avec une pénétration remarquable, un esprit hautement critique et une extrême indépendance intellectuelle. Mais exactement comme le théoricien dogmatique se laisse impressionner par l'autorité des idées établies et n'envisage pas la possibilité de les modifier et de les remplacer par d'autres idées et d'autres théories plus adaptées à la réalité, de même les théoriciens de l'École de Francfort se laissent, nous semble-t-il, trop facilement impressionner par les réussites et par la solidité, réelle sans doute, mais certainement pas absolue, de la société capitaliste occidentale et ne nous semblent pas attacher un soin suffisant à la mise en lumière de possibilités de la transformer. Marx, Staline, Khrouchtchev ou Thorez ont dit telle ou telle chose, elles sont donc vraies et nous devons les admettre. Le monde occidental assure une augmentation du niveau de vie des ouvriers, les intègre et affaiblit considérablement leur autonomie intellectuelle et leur capacité de résistance à l'ordre existant, c'est un fait et nous avons à l'admettre et nous en accommoder. Si grandes que soient les différences entre ces deux positions, il y a malgré tout quelque chose de commun entre elles.

Un autre mode de survivance d'éléments dogmatiques se trouve par exemple dans les deux premiers articles des *Temps Modernes* (n⁰ˢ 219/220) consacrés aux problèmes du mouvement ouvrier et signés par deux auteurs certainement indépendants par rapport à toute pensée institutionnelle mais non par rapport à la lettre des écrits de Marx et des classiques du marxisme.

Mandel et Alavi constatent tous deux avec beaucoup d'honnêteté et de pénétration les transformations économiques du capitalisme contemporain par rapport au capitalisme du XIXe et du début du XXe siècle ; mais au lieu d'essayer à partir de là de dégager la structure du premier et ses tendances d'évolution comme l'avaient fait jadis Marx et Lénine pour la société de leur temps, ils consacrent au contraire des efforts considérables à montrer que malgré les changements, une grande partie des analyses de Marx et de Lénine restent valables ; très souvent d'ailleurs ils ne se demandent même pas si la validité de telle ou telle analyse particulière signifie encore quelque chose quand elle s'insère dans un ensemble différent et surtout, ne se demandent pas si cette manière d'étudier une réalité par rapport à des doctrines anciennes en la morcelant en fragments plus ou moins isolés, ne rend pas la compréhension beaucoup plus difficile qu'une analyse directe se contentant de noter au passage que telle ou telle idée loin d'être nouvelle avait déjà été formulée par Marx ou par Lénine.

Si nous nous demandons maintenant nous-mêmes en quoi consistent les changements structuraux de la société capitaliste occidentale par rapport à celle analysée par Marx et les grands marxistes classiques, et surtout dans quelle mesure ces transformations modifient les perspectives de l'action socialiste, nous devons constater qu'un certain nombre de résultats qui nous paraissent valables, ont déjà été trouvés et développés de manière plus ou moins indépendante par différents penseurs marxistes, en Italie et en France, et que cette doctrine, peut-être même pourrait-on déjà dire cette École, arrive à intégrer la plupart des constatations des autres courants de pensée marxiste, tout en les insérant dans une vision d'ensemble assez différente.

Le plus important fait nouveau par rapport à l'analyse marxiste traditionnelle est celui de l'intervention massive de l'État capitaliste dans la vie économique, intervention qui a eu des conséquences considérables dans la mesure où elle a pu modifier et plus exactement diminuer et même supprimer, au moins tendanciellement, la contradiction (que les marxistes avaient toujours considérée comme nécessaire et même inévitablement croissante à l'intérieur de la société capitaliste) entre le développement des forces productives et l'exiguïté du marché de produits de dernière consommation. Les formes d'intervention d'État sont sans doute multiples et leurs conséquences variées. Il n'en reste pas moins qu'un secteur quantitativement peut-être non prédominant, mais dont l'action entraîne des conséquences capitales, des dépenses étatiques, est consacré à l'achat de biens de consommation dernière (parmi lesquels il faut classer même les dépenses dont on peut contester l'utilité sociale ou humaine comme l'armement et le gaspillage) et que par ce biais, l'intervention étatique dans l'économie aboutit à l'élargissement du marché du Secteur II (c'est ainsi que Marx désignait la production de biens de consommation) et devient par cela même, un facteur d'équilibration.

Ainsi, l'expansion coloniale avec les surprofits (remarquablement analysée dans sa fonction et ses conséquences par Rosa Luxemburg) pendant toute une période, et par la suite, l'intervention massive de l'État comme facteur de régulation du marché, ont abouti à une évolution de la classe ouvrière assez différente de celle prévue par Marx. En fait, ces deux processus (colonisation et intervention de l'État) ont rendu possible une lutte syndicale qui a abouti dans les pays occidentaux industrialisés à remplacer la tendance à la paupérisation absolue par une lente augmentation du niveau de vie, et à partir de là, à une intégration plus ou moins consciente de la classe ouvrière à l'ordre capitaliste existant.

Dans ces conditions, le schéma marxiste traditionnel des perspectives du socialisme se trouve dans le monde occidental tout au moins, modifié. Marx pensait que l'évolution spontanée de la société capitaliste devait, à travers la concentration des capitaux, la diminution progressive des couches moyennes et la paupérisation de la classe ouvrière, créer une force oppositionnelle puissante qui devait aboutir tôt ou tard à l'explosion révolutionnaire et à la transformation socialiste de l'ordre social. Or, les classes moyennes, loin de diminuer, se sont maintenues et ont même progressé numériquement, tout en changeant de nature. A l'artisan et à l'entrepreneur indépendants se sont substitués les spécialistes hautement rémunérés, le pompiste, le gérant de succursale ou de magasin en apparence autonome, mais en réalité étroitement dépendant des trusts producteurs. Mais, chose particulièrement importante pour les perspectives du socialisme, l'arrêt de la paupérisation absolue, la lente augmentation du niveau de vie de la classe ouvrière et l'intégration qui en est résultée de cette classe à la société capitaliste, changent du tout au tout le problème des perspectives du socialisme. Les partis socialistes ne peuvent plus compter sur une évolution *spontanée* qui favoriserait une action tendant à remplacer la société capitaliste par une société socialiste. Il ne s'agit plus de rendre seulement effective une conscience vers laquelle s'orienterait *spontanément* la classe ouvrière. Pour le dire schématiquement, mais de manière nette, le socialisme est aujourd'hui pour la classe ouvrière occidentale une alternative par rapport à une évolution spontanée qu'elle est pour l'instant en train d'accepter, alternative dont une grande partie de cette classe n'approuve nullement la nécessité.

La lutte pour le socialisme devient ainsi avant tout une lutte pour *la conscience* de la population en général et de la classe ouvrière en particulier, lutte dans laquelle les adversaires du socialisme n'ont pas même besoin — et c'est peut-être là un des éléments les plus graves de la situation — de gagner les masses ouvrières ou populaires à une idéologie opposée. L'absence d'idéologie, la suppression de tout besoin de développement de la personnalité autre que celui qui se situe sur le plan de la consommation suffisent largement à assurer leur suprématie. Ici, toutes les descriptions de l'École de Francfort se révèlent exactes et prennent leur importance. La société occidentale moderne, après avoir créé les mécanismes d'autorégulation économique, tend à devenir de plus en plus une société technocratique assurant à ses membres un bien-être croissant à un rythme plus ou moins lent ou rapide, mais enlevant aux hommes non seulement tout domaine de décision autonome mais (ce qui est beaucoup plus grave) obtenant ce résultat tout autant par la suppression des possibilités que par la suppression du besoin de toute décision de cette nature. La lutte idéologique, la violence et parfois la dictature étaient nécessaires contre une puissante force oppositionnelle et révolutionnaire, elles deviennent superflues lorsqu'on peut asseoir la domination de la classe dirigeante sur la passivité et l'absence de besoins autres que de consommation chez les administrés. Il fut une époque où la liberté d'expression signifiait démocratie, tout au moins démocratie formelle. Elle cesse de le faire lorsqu'il y a de moins en moins de gens dans la société qui ont encore à exprimer autre chose que le besoin d'une consommation un peu plus étendue.

Cette évolution signifie cependant aussi, pour paraphraser l'expression d'un ouvrage qui vient de paraître récemment, une cure durable et dangereuse « d'amaigrissement de la vie culturelle ». Le socialisme qui n'est plus dans les sociétés occidentales l'essai de rendre les hommes conscients des moyens de mettre fin à leur misère croissante, est devenu l'essai de les rendre conscients de la possibilité d'une organisation économique meilleure et plus démocratique que celle qui est en train de se développer dans cette société, mais surtout et aussi, l'essai de les rendre conscients des dangers humains, psychiques et intellectuels qui se dressent comme corollaires inévitables de l'évolution sociale et économique actuelle.

C'est dire à quel point cette lutte est aujourd'hui autrement difficile qu'elle ne l'était auparavant. Car les dangers de « lavage de cerveau » et d'intégration à un monde de plus en plus inhumain et réifié menacent non seulement la population dans son ensemble, mais encore les cadres mêmes des organisations syndicales et des organismes politiques de la classe ouvrière. La bureaucratisation n'est rien d'autre que la forme concrète de ce danger dans ces milieux.

Une anecdote qui nous a jadis paru simplement amusante devient aujourd'hui la constatation d'une dangereuse réalité : au parlement autrichien, avant 1914, un aristocrate répondit à Victor Adler qui avait brossé un tableau lyrique de l'élévation du niveau matériel et intellectuel de la classe ouvrière dans la future société socialiste, en lui demandant ce qu'on allait faire de tous ces millions d'analphabètes qui seront tous docteurs de l'Université.

Or, la société capitaliste commence à être progressivement constituée d'analphabètes qui sont sinon docteurs d'Université tout au moins bacheliers et licenciés. La lutte pour le socialisme devient ainsi une lutte pour la culture, non pas comme monopole d'une petite couche d'intellectuels, mais comme réalité universelle et populaire au moment où, précisément, les couches populaires acquièrent les possibilités matérielles d'y accéder, mais où on fait tout pour supprimer le besoin de culture authentique non seulement dans la conscience de ceux qui accèdent au statut d'étudiant, mais aussi dans celle de ceux qui seront leurs enseignants ou bien leurs supérieurs hiérarchiques pendant le reste de leur vie.

Dans cette situation une chose reste cependant claire : il ne faut pas s'adresser aux masses en majorant l'importance de la culture par rapport aux avantages matériels que leur assure la société capitaliste et en dépréciant ces derniers. Salariés, couches moyennes, intellectuels, techniciens, sont attachés à ces avantages, les apprécient comme une réalité importante et surtout, ont parfaitement raison de le faire. Affirmer le contraire c'est opposer la morale à la réalité ; or, Marx nous a appris qu'une morale ne s'impose jamais par elle-même et ne saurait triompher que lorsqu'elle est soit la couverture idéologique, soit (c'est ce que devait être la pensée socialiste) l'expression authentique et réelle d'intérêts extrêmement puissants. Il faut donc tout d'abord convaincre les masses que même sur le plan matériel, l'alternative socialiste, loin d'exiger le renoncement aux avantages que leur offre la société actuelle, implique au contraire, une amélioration considérable. Cela suppose cependant une analyse rigoureuse des sociétés occidentales actuelles et de leur tendance d'évolution, et une imagination suffisante pour qu'unie à cette rigueur et fondée sur elle, on puisse établir un plan d'organisation socialiste qui soit ressenti par les hommes qui en prendront conscience comme une possibilité effective et qui ne contienne rien d'utopique ou de démagogique. Quant au but final, il doit être présenté comme une alternative à un état de choses qui possède lui aussi — il ne faut jamais l'oublier — des éléments positifs.

D'autre part, pour atteindre ce but à partir de la société actuelle il faut poser de manière sérieuse (et cela suppose une synthèse particulièrement difficile de rigueur et d'imagination) le problème du passage à la société socialiste et de la stratégie nécessaire pour le réaliser.

Ce n'est qu'ensuite qu'il faudra ajouter comme analyse complémentaire, bien que des plus importantes, celle des possibilités humaines et culturelles de développement de l'individu qu'offrirait cette société socialiste par opposition à la société occidentale actuelle.

Ajoutons que sur ce point la situation est très différente par rapport à celle qui caractérise le domaine économique. Dans ce dernier il s'agit avant tout de montrer qu'une société socialiste apporterait à ses membres des avantages plus grands et une justice sociale plus effective que la société technocratique qui est en train de se constituer, alors que sur le plan culturel, c'est au contraire une opposition radicale à la société actuelle qu'il importe de développer. Et c'est là que les travaux de l'École de Francfort s'avèrent particulièrement précieux, car il s'agit de faire prendre conscience à l'intelligentsia de la crise radicale de l'humanisme et de la culture qui est en train de se développer dans le capitalisme contemporain d'organisation ; crise que des penseurs comme Marcuse, Horkheimer, Adorno et même Habermass ou Fromm dont les attaches avec l'École de Francfort sont plus lointaines, ont remarquablement mise en lumière.

Ce n'est, bien entendu, pas le lieu de reprendre ici leurs analyses. Soulignons simplement qu'après la période impérialiste où cette crise était thématisée dans la création culturelle et avait trouvé son expression dans l'existentialisme et dans les œuvres littéraires qui lui correspondaient (Kafka, *L'Étranger* de Camus, *La Nausée* de Sartre, etc.), nous sommes entrés avec le capitalisme d'organisation dans une période où la conscience même de la crise culturelle commence à disparaître pour faire place à une intégration et une adaptation croissantes à une société technocratique constituée de plus en plus par une couche de dirigeants actifs et une masse passive et administrée.

En bref, autant la description contrastée en noir et blanc a perdu toute validité et par cela même toute efficacité dans le domaine économique et social, autant il nous semble qu'elle devient de plus en plus valable lorsqu'il s'agit d'opposer la réalité culturelle du capitalisme contemporain à ce que pourrait et devrait être une culture réellement humaniste et humaine.

Revenons cependant aux problèmes de la société socialiste et du chemin vers sa réalisation. Là aussi des modifications qu'il est important de souligner s'imposent par rapport aux analyses traditionnelles et il nous semble que ces modifications se rattachent presque toutes au concept d'autogestion et aux idées qui en dérivent de manière plus ou moins directe.

L'existence depuis 1917 d'une et plus tard de plusieurs sociétés socialistes a eu en effet des répercussions sérieuses sur la conscience de la classe ouvrière occidentale. Cette classe sait maintenant que les transformations révolutionnaires supposent de lourds sacrifices, et elle n'est nullement disposée à risquer des acquisitions auxquelles elle accorde une valeur considérable, dans des tentatives dont la réussite lui paraît en tout cas aléatoire et dont le but même, compte tenu de ce qu'elle sait des sociétés socialistes existantes (et notamment de la société soviétique de l'époque stalinienne), ne lui semble pas non plus désirable de manière univoque.

Le concept de révolution n'apparaît donc plus comme un élément constitutif de la *conscience possible* des ouvriers occidentaux (sans que cela veuille dire que dans le cas d'une crise exceptionnelle — notamment dans le cas d'une nouvelle guerre mondiale — le problème de l'action violente ne puisse retrouver son actualité) ; cette disparition de l'idée de révolution violente du champ de conscience des ouvriers occidentaux est devenue tellement évidente que même les partis communistes officiels développent en Occident de plus en plus l'idée d'un passage pacifique au socialisme.

Là aussi cependant, le manque d'imagination du courant dogmatique nous semble montrer sa nocivité. Car si ses théoriciens ont décidé, sous la pression de la réalité, de reléguer à l'arrière-plan l'idée traditionnelle de guerre civile et de prise révolutionnaire du pouvoir pour mettre en avant celles de passage pacifique au socialisme ou de révolution pacifique, ils conçoivent ces dernières de manière traditionnelle comme des processus essentiellement parlementaires à une époque où l'évolution des sociétés globales diminue progressivement et de manière sensible l'importance du parlement, et où la classe ouvrière prend de plus en plus conscience de la valeur des conquêtes que lui a apportées depuis plus d'un siècle l'action syndicale.

C'est pourquoi c'est avant tout dans cette dernière direction que nous paraissent s'orienter ou tout au moins pouvoir s'orienter les espoirs d'une classe ouvrière de moins en moins disposée à mettre en danger dans des tentatives qui lui paraissent essentiellement aléatoires les avantages considérables que l'action syndicale lui a apportés.

Or, dans le prolongement de l'action syndicale à l'intérieur des entreprises se situe naturellement l'idée d'autogestion qui n'est pas nécessairement liée à une crise révolutionnaire unique et à la conquête du pouvoir par une révélation violente, mais peut tout aussi bien être l'aboutissement d'une lutte progressive pour des réformes de structure de plus en plus amples et fondamentales et qui, par cela même, pourrait constituer un programme particulièrement adapté d'action socialiste en Occident.

On aboutit ainsi, à la place du schéma traditionnel et classique du marxisme dans lequel la prise de pouvoir politique précédait nécessairement les transformations économiques et sociales, à un schéma d'un type rapproché de celui qui a caractérisé l'ascension de la bourgeoisie dans la société féodale ascension dans laquelle la conquête du pouvoir économique et social a précédé les conflits politiques. Un autre élément milite d'ailleurs en faveur de cette analyse : l'expérience des sociétés socialistes a actualisé de manière particulièrement aiguë (tant dans la conscience des ouvriers et des couches moyennes de l'Occident que chez les militants et les dirigeants de ces sociétés socialistes eux-mêmes après la crise stalinienne) le problème de la garantie des libertés individuelles et de l'égalité dans une société où la centralisation rigoureuse de l'économie risque de favoriser de manière dangereuse la bureaucratisation et l'apparition de deux groupes hiérarchisés : les dirigeants actifs et les dirigés passifs et administrés ; or, là aussi les solutions les plus heureuses et les plus efficaces imaginées et apportées jusqu'à aujourd'hui à ce problème, l'ont été par la société yougoslave qui a élaboré et mis en pratique ce concept d'autogestion économique et sociale, et dont l'expérience et la matière commence déjà à avoir un retentissement non négligeable dans le reste du monde.

L'autogestion apparaît ainsi à tous points de vue comme l'idée clef de tout programme sérieux et susceptible d'inspirer une action efficace à l'intérieur des sociétés industrielles sur le plan économique, social et politique. Et, chose particulièrement importante, elle apparaît aussi comme principale alternative culturelle à une évolution vers une société technocratique dont les possibilités de réalisation ne doivent en aucun cas être sous-estimées et qui constituerait sans doute un danger considérable pour l'humanisme et la culture.

C'est dire que dans l'état actuel de la discussion, deux idées nous paraissent se dégager : d'une part celle d'une autogestion ouvrière réalisée en premier lieu à travers l'action syndicale (sans bien entendu éliminer l'action parlementaire, mais en considérant cette dernière comme un élément d'appoint et non comme un secteur essentiel) et d'autre part, celle que le point d'impact essentiel de cette action ne saurait être qu'une lutte difficile, menée à contre-courant, pour la conquête des consciences des membres de la classe ouvrière en particulier et de la société en général.

C'est dire à quel point, dans la situation d'aujourd'hui, la pensée théorique et la création culturelle prennent une importance primordiale en tant que forces d'appoint sans doute, mais forces d'appoint de tout premier plan dans la lutte menée par les militants syndicaux et politiques.

Ces quelques brèves réflexions ne sont bien entendu pas autre chose qu'une introduction à une discussion qui en est encore à ses débuts, mais dont la progression a une importance décisive pour l'avenir du socialisme et aussi pour celui de l'humanisme et de la culture.

Ajoutons cependant pour éviter tout malentendu, que nous avons parlé seulement des sociétés industrielles d'Occident, mais que l'analyse rigoureuse des problèmes de la structure de la conscience et de ses relations avec la base économique et sociale à l'intérieur des sociétés en voie de développement et des sociétés socialistes, présente pour la pensée socialiste contemporaine une urgence non moins primordiale et constitue une condition indispensable à l'élaboration d'une théorie globale du monde moderne et de ses perspectives d'avenir.

Elle ne saurait cependant, non seulement parce que la place nous manque mais aussi parce que nous ne sommes nullement compétent en cette matière et qu'il ne s'agit pas de spéculations générales et abstraites mais d'analyses rigoureuses et concrètes, entrer dans le cadre de la présente contribution à notre discussion.

Pouvoir et humanisme

En dehors de son importance propre, le thème choisi par le colloque de cette année me paraît hautement intéressant parce qu'il permet de poser les problèmes essentiels de nos sociétés et surtout d'aborder un certain nombre de questions théoriques fondamentales.

Dans les discussions d'hier et d'avant-hier, j'ai eu l'occasion de rappeler que la pensée marxiste ne se situe jamais sur un plan purement spéculatif et ne s'intéresse à la philosophie que dans la stricte mesure où celle-ci est indispensable pour comprendre la situation de l'homme dans le monde, c'est-à-dire pour répondre aux problèmes théoriques et pratiques que soulève l'étude *positive* de la vie historique et sociale.

Vous m'excuserez donc si, dans la première partie de cet exposé, j'insiste sur quelques concepts philosophiques et théoriques à partir desquels j'aborderai la discussion du sujet proprement dit.

Ce qui me paraît constituer le principal caractère spécifique de la pensée marxiste, c'est le concept de *sujet collectif*, l'affirmation que, dans la dimension historique, ce ne sont jamais les individus mais les groupes sociaux qui agissent et que c'est seulement par rapport à eux que nous pouvons comprendre les événements, les comportements et les institutions.

Encore faut-il, pour éviter tout malentendu, ajouter

que même sur le plan historique ce concept de sujet collectif n'est pas exhaustif et que celui de sujet individuel garde son importance. Ce dernier se situe d'ailleurs à deux niveaux qui ont un statut scientifique tout à fait différent.

Il y a d'abord le sujet des pulsions libidinales mis en lumière par Freud, le *Ça*, dont une grande partie se situe dans l'inconscient. Il a incontestablement un caractère *individuel* et Freud nous a montré à quel point tout un ensemble de comportements, délires, rêves et laspus deviennent, à partir de lui, hautement intelligibles.

Mais si on peut sans difficulté admettre le caractère purement individuel du *Ça*, les choses ne vont plus de même pour le *Moi*. Freud y voit le résultat de la lutte entre le *Ça* et le *Surmoi* qu'il considérait toujours comme une *unité*. En réalité ce *Surmoi* dont le conflit avec le *Ça* contribue à la constitution du *Moi* est un *mélange* de structurations différentes dues au fait que chaque individu appartient à un grand nombre de groupes : nations, classes sociales, familles, cercles d'amis, groupes professionnels, classes scolaires, etc. En aucun d'entre nous on ne trouve exactement une appartenance aux mêmes groupes et cette différence entre mélanges de même type mais de constitution différente est constitutive de notre personnalité.

Seulement — et c'est là une idée familière à tous les chercheurs — la science ne peut étudier les mélanges mais seulement leurs éléments constitutifs. Cela signifie, ici, que *la science* ne saurait étudier ni les *Moi* ni les *Surmoi* individuels mais, au niveau psychologique, uniquement le *Ça*, la partie instinctive, libidinale du comportement humain et, au niveau sociologique et historique, les sujets collectifs, dont le mélange, chaque fois différent, constitue ces *Moi* et ces *Surmoi*.

Si cependant du *Ça*, du *Moi* et du *Surmoi* individuels nous passons aux faits *historiques* — et cela vaut non seulement pour les Croisades, la Révolution française ou les événements de mai 1968, mais aussi pour le théâtre de Racine, la philosophie de Kant ou les œuvres de Victor Hugo, bref pour tout ce qui, d'une manière ou d'une autre, se situe au niveau de l'Histoire — il n'est plus possible de saisir de manière scientifique et positive ni la nature, ni la genèse, ni la signification des faits si ce n'est par rapport aux sujets transindividuels, collectifs, qui les ont créés et qui continuent à les transformer.

Parmi les faits mentionnés, il en est un dont le caractère collectif peut sembler moins évident que celui des autres : une création littéraire, le théâtre de Racine par exemple. Une fois mis en lumière les liens de ce théâtre avec la théologie et l'histoire du jansénisme, il devient cependant évident que si le jeune Racine avait été élevé — ce qui n'était nullement inconcevable — non dans un milieu janséniste mais, disons, chez les jésuites, il n'aurait certainement pas écrit *les mêmes pièces*, mais sans doute des pièces différentes impliquant une autre vision de l'homme et du monde. On voit que, sur le plan biographique de la relation au sujet *individuel*, le théâtre de Racine apparaît lié à un accident : l'éducation port-royaliste de l'auteur ; ni leur structure ni leur genèse ne présente donc un caractère nécessaire.

Nous référant en revanche au groupe social qui, en France, au XVIIe siècle, a élaboré la vision tragique, à savoir à la noblesse de robe et au mouvement janséniste il va de soi que si les tragédies de Racine pouvaient ne pas voir le jour faute d'un écrivain de génie capable de donner une expression littéraire à la conscience possible du groupe, il était toutefois inconcevable que ce groupe aboutisse, en tant que sujet transindividuel, à une expression littéraire disons épicurienne ou mystique. En ce sens, le lien qui rattache les tragédies de Racine au jansénisme et à la noblesse de robe a un caractère *nécessaire* que ne possède pas celui qui les rattache à l'écrivain lui-même.

Et ce lien entre sujets transindividuels et développement historique est beaucoup plus visible lorsqu'il s'agit de mouvements sociaux et de processus globaux.

Une objection pourrait cependant être soulevée. Si les individus sont différents les uns des autres, comment un groupe peut-il constituer un sujet historique ? Elle ne me paraît pas valable car, à l'intérieur d'un groupe, les différences individuelles s'annulent mutuellement, renforçant précisément les tendances et les aspirations communes. Déjà, à un niveau purement statistique qui fait abstraction de toute structuration, s'il est impossible de savoir si Pierre se mariera ou aura un accident d'automobile l'année prochaine, étant donné la multiplicité des facteurs dont l'interférence pourrait provoquer ou empêcher ces événements, il est en revanche facile de prévoir, avec une marge d'erreur relativement faible, le nombre de mariages ou d'accidents d'automobile qui se produiront en France dans la première semaine de cette année même. Et ce statut de la connaissance joue, bien entendu, de manière renforcée bien que différente lorsqu'il s'agit de processus dynamiques et structurés.

Enfin, parmi les sujets transindividuels qui seuls permettent de comprendre les processus historiques, il faut souligner l'existence d'une catégorie privilégiée : il s'agit des classes sociales dont la praxis — et à partir de là la conscience et l'affectivité — est orientée vers l'organisation globale de la société, vers la structuration de l'ensemble des rapports interhumains et des rapports entre les hommes et la nature.

On comprend que cette catégorie de sujets transindividuels joue un rôle prépondérant dans l'évolution historique et qu'elle constitue le sujet des grandes créations culturelles (littéraires, philosophiques et artistiques).

Il me semble que ce concept de sujet collectif ou, plus précisément, transindividuel sépare nettement la pensée marxiste de toutes les autres philosophies. Car de Descartes à Sartre, en passant par Locke, Hume, la pensée des Lumières, Kant et Husserl, pour ne citer que quelques noms, nous trouvons jusqu'à aujourd'hui l'idée du sujet *individuel* au centre de tout un secteur de la pensée philosophique. D'autre part, dans les philosophies mécanistes on implique — et dans l'engouement contemporain pour le structuralisme on proclame même — la négation du sujet. Il reste — il est vrai — Hegel, chez qui nous trouvons un sujet transindividuel : « la substance comme sujet ». Mais, malgré certaines analyses partielles remarquables, cette substance, l'Esprit, demeure une notion spéculative très générale et, comme telle, dépourvue de précision. Ce n'est que dans la pensée de Marx que le sujet historique deviendra une réalité empirique qu'il faut dans chaque cas particulier dégager et étudier de manière positive. Ajoutons que pour chaque processus ou fait historique le sujet transindividuel n'est pas donné de manière immédiate et qu'il faut toujours une recherche assez longue et assez difficile pour le mettre en lumière.

Deuxième point important, étroitement lié d'ailleurs à l'idée de sujet collectif : le marxisme est une philosophie moniste qui refuse toutes les fausses alternatives caractérisant aussi bien l'idéalisme que le mécanisme, à savoir : sujet-objet, déterminisme-liberté, continuité-discontinuité, matière-conscience, etc. Nous aurons l'occasion d'y revenir ; contentons-nous de dire que, d'un point de vue marxiste, le thème dont nous traitons aujourd'hui ne saurait constituer une alternative. « Pouvoir et humanisme » ne peut signifier ni l'affirmation de leur identité, ni celle de leur opposition radicale et irrémédiable, impliquant une prise de position de principe pour l'humanisme contre le pouvoir ou pour le pouvoir contre l'humanisme ; comme dans toutes les autres alternatives, il s'agit d'éléments qui ont une indépendance relative mais se trouvent néanmoins toujours liés à l'intérieur de certaines structures concrètes. La tâche du théoricien est précisément d'analyser cette relation dans chaque cas et de faire, dans la mesure du possible, une théorie générale qui délimite le cadre des variations virtuelles de cette relation. J'ajouterai encore que ces alternatives caractérisent toute perspective du sujet individuel. Il en est ainsi, par exemple, pour les deux problèmes fondamentaux en sciences humaines : la relation entre les jugements de fait et les jugements de valeur ; la relation entre le sujet et l'objet.

Si je me situe dans une perspective individuelle, je me trouve en face de cette maison que je n'ai pas construite, qui est pour moi une donnée objective et extérieure, et que je peux tout au plus d'une part décrire et d'autre part juger sous un angle moral, esthétique ou pratique, y apportant éventuellement certaines modifications de type technique.

La situation en revanche est très différente dans la perspective du sujet transindividuel. Des groupes humains ont *réellement* construit cette maison, comme toutes les autres maisons de la ville, et les modifient constamment par le simple fait d'y vivre et de les intégrer dans leur existence. La structure urbaine de Korçula est un processus permanent dans lequel on ne saurait arbitrairement séparer les maisons d'une part, les comportements humains de l'autre. La manière de voir et de comprendre cette structure est étroitement liée aux besoins des hommes qui y vivent, à leurs aspirations, et ces aspirations sont elles-mêmes, dans une certaine mesure, le résultat de la structure urbaine et du statut économique et social de ses habitants. Les jugements de fait se fondent sur les jugements de valeur et inversement.

Dans les processus sociaux, les choses sont encore plus évidentes. Si l'on suppose que *Le Capital* est une œuvre individuelle, on a d'une part son auteur et d'autre part la société capitaliste qu'il a étudiée. On aboutit alors aux innombrables interprétations qui séparent chez Marx science et morale, ou science et politique, et lui reprochent d'avoir mélangé la constatation de ce qui est à l'affirmation de ce qui doit être.

Plaçons-nous au contraire dans la perspective d'un sujet collectif et admettons pour l'instant l'hypothèse — qui ne me paraît pas évidente — selon laquelle cette œuvre est une expression de la conscience prolétarienne de l'époque : la situation devient entièrement différente. Car, d'une part, en étudiant la société capitaliste et en élaborant son statut historique, le prolétariat s'étudie aussi lui-même en tant que partie importante de cette société ; il devient alors impossible de séparer radicalement la science de la conscience. Et d'autre part, par le simple fait de prendre conscience de son statut, le prolétariat se transforme en dehors de toute action technique et cette transformation modifie à un degré plus ou moins important la société capitaliste. Il y a ainsi non pas dualité radicale, mais identité partielle du sujet et de l'objet de la recherche.

De même, dans cette hypothèse, les analyses théoriques de Marx sont étroitement liées aux tendances et aux aspirations de la classe prolétarienne ; ces valeurs agissent profondément sur la structure catégoriale des analyses marxiennes, déterminant et leurs limites et les problèmes qu'elles peuvent mieux cerner que toutes les analyses antérieures. Inversement, les aspirations du prolétariat dépendent avant tout de son statut réel à l'intérieur de la société capitaliste, c'est-à-dire d'une réalité *de fait*. Ici non plus il n'y a pas dualité radicale entre les jugements de fait et les jugements de valeur qui se fondent les uns sur les autres dans une relation qui n'est pas constante et dont il convient d'étudier dans chaque cas le statut particulier. Les faits et la manière de les percevoir sont fondés sur les valeurs, et ces valeurs ne seront comprises que si on se demande qui les a élaborées et dans quelle situation ; c'est dire que les valeurs sont fondées sur les faits.

De même encore, dans la perspective du sujet collectif, une distinction fondamentale de la philosophie moderne, celle du sujet empirique et du sujet transcendantal, apparaît dénuée de toute signification. Le concept de sujet transcendantal est né du besoin de concilier l'affirmation que c'est l'homme qui construit le monde et surtout les catégories qui structurent la perception et la pensée scientifique, avec le fait que le moi empirique n'a de toute évidence construit ni le monde qu'il a en face de lui ni les catégories scientifiques et perceptives par lesquelles il l'appréhende. On aboutit ainsi à ce monstre, qui est supposé créer les structures de la connaissance à l'aide desquelles le sujet empirique appréhende un monde qui lui reste étranger et opposé. Si nous remplaçons au contraire le sujet empirique par les sujets collectifs, cette construction devient inutile : ce sont en effet les groupes humains empiriques qui ont effectivement construit les maisons, tracé les routes, développé l'industrie et en même temps créé les institutions sociales, l'État et les catégories mentales à l'aide desquelles les membres de ces groupes perçoivent ces réalités et en élaborent la théorie.

S'il s'agissait ici d'une série de conférences, je pourrais analyser une à une les alternatives mentionnées tout à l'heure pour montrer qu'elles ont le même statut épistémologique : celui de distinctions à justification partielle qui ont, tant qu'on reste conscient de leur caractère relatif, une valeur opératoire dans la recherche, mais qui deviennent fausses et voilent la réalité dès qu'on en fait des oppositions radicales et qu'on transforme l'étude de leurs relations en alternatives. Qu'il s'agisse de faits et de valeurs, de continuité et de discontinuité, de langue et de pensée, de théorie et de praxis, etc. il faudra chaque fois se demander comment se présente la relation dialectique entre ces éléments de la totalité.

Or parmi ces alternatives, il en est une — celle des relations entre Pouvoir et Humanisme — qui constitue l'objet de notre colloque. Sur ce point comme sur d'autres, il importe — je viens de le dire — d'être conscient du fait qu'il s'agit de deux éléments distincts d'une structure globale, éléments qu'il ne faut en aucun cas séparer de manière radicale mais dont il faut rechercher la relation aujourd'hui, dans notre situation actuelle, tout en sachant parfaitement qu'elle sera différente à d'autres époques.

Troisième idée méthodologiquement importante — et qui constitue d'ailleurs le refus d'une autre alternative : celle du déterminisme et de la liberté — : les sujets collectifs ne sont ni des réalités mécaniquement déterminées par les conditions sociales et économiques, ni des sujets entièrement libres, limités seulement de l'extérieur par les obstacles qu'ils rencontrent. En fait, comme nous l'a dit Marx dans la troisième *Thèse* sur Feuerbach [1], les hommes vivent dans des cadres sociaux et psychiques élaborés par les sujets collectifs antérieurs mais qu'ils transforment en créant des cadres sociaux nouveaux pour les générations à venir. Sans constituer un déterminisme rigoureux, les conditions qui ont engendré aussi bien la réalité sociale globale que leur propre forme de pensée créent les limites de leur action actuelle, limites que les transformations qu'ils opèrent dans la réalité rendront plus larges ou plus étroites,

---

1. « La doctrine matérialiste concernant le changement des circonstances et l'éducation oublie que les circonstances doivent être changées par les hommes et que l'éducateur doit être lui-même éduqué. Elle doit donc diviser la société en deux parties dont l'une est au-dessus de la société.

« La coïncidence du changement des circonstances et de l'activité humaine ou de l'autochangement ne peut être considérée et comprise rationnellement qu'en tant que *pratique révolutionnaire.* »

augmentant ou réduisant ainsi la liberté des générations futures. Et lorsqu'on se propose d'étudier la praxis historique, l'action des hommes en train d'accomplir ces transformations, Marx nous a montré qu'il faut utiliser deux concepts fondamentaux pour répondre à la question : dans des conditions données, que peuvent faire les hommes et que feront-ils probablement ? Ces concepts sont celui du *maximum de conscience et de praxis possibles* et celui de *conscience et de praxis réelles*.

Je voudrais terminer cette partie introductive en posant le problème d'un dernier couple de concepts qui constitue la clef de voûte de notre sujet : c'est la thèse — qui occupe une si grande place dans la littérature marxiste — du caractère fondamental de la relation qui lie l'histoire des moyens de production à l'histoire des rapports de production. Que signifie cette affirmation ? Elle n'a certainement jamais eu dans l'esprit de Marx, et elle ne peut avoir pour aucun sociologue sérieux, un caractère mécaniste. Elle signifie notamment que les groupes humains tendent à aménager leurs rapports mutuels (rapports de production signifiant toutes les formes de relations entre les groupes sociaux et, à partir de là, entre les individus dans une structure sociale donnée) afin de leur donner un caractère fonctionnellement optimal par rapport aux tâches à accomplir et à la manière de les accomplir étant donné la technique existante. Je me permettrai de donner un exemple qui n'est pas tout à fait valable parce qu'il s'agit d'un comportement individuel mais qui peut néanmoins aider à la compréhension du processus : si je devais donner des coups de marteau sur cette table et si, pour ce faire, j'étais étendu par terre, ce serait une situation pour le moins incommode ; et on pourrait prévoir que, dans la mesure où cela est possible, je finirais par me lever et par adopter une position plus favorable à l'action à accomplir.

Entre la praxis des hommes qui dépend de la technique et des moyens de production dont ils disposent et les conditions sociales dans lesquelles ils accomplissent leurs tâches, il y a une relation fonctionnelle étroite et, implicitement, une tendance à l'équilibration. Si la transformation de l'un de ces facteurs — notamment des moyens de production — crée une situation de déséquilibre et de tension dans les rapports sociaux existants, il est probable, il est même certain que les classes sociales les plus défavorisées par ce déséquilibre aspireront à, et orienteront leur action vers, une transformation qui rétablirait l'accord fonctionnel entre praxis productive et structure des relations sociales. Au fond, il s'agit de ce qu'on pourrait appeler dans un langage scientifique un processus de régulation dynamique.

Je mentionnerai brièvement que c'est le passage d'une structure à une autre à partir de tendances nées dans la première qui a été désigné dans la littérature dialectique comme passage de la quantité à la qualité.

Partant de ces concepts préalables, il devient évident qu'on ne peut jamais poser à un niveau abstrait des questions du genre : qu'est-ce que le socialisme ? le capitalisme ? l'aliénation ? l'humanisme ? le pouvoir ? Ces concepts ne deviennent opératoires que si on les met chaque fois en relation avec les éléments constitutifs des structures concrètes dont on veut mettre la nature en lumière, et en tout premier lieu avec la praxis des hommes à l'intérieur de ces structures et les conditions dans lesquelles elle s'exerce.

Il n'y a pas de socialisme abstrait et universel, ni de critère particulier qui autorise à dire *toujours et partout* que telle ou telle société est socialiste ou ne l'est pas. Ni l'étatisation des moyens de production ni les professions de foi de tel ou tel gouvernement ne suffisent à l'affirmer de manière fondée. Le socialisme suppose avant tout des rapports sociaux qui permettent aux hommes de vivre de la manière la plus conforme possible à leurs aspirations, dans un accord optimal entre les rapports de production et les conditions dans lesquelles s'exerce la praxis de la grande majorité des membres de la société. Dans cette perspective, il faut ajouter — et Marx l'a suffisamment souligné lui-même — que cet accord est d'autant plus facile à réaliser que la société est plus riche, de sorte qu'il est difficile d'imaginer une société réellement socialiste sans un très grand développement des forces productives.

Pour les mêmes raisons je ne saurais être d'accord avec ceux qui nous ont dit hier qu'il est inutile de parler de capitalisme d'organisation ou de société capitaliste technocratique puisqu'il s'agit toujours de sociétés capitalistes.

La question ne se pose pas au nom d'un jugement moral ; il ne s'agit pas d'avoir plus ou moins d'antipathie ou de sympathie pour l'une ou l'autre de ces formes sociales, mais d'élaborer des concepts opératoires qui permettent de comprendre la nature de la réalité sociale et d'en élaborer la théorie. Marx pouvait parler de *capitalisme* sans spécification particulière car il n'avait en face de lui qu'une seule structure capitaliste fondamentale avec, bien entendu, des modalités diverses dans chaque pays : le capitalisme libéral et concurrentiel. Mais dès le début du siècle, face à une structure fondamentale où les mécanismes de régulation du marché étaient transformés par le développement du capital financier, des monopoles et des trusts, les penseurs marxistes Hilferding, Lénine et Trotsky ont été obligés de créer un concept opératoire nouveau : celui d'impérialisme ; et bien entendu aucun de ces théoriciens ne perdit jamais de vue que le capital financier est une forme de capital et que l'impérialisme était une forme de capitalisme. Mais ce concept général ne suffisait plus à un moment où on connaissait déjà deux formes fondamentales de la structure capitaliste, formes qu'il fallait distinguer.

Cinquante ou soixante ans plus tard, nous nous trouvons devant un nouvel ensemble de transformations de la société capitaliste qui nous oblige, à côté des concepts de capitalisme libéral et d'impérialisme, à en créer un troisième : celui de capitalisme d'organisation ou de société technocratique (la terminologie n'est pas encore consacrée) ; et cela sans oublier, bien entendu, qu'il s'agit toujours de sociétés capitalistes où les concepts fondamentaux d'exploitation, d'aliénation, de plus-value continuent à être valables. Cette introduction d'un concept nouveau n'en reste pas moins nécessaire pour comprendre la nature *concrète* et les fonctions *actuelles* de l'exploitation, de l'aliénation, de la plus-value et de toute une série de phénomènes contemporains.

Revenons à l'idée que les hommes, c'est-à-dire les groupes sociaux, tendent à établir une adéquation aussi forte que possible entre les forces productives et les rapports de production. Cela signifie que le problème des relations entre ces deux aspects de la vie sociale se pose encore, et se posera longtemps, non seulement dans le monde capitaliste mais aussi dans les sociétés qui se désignent elles-mêmes comme socialistes. Et comme toute tension entre les conditions techniques du travail et les relations sociales existantes à un moment donné a abouti dans le passé à la création de groupes sociaux orientés vers une réorganisation de ces rapports — c'est-à-dire à la formation de classes sociales — le problème continuera à se poser de manière analogue dans les sociétés d'aujourd'hui. La tâche urgente est de saisir concrètement les formes spécifiques de ces phénomènes.

Quant au problème des relations entre le pouvoir politique et l'humanisme, il ne saurait être ni celui de chercher une identification totale et définitive des deux éléments, le moyen d'établir un pouvoir politique réellement et durablement humaniste, ni celui d'admettre leur opposition radicale en affirmant que le pouvoir est toujours inhumain et l'humanisme une attitude morale dépourvue de réalisme politique. Il faut bien plutôt se demander quelle est la nature des moments où, dans l'histoire effective des hommes, pouvoir et humanisme se rapprochent le plus, et inversement ceux où ils entrent résolument en conflit. C'est au fond, me semble-t-il, la seule approche positive et scientifique du problème de l'aliénation.

Or la réponse à la première de ces questions dépend de deux paramètres : le premier étant le maximum de développement *possible* des forces productives au moment de l'analyse ; le second étant la relation entre le niveau réel de développement des forces productives et les rapports de production existants.

Si nous prenons nos exemples dans les sociétés du passé, sur lesquelles l'accord sera plus facile à établir entre chercheurs marxistes ou proches du marxisme, je pense que nous serons tous d'accord pour dire que pendant une très longue période de l'histoire de l'humanité la division en classes était nécessaire : d'une part, pour maîtriser au maximum la nature et assurer le progrès de cette maîtrise ; d'autre part pour assurer aux hommes la possibilité de vivre de mieux en mieux à l'intérieur de la société. Mais, une fois faite cette constatation extrêmement générale, il reste à se demander, dans chaque cas, si la forme concrète de la division en classes correspond à un maximum possible de la maîtrise de la nature ou si elle est déjà devenue oppressive, dans la mesure où des groupes privilégiés défendent des structures qui ne correspondent plus à l'optimum des relations interhumaines et du développement des forces productives. Dans le premier cas, il n'y a sans doute pas une situation idéale conforme à un moralisme spiritualiste et abstrait, mais une situation optimale dans les relations entre le pouvoir politique et ce qu'on pourrait appeler l'humanisme ; c'est, dans l'étude historique, le seul sens possible du concept de non-aliénation. Dans le second cas, le pouvoir devient nécessairement répressif, engendrant l'aliénation, et l'humanisme bascule du côté des forces d'opposition orientées vers le renversement du pouvoir et la transformation de l'ordre social.

Je prendrai deux exemples pour illustrer cette analyse : ceux de la société féodale et de la société bourgeoise.

Bien qu'on puisse faire un schéma théorique plus ou moins rigoureux du féodalisme, il n'en resterait pas moins insuffisant. Il n'y a pas de féodalisme en soi, mais des sociétés féodales concrètes nées de sociétés antérieures et se transformant elles-mêmes jusqu'à leur disparition. Il va de soi aussi qu'aucune société féodale n'a jamais été égalitaire et que le féodalisme a toujours été fondé sur l'oppression et l'exploitation des serfs. Cela dit, tant que les seigneurs féodaux, tout en exploitant leurs serfs, remplissaient néanmoins une fonction sociale utile à ces derniers ; tant que, pour pouvoir les exploiter, ils les protégeaient contre les pillards éventuels et surtout contre les autres seigneurs féodaux du voisinage ; tant que, enfin, les exigences des seigneurs et le taux d'exploitation étaient limités par l'économie naturelle (le château ne pouvait consommer qu'une quantité limitée de denrées), l'organisation féodale a représenté dans toute une partie de l'Europe et certainement en France un équilibre plus ou moins proche de l'optimum entre les forces de production et les rapports de production et, à partir de là, entre le pouvoir social et politique et le développement de l'humanisme.

Par la suite, les villes et l'économie marchande se développent. Les seigneurs féodaux, libres désormais de vendre leurs produits, commencent à augmenter considérablement leurs exigences et accentuent l'exploitation des serfs. Mais, dans le même temps, trois processus concomitants viennent s'opposer à cette exploitation : l'affaiblissement militaire des seigneurs que le besoin d'argent conduit à réduire leurs suites ; le développement des villes qui constituent des foyers de résistance aux seigneurs et offrent aux paysans le moyen de s'enfuir et d'échapper au servage ; le pouvoir central qui, appuyé sur la bourgeoisie des villes, commence à lutter contre la féodalité. Du fait de cette situation contradictoire, la structure féodale devient réactionnaire, oppressive et aliénante.

Le conflit entre le pouvoir social et politique des seigneurs et l'humanisme bourgeois ira croissant.

Le problème se pose de manière analogue lorsque nous étudions l'histoire du capitalisme. Nous savons tous à quel point la création de l'industrie par la bourgeoisie s'est accompagnée d'une exploitation odieuse et d'une extraordinaire misère de la classe ouvrière [1]. Et aussi que, dans une perspective globale, ce progrès de la bourgeoisie était, malgré l'affreuse misère qui l'accompagnait, une manière efficace — peut-être la plus efficace — de développer la production et d'assurer aux sociétés européennes les conditions d'une libération ultérieure.

Mais au fur et à mesure où l'industrie s'est développée et où les sociétés occidentales sont sorties de la première révolution industrielle — je ne reprendrai pas ici toute l'analyse du développement des monopoles et de l'impérialisme élaborée par les classiques du marxisme — le pouvoir de la bourgeoisie est devenu de plus en plus oppressif ; la rupture s'accentua entre la culture et les valeurs humanistes d'une part et d'autre part le pouvoir des classes dominantes et de l'État. Ce phénomène s'accentuera encore — Marcuse, Adorno et l'École de Francfort l'ont montré de manière particulièrement nette — avec le développement contemporain de la société technocratique.

Des phénomènes analogues apparaissent, bien entendu dans les pays socialistes. Ce n'est que par l'analyse

[1]. Les U.S.A., qui avaient besoin de main-d'œuvre immigrée, à laquelle il fallait assurer des revenus plus élevés, et qui ont construit leur industrie à l'aide de capitaux empruntés à l'Europe, constituent la seule exception.

concrète des relations entre d'une part la structure des rapports sociaux et du pouvoir politique fondé sur eux et, d'autre part, les conditions de vie et de travail des hommes, ce n'est que par l'étude de la fonctionnalité de ces relations et de leurs possibilités d'assurer l'optimum de développement des individus, qu'on pourra décider du caractère socialiste et non aliénant, ou au contraire oppressif et aliénant d'une société et du rapprochement ou de l'opposition entre le pouvoir politique — qu'il se dise ou non socialiste — et la culture humaniste.

Connaissant peu — en tout cas trop peu — les sociétés à caractère socialiste, je me contenterai dans la dernière partie de mon exposé d'analyser concrètement le problème tel qu'il se pose aujourd'hui dans les sociétés industrielles occidentales. Ce sont, je l'ai déjà dit, des sociétés capitalistes et, plus précisément, des sociétés qui entrent dans la troisième phase de l'histoire du capitalisme : celle que nous avons appelé le capitalisme d'organisation ou capitalisme technocratique. Ce dernier succède, après la période du capitalisme libéral, à la seconde phase que les classiques du marxisme ont appelée phase impérialiste et que je préfère appeler phase du capitalisme en crise. Il me faut justifier rapidement ce changement de terminologie, qui porte moins sur le contenu même de l'analyse théorique que sur les traits spécifiques de l'objet étudié. Lorsque Lénine caractérisait par le terme d'*impérialisme* la seconde phase historique du capitalisme, il mettait l'accent, entre autres, sur le caractère expansionniste et agressif à l'extérieur des frontières qui apparaissait comme un des traits spécifiques de cette période *par rapport au capitalisme libéral*. Mais, précisément, ce trait n'est plus spécifique si nous envisageons cette période *par rapport au capitalisme technocratique*, qui n'est ni moins expansionniste, ni moins agressif dans sa politique étrangère que ne l'étaient précédemment les grands États. Aussi le concept d'impérialisme risque-t-il d'effacer les différences pourtant essentielles entre la seconde et la troisième phase du capitalisme, dans la mesure où il peut s'appliquer aussi bien à l'une qu'à l'autre. C'est pourquoi je préfère le terme de capitalisme en crise car il permet de distinguer la période 1910-1950, aussi bien par rapport au siècle précédent que par rapport aux vingt dernières années.

Cette période a été, en effet, caractérisée par l'impossibilité de réaliser un équilibre économique, social et politique, même de courte durée, et cela par suite du développement des monopoles et des trusts qui ont compromis la régulation libérale par le marché sans encore trouver le moyen de créer les nouveaux mécanismes d'autorégulation qui ne seront mis en place qu'après la Seconde Guerre mondiale. C'est pourquoi, après une longue période de développement relativement stable, troublée seulement par des crises cycliques et quelques guerres relativement localisées (entre 1848 — ou même 1815 — et 1914), nous voyons se succéder dans le monde occidental, à un rythme extrêmement rapide : la Première Guerre mondiale, la crise politique et sociale des années 1921-1923, l'extraordinaire crise économique de 1929-1933, le fascisme allemand et enfin la Seconde Guerre mondiale.

Ajoutons que cette période a été caractérisée aussi par le développement d'une philosophie spécifique : l'existentialisme, centré sur l'angoisse, la condition précaire de l'homme, ses limites, et la limite par excellence, la mort.

Ce n'est qu'après la Seconde Guerre mondiale, et au moins en partie sous la pression du développement ininterrompu des forces productives en U. R. S. S., que le capitalisme occidental est parvenu à mettre sur pied des mécanismes d'autorégulation interventionnistes en créant — ce qu'aucun classique du marxisme n'aurait imaginé — d'importants éléments de la planification dans le capitalisme.

Il va de soi que je ne saurais faire ici une analyse exhaustive de cette troisième étape, mais je voudrais au moins insister sur quelques-uns de ses processus spécifiques.

Tout d'abord la disparition non pas des couches moyennes en tant que telles mais des couches moyennes *indépendantes*, constituées dans la période libérale, et même dans la période de crise du capitalisme, par les *notables*. Les couches moyennes qui se développent actuellement dans les sociétés industrielles occidentales diffèrent sur un point essentiel de celles qui caractérisaient les sociétés antérieures : ce ne sont plus des couches moyennes économiquement *indépendantes* mais des couches moyennes *salariées*, c'est-à-dire des gens qui gagnent autant et même plus peut-être que les notables traditionnels mais qui sont des administrateurs, des chercheurs, des cadres, des techniciens. Or cette disparition des notables indépendants constitue une modification profonde de la nature des couches moyennes et, à partir de là, de la structure même des sociétés capitalistes.

D'autre part, le capitalisme d'organisation assure un développement considérable de la technique, c'est-à-dire des forces productives. On a dit, au cours de la discussion, que ce développement est « factice ». Je ne comprends pas ce que cela peut vouloir dire. Est-ce que la découverte de l'énergie atomique, des matières plastiques, de l'automation, de la navigation spatiale est factice ? Il ne faut pas se payer de mots au nom de je ne sais quelle orthodoxie. Les sociétés capitalistes sont en mesure d'assurer aujourd'hui un extraordinaire développement réel des forces productives : il s'agit de ce qu'on a appelé, à juste titre je pense, la seconde révolution industrielle.

Or cette seconde révolution industrielle entraîne encore un autre changement important dans la structure sociale. Si d'un côté elle fait disparaître les notables, elle entraîne aussi une diminution en poids relatif, et même parfois en nombre absolu, du prolétariat traditionnel, des ouvriers non qualifiés travaillant à la chaîne qui caractérisaient la grande industrie au cours de la période précédente, développant ce qu'on peut appeler « la nouvelle classe ouvrière » ou — comme je le préfère — « les couches moyennes salariées » (selon que l'on met l'accent sur le niveau des revenus ou le caractère salarial). Il naît ainsi une couche croissante de spécialistes, et cela signifie — nous verrons tout de suite l'importance concrète de cette constatation — que des forces humaines productives, des travailleurs qui ont un lien très proche avec la production vont de plus en plus passer par les universités, modifiant ainsi le caractère de ces dernières et même la société globale.

En troisième lieu, la naissance du capitalisme d'organisation et les mécanismes de régulation économique sur lesquels il se fonde entraînent une réduction considérable — qui pourrait devenir totale — des crises économiques de *surproduction* ; ce qui ne signifie pas bien entendu — et je ne veux pas qu'on me le fasse dire — la suppression des crises sociales et politiques, bien que dans une situation nouvelle celles-ci aussi changent de nature [1]. Cette modification de la structure économique entraîne, entre autres, une augmentation très relative mais néanmoins réelle des revenus et aussi du temps libre, bref, une augmentation du standard de vie pour l'ensemble des couches salariées, et en tout premier lieu pour les couches moyennes salariées c'est-

---

1. En revanche, nous venons de voir qu'il existe encore des crises monétaires ; celles-ci me paraissent cependant dues à l'imperfection des mécanismes d'autorégulation et, en tant que telles, évitables dans un avenir plus ou moins proche. Bref, je ne crois pas qu'elles soient liées à la nature du capitalisme d'organisation, comme l'étaient les crises de surproduction au capitalisme libéral ou au capitalisme en crise. Mais c'est là un point dont on pourrait discuter et qu'il ne saurait être question de trancher ici.

à-dire pour le groupe social dont le poids va croissant.

Or, l'analyse traditionnelle de Marx, que nous connaissons tous, était fondée sur le concept de paupérisation. On peut discuter à perte de vue pour savoir si Marx imaginait une paupérisation absolue ou une paupérisation relative. Ce qui me paraît certain, c'est que son analyse implique l'idée que le développement du capitalisme rendrait progressivement la vie insupportable à une couche de plus en plus large d'ouvriers ; qu'à partir de là, quel que soit l'état réel de la conscience de classe ouvrière, l'évolution économique et sociale — c'était la théorie géniale de la conscience possible — rendrait le prolétariat de plus en plus mécontent et de plus en plus révolutionnaire dans la mesure où il n'avait aucune chance d'occuper des positions économiques dominantes de contrôle à l'intérieur de la société capitaliste.

La perspective d'avenir se présentait comme une alternative : ou bien une révolution politique préalable à toute prise de contrôle économique et social et suivie d'un profond bouleversement sur ces deux plans, ou bien la barbarie et l'aliénation totale ; alternative où la première éventualité, la révolution prolétarienne, était de loin la plus probable.

Aujourd'hui, un siècle après la parution du *Capital*, nous nous trouvons tout d'abord devant une classe ouvrière qui a, lentement sans doute mais néanmoins réellement, augmenté progressivement son standard de vie, ce qui a empêché le développement en Europe occidentale (excepté pour de très brèves périodes) de puissantes organisations politiques révolutionnaires. Si Lénine expliquait le réformisme par l'existence d'une aristocratie ouvrière, il faut se rendre compte que c'est non pas une minorité mais la grande majorité de la classe ouvrière en Angleterre, en Allemagne, en France et aux U. S. A. qui a constitué cette aristocratie par rapport au reste du monde. C'est un des facteurs les plus importants qui explique le caractère essentiellement réformiste aussi bien de la social-démocratie allemande d'avant-guerre que des partis communistes allemand et français depuis au moins 1924 ou 1925 ; et cela malgré une idéologie révolutionnaire de surface devenue de plus en plus scolastique. Ce réformisme, lié entre autres à l'organisation de la classe ouvrière et aux conquêtes syndicales, était — et est encore — un *réformisme intégré* à la société capitaliste, qui se propose d'y introduire un certain nombre de modifications, importantes sans doute mais néanmoins secondaires, qui ne menace en rien le capitalisme en tant que tel, et dont l'action *réelle* ne s'oriente nullement vers un changement profond de l'ordre social. En bref, les organisations politiques et syndicales de la classe ouvrière ne posent qu'en paroles et nullement dans leur action réelle le problème du dépassement du capitalisme.

Or, ce qu'on a appelé la nouvelle classe ouvrière, ou encore les nouvelles couches moyennes salariées, se trouvent dans une situation essentiellement différente. Sans doute le problème du standard de vie est-il complètement renversé ; son amélioration devient évidente et, pour ces couches, une paupérisation pourrait être difficilement défendue, même par les doctrinaires les plus dogmatiques. A partir de là le problème de l'aliénation se modifie lui aussi de fond en comble. L'École de Francfort, Adorno et surtout Marcuse, nous ont montré dans des ouvrages remarquables l'abêtissement, le rétrécissement de l'horizon intellectuel, la disparition de toute dimension critique et créatrice de la conscience, qui menacent ces couches dans la mesure où elles accepteraient passivement les avantages que leur propose le capitalisme d'organisation. Une société hautement administrée, et qui étend l'administration jusqu'à la culture au point de l'étouffer et de la faire disparaître — car rien n'est plus contraire à la culture que l'administration — ; le consommateur absolu et passif, gagnant sa vie comme simple exécutant pour s'offrir des gadgets ;

le Club Méditerranée de la pensée : voilà la grande menace qui se profile à l'horizon. A la contrainte extérieure du fascisme et des camps de concentration se substitue quelque chose de plus subtil et de plus dangereux : l'abêtissement, le lavage de cerveau, la corruption par le revenu, les vacances, l'action des mass-media et de la publicité.

Il faut reconnaître que, pendant toute une période qui s'étend à peu près de 1950 à 1968, ce processus d'intégration a semblé effectivement réussir. C'est pendant cette période que se sont développées des théories sociologiques qui, radicalement opposées les unes aux autres dans leurs jugements de valeur, affirmaient néanmoins la même chose et transformaient une situation transitoire en période historique. Enchantés de la naissance d'une pensée « positive » (et cela voulait dire intégrée), Raymond Aron et Daniel Bell chantaient l'hymne de la fin des idéologies ; avec la conscience mélancolique que la culture était en train d'agoniser, David Riesmann annonçait la fin du radar intérieur ; avec la conscience apocalyptique du prophète qui voit arriver la fin du monde, Herbert Marcuse clamait l'avènement de ce monstre qu'est l'homme unidimensionnel. En même temps d'ailleurs, en France, une théorie qui se présentait comme scientifique alors qu'elle était en réalité hautement idéologique, et qui, avec Althusser, pénétrait même la pensée marxiste, annonçait la disparition du sujet, de l'homme et de l'Histoire, l'avènement d'un « savoir » réservé à une élite, complètement séparé des masses par la « coupure épistémologique » entre d'une part l' « idéologie », la « pensée sauvage » et d'autre part la « Science ».

Quelles étaient, sur le plan économique et social, les caractéristiques de la société technocratique en voie de se constituer dans le monde occidental qui avaient engendré ces idéologies ?

Tout d'abord — je l'ai déjà dit — constitution progressive de mécanismes d'autorégulation et de planification économique. A partir de là, diminution considérable des notables et diminution progressive du poids social des ouvriers non qualifiés, des anciens travailleurs à la chaîne ; augmentation d'une couche nouvelle de spécialistes relativement bien payés, à revenu croissant, ayant de plus en plus une importance décisive dans le processus de production ; mais aussi, phénomène capital, concentration progressive des décisions entre les mains d'un groupe relativement restreint d'individus, notamment de planificateurs (je les appellerai des « technocrates », en ne liant pas particulièrement ce mot à l'idée de technique mais plutôt à celle de décision, et en l'opposant au mot « technicien » ; il y a ainsi des technocrates de l'économie, de la politique, de l'enseignement, de la publicité, des loisirs, etc.) ; enfin, contrepartie du développement de la technocratie, réduction des techniciens spécialistes, des nouvelles couches moyennes salariées au niveau de simples exécutants. Je n'insisterai pas — Marcuse et l'École de Francfort l'ont fait de manière suffisamment brillante — sur le rétrécissement intellectuel et la suppression de la dimension critique qu'a entraînés cette transformation.

Faut-il, à partir de là, accepter les conclusions, catastrophiques pour l'homme et la culture, des apologistes du capitalisme, des prophètes de l'Apocalypse ou des théologiens de la scolastique anti-humaine ? Faut-il donner raison à Raymond Aron, à Daniel Bell, à Herbert Marcuse, à Claude Lévi-Strauss ou à Roland Barthes ? Je ne le crois pas. La réalité sociale est beaucoup plus complexe qu'elle n'apparaît à tous ces théoriciens qui confondent une période de transition relativement brève avec une période historique ou avec un statut fondamental et « anhistorique » de l'humanité.

Tout d'abord, s'il est vrai que la première réaction à l'augmentation du niveau de vie d'une génération qui avait encore connu — directement ou par l'intermédiaire de ses parents — l'incertitude et l'angoisse des années 1929 à 1945 a été l'enthousiasme pour la sécurité et le bien-être offerts par la nouvelle société technocratique, les choses devaient et doivent se modifier avec la poursuite de cette évolution. La sécurité, le revenu permettant de vivre à un niveau décent, deviennent des choses naturelles et qui vont de soi.

Phénomène plus notable encore : à chaque augmentation du revenu, l'augmentation suivante doit perdre de sa valeur pour la conscience. Une seconde voiture a moins d'importance que la première, une troisième beaucoup moins que la seconde. La différence entre la possession d'un ou de deux costumes est énorme, elle diminue considérablement entre six et sept, etc. Il y a donc beaucoup de chances — et cela constitue une possibilité réelle pour l'action socialiste — pour que l'augmentation du standard de vie perde son poids de facteur d'intégration et pour que, parallèlement, l'exclusion de toute participation aux décisions, le statut de simple exécutant devienne une frustration de plus en plus difficile à supporter ; et cela d'autant plus qu'il y a là une contradiction virtuelle — et qui doit aller en s'accentuant — entre la culture universitaire, l'accroissement des connaissances qu'exige la spécialisation, et le rétrécissement d'horizon intellectuel, l'absence de tout intérêt non seulement social et politique mais même organisationnel pour la politique d'investissements de l'entreprise qu'implique l'adaptation à la société techno ratique. Le produit le plus important qui était à la base de l'image du capitalisme d'organisation intégré — ce que j'ai appelé un jour le spécialiste et l'universitaire analphabètes — contient une contradiction interne qui risque fort d'éclater au cours de l'évolution historique. Dans la mesure cependant où la conscience des couches moyennes salariées s'orientera très probablement de plus en plus vers des revendications non pas quantitatives mais qualitatives, vers une exigence de participation aux décisions et, à la limite, vers une gestion entièrement démocratique de l'entreprise, la perspective d'une évolution des sociétés industrielles vers le socialisme se trouve à la fois réactualisée et profondément modifiée.

Or cette couche tend à devenir à la fois la couche numériquement la plus importante de la société nouvelle, et un groupe social dont les individus, difficilement remplaçables étant donné leur qualification, se trouvent situés au point névralgique de toute l'organisation sociale : son orientation a donc toute chance de devenir décisive pour l'évolution de la société. Lancée d'abord par les socialistes yougoslaves et née du besoin de donner une infrastructure à leur attitude critique à l'égard du socialisme centraliste et bureaucratique de l'U. R. S. S., l'idée d'autogestion qui était — et est encore — très difficile à réaliser dans un pays en voie d'industrialisation — vous connaissez toutes les difficultés auxquelles elle se heurte du fait, entre autres, du caractère arriéré des couches paysannes et de certaines couches ouvrières qui viennent seulement de quitter la paysannerie — s'est répandue comme une flamme en occident en mai 1968. Elle est aujourd'hui sinon acceptée — la résistance farouche du P. C. F. et de la C. G. T. suffirait à rendre cette acceptation impossible — tout au moins discutée par des dizaines de milliers de jeunes gens et d'ouvriers qui n'en avaient jamais entendu parler, et elle devient, dans cette perspective, la principale et peut-être l'unique forme concrète que peut prendre une orientation socialiste dans les sociétés industrielles avancées.

Le schéma marxiste traditionnel d'un prolétariat qui, n'ayant aucune possibilité de conquérir des positions sociales et économiques importantes à l'intérieur de la société capitaliste, ne saurait arriver au socialisme que par une révolution politique, une conquête de l'État préalable à toute réforme fondamentale de la structure économique, se trouve profondément modifié. Des conquêtes qualitatives orientées vers le contrôle de la production et l'autogestion ne supposent plus nécessairement une conquête préalable de la machine étatique, et la marche vers le socialisme prendra probablement un chemin analogue au développement de la bourgeoisie à l'intérieur de la société féodale, à savoir : celui d'une conquête graduelle — bien que jalonnée de conflits parfois très aigus — du pouvoir économique et social, suivie d'une conquête révolutionnaire (Angleterre-France) ou réformiste (Italie-Allemagne) du pouvoir politique.

Il s'agit sans doute d'une orientation réformiste, mais essentiellement différente du réformisme qui a caractérisé la période antérieure dans l'histoire du capitalisme. Ce dernier s'orientait vers des aménagements de la structure sociale existante ; cette fois, il s'agit — comme dans le cas de la lutte en dernière instance réformiste, elle aussi, de la bourgeoisie contre la société féodale — d'un réformisme orienté vers un changement radical des structures, c'est-à-dire d'un réformisme révolutionnaire.

A ce sujet, je voudrais dire quelques mots sur l'opposition entre la nature et la fonction de l'université dans le capitalisme libéral et dans le capitalisme d'organisation. Une des raisons du mouvement étudiant dans les pays capitalistes avancés me paraît d'ailleurs être le renversement radical de cette nature et de cette fonction.

La société libérale traditionnelle était en effet composée de deux secteurs à structure différente : l'un, autoritaire, embrassant la production et, sur son modèle, l'armée et surtout la famille ; l'autre, égalitaire et démocratique, réservé aux notables, embrassant surtout le marché (sauf le marché de la main-d'œuvre) et la vie culturelle, sociale et politique dans la mesure — et dans la mesure seulement — où les notables y participaient. Ce dualisme posait le problème du passage du jeune enfant éduqué dans une famille autoritaire — à l'intérieur de laquelle il occupait une position subordonnée — au statut de notable indépendant, ayant un jugement suffisamment critique pour prendre des décisions importantes et exercer à son tour l'autorité dans le secteur hiérarchisé. L'université et, dans une certaine mesure, les dernières classes de l'école secondaire avaient précisément pour fonction d'assurer ce passage ; ce qui explique le caractère libéral et critique d'une université qui avait pour mission de créer des esprits indépendants même lorsqu'elle leur transmettait des idées conservatrices et réactionnaires.

Or cette situation s'est renversée du tout au tout avec le remplacement des notables par les couches moyennes salariées. Simples exécutants dans la plus grande partie de leur activité, ayant relativement peu de décisions importantes à prendre par eux-mêmes, les membres de ces couches — comme les anciens notables — ont transporté dans une très grande mesure leur comportement du bureau à la maison, du lieu de production à la famille, provoquant ainsi une libéralisation de la vie familiale et une importante diminution de l'autorité paternelle.

Vous voyez facilement la double conséquence de ce changement. L'université, qui reçoit une masse de plus en plus grande d'étudiants n'est plus réservée aux notables et devient un élément constitutif de la production, a maintenant pour mission de transformer des enfants éduqués de manière relativement libérale et peu habitués à obéir en exécutants disciplinés. On comprend que sa structure critique traditionnelle a tendu à faire progressivement place à une structure autoritaire et mandarinale qui existe même lorsque les idées transmises sont progressistes et libérales.

Malheureusement, cette structure autoritaire entre en conflit non seulement avec les tendances libérales qui commencent à se développer dans les nouvelles couches moyennes et particulièrement dans la jeune génération, qui n'a connu ni la crise ni la guerre et n'est pas encore intégrée à la structure hiérarchique de l'appareil de production, mais encore avec le statut même du savoir scientifique dont la progression rapide fait que très souvent de jeunes assistants de trente à quarante ans sont plus au courant de l'état actuel de la pensée scientifique que les professeurs auxquels ils sont hiérarchiquement subordonnés.

J'ajoute que cette situation contradictoire — qui devait mener à la crise — est d'autant plus importante pour la société globale que l'université n'est pas une entreprise quelconque mais un noyau à partir duquel les nouvelles couches de spécialistes sont diffusées dans l'ensemble de la production.

Ainsi, devant les événements de ces toutes dernières années et, notamment, depuis les événements de mai 1968 en France — qui ont suivi une longue période de stabilisation relative — le problème le plus important est celui de savoir s'il s'agit d'une crise de même type que celles qui ont jalonné le xixe et le xxe siècle, ou si au contraire nous sommes devant les premières manifestations de nouvelles forces sociales, nées de la seconde révolution industrielle et orientées vers une nouvelle perspective.

Au niveau purement empirique, il faut avouer qu'il serait difficile de trancher et que les deux thèses peuvent être défendues. C'est à l'intérieur de l'analyse théorique globale que je viens de développer que j'opte pour la deuxième. Il est probable que les événements à venir, l'évolution ultérieure permettront de répondre à cette question. Ce qui me paraît certain, en tout cas, c'est que, même s'il s'agit des premières manifestations de forces nouvelles, celles-ci n'ont pas encore atteint un niveau de conscience historique et théorique suffisamment développé et que la plupart des étudiants et des ouvriers qui ont participé au mouvement de mai parlaient et parlent encore le langage de la période des structures autoritaires tant des forces dominantes que des forces de contestation. Quel que soit le jugement que l'on porte sur la pensée de Marcuse — et j'ai eu l'occasion plusieurs fois de discuter avec lui ici à Korçula et de dire ce qui nous sépare — il a eu le mérite de poser tout au moins les problèmes qui correspondent à la génération nouvelle et au monde où elle a grandi, alors que la plupart des théoriciens marxistes continuent à parler le langage de la paupérisation, de la révolution politique prolétarienne préalable à toute transformation sociale et économique, et de la dictature du prolétariat.

Malgré l'admiration que j'ai pour Lénine et pour Trotsky — et je vous assure qu'elle est énorme — il importe de savoir que le monde a changé et que nous devons éviter à tout prix de devenir scolastiques et dogmatiques en continuant à parler le même langage et à répondre aux mêmes problèmes. Un metteur en scène de la jeune génération a donné à un de ses films un titre caractéristique : *la Chine est proche*. Les gens de mon âge font partie d'une génération pour laquelle aucune information sur les progrès de la technique, sur les possibilités d'arriver en deux jours à Pékin et en quelques jours sur la lune ne changera rien au fait que la chine est lointaine et reste un monde tout à fait différent. Un exemple très limité permet d'illustrer le phénomène : lorsque les premières nouvelles de la Révolution culturelle ont paru dans la presse occidentale, elles montraient le désarroi et la désorientation totale des correspondants ; ceux-ci avaient leur schéma sur le monde communiste, sur son caractère strictement discipliné et organisé et, devant le flot d'affiches qui couvraient les murs des villes, se demandaient — après se les être fait traduire — de qui elles émanaient, quel était l'organisme qui les avait fait coller sur les murs. Les jeunes qui ont vu tout cela à la télévision ont eu au contraire une réaction toute différente : ils y ont vu un moyen spontané d'expression, et il a suffi de deux jours d'occupation de la Sorbonne pour que nous comprenions tous que, dans un moment de révolte populaire, une affiche collée sur un mur signifiait simplement qu'un homme avait quelque chose à dire et qu'il s'adressait à tous les passants. Le mur comme moyen d'expression à la place du livre et du journal était difficilement concevable pour les gens de quarante ans ; il était tout naturel pour les filles et les garçons de vingt. La Chine est proche, et les jeunes qui le savent et le vivent ont raison contre l'érudition de tous les sinologues et géographes de la génération précédente.

Cela dit, il n'en reste pas moins vrai que ces jeunes gens qui découvrent de manière intuitive qu'un mur est un moyen d'expression et que la Révolution culturelle les concerne, n'ont pour la plupart aucune conscience claire et surtout aucune conscience théorique des phénomènes contemporains et de leur propre comportement. C'est là que la carence des théoriciens de la génération précédente, de notre génération, apparaît la plus dangereuse. N'ayant reçu aucun moyen sérieux de comprendre la société contemporaine ni de se comprendre lui-même, le mouvement tout entier souffre d'une ambiguïté fondamentale. Il parlait, et parle encore, le langage des socialistes et des révolutionnaires du début du siècle ou des pays en voie de développement, le langage de Trotsky, Lénine, Rosa Luxemburg, Guévara ou Mao, pour dire la contestation dans les pays industriels de la seconde moitié du XXe siècle ; or la distance entre ces deux périodes est beaucoup plus grande qu'elle n'était, par exemple, entre 1850 et 1917. Ces discordances entre, d'une part, la conscience et le langage et, d'autre part, le comportement et les problèmes réels auxquels il s'agit de répondre engendrent bien entendu une ambiguïté parfois favorable à l'apparition de la conscience nouvelle, mais fatale souvent à la structuration de l'action.

Et, pour terminer sur le dilemme Pouvoir et Humanisme : dans l'ancienne problématique du mouvement ouvrier et de la pensée marxiste, la hiérarchie et la discipline des classes dominantes, qui organisaient et perpétuaient l'exploitation, exigeaient une défense des classes opprimées et des valeurs humaines organisée, centralisée et hiérarchisée sur le même modèle. Si vous voulez, il s'agissait de la lutte entre deux camps qui prenaient tous deux des structures organisationnelles se rapprochant de la structure militaire des armées traditionnelles formées avant tout de troupes d'infanterie. Deux choses m'ont cependant frappé dans le mouvement de mai 1968, et notamment dans le mouvement étudiant : le refus radical de toute organisation et de toute discipline, et l'exigence profonde de liberté et de spontanéité ; un refus et une exigence qui allaient jusqu'au pathologique lorsque des Comités d'action refusaient de maintenir le même secrétaire le matin et l'après-midi, ce qui supprimait toute continuité et ne permettait même pas de conserver les procès-verbaux. Tout cela était bien entendu absurde et condamné à l'inefficacité. L'important est néanmoins de savoir si nous étions en face d'une mentalité enfantine ou, au contraire, d'une réaction encore confuse mais essentiellement justifiée contre la discipline et le caractère hiérarchique d'organisations ne correspondant plus à la société nouvelle en train de se constituer. La réponse dépend de l'existence de forces nouvelles en voie de développement, orientées à la fois vers la liberté, la démocratie et la transformation socialiste de la société. L'espoir de démocratisation du mouvement ouvrier ne saurait être réellement fondé que sur le fait qu'il se trouve maintenant dans un monde nouveau et face à une problématique nouvelle.

La discipline et l'organisation se sauraient en effet être les mêmes dans un corps d'infanterie et dans un avion ou tout autre corps techniquement avancé.

N'importe quel sous-officier connaît le maniement du fusil et peut l'expliquer aux soldats en leur disant ce qu'ils doivent faire et en donnant des directives générales. En revanche, même un officier supérieur se trouverait incompétent devant un simple soldat spécialiste en train de manier une mécanique ultra-moderne. Peu à peu, le progrès technique exige un remplacement de la hiérarchie par la coopération, de l'autorité par la camaraderie. Et permettez-moi, en tant que sociologue, de dire aux camarades trotskystes qui ont parlé hier et avant-hier qu'il y a une certaine naïveté à affirmer que les partis sociaux-démocrates et communistes se sont bureaucratisés mais qu'ils parviendront, eux, à créer un véritable parti hiérarchique, centralisé et révolutionnaire. Il est probable et même certain qu'à l'origine les socialistes allemands ou les bolcheviks russes étaient animés pour le moins d'intentions aussi bonnes et d'un esprit socialiste aussi sincère que le sont ces camarades aujourd'hui. La bureaucratisation et l'intégration à la société existante ne sont pas le simple résultat d'une trahison ou d'une mauvaise volonté — bien que celles-ci aient souvent existé — mais bien plutôt d'un processus structural auquel le parti trotskyste n'échapperait certainement pas lui-même s'il devenait un parti de masse et se trouvait dans une situation analogue.

Cela dit, reste pour l'instant le problème le plus fondamental et sans doute le plus difficile : celui des formes d'organisation d'un mouvement réellement socialiste dans les sociétés industrielles contemporaines.

Il est évident pour nous tous que, sur ce plan, aucun programme réaliste et valable n'a surgi en Occident au cours des dernières années et que cela constitue la faiblesse la plus importante de la gauche européenne. Au fond si, entre 1916 et 1925, Lénine, Lukács et Gramsci redécouvrent indépendamment l'un de l'autre la pensée dialectique et la nécessité de fonder la compréhension de la société et l'action socialiste sur des forces internes aux sociétés qu'ils combattent, leur analyse reste au niveau philosophique ; si, après la Seconde Guerre mondiale, les socialistes yougoslaves, Trentin et Foa en Italie et, plus tard, Mallet en France découvrent cette force sociale interne, en train de naître avec la seconde révolution industrielle, dans la nouvelle classe ouvrière et son programme dans le concept d'autogestion, tout ce qu'ils peuvent affirmer sur le plan organisationnel c'est la probabilité — qui ne cesse de se confirmer — de l'augmentation de la fonction politique des syndicats et des organes d'autogestion par rapport à celle des partis. Reste toujours dans les sociétés capitalistes avancées le problème des formes nouvelles d'organisation capables d'unir la démocratie et la liberté internes avec l'efficacité dans la lutte contre les classes dominantes.

Vous pensez bien que je n'ai sur ce point aucune recette à vous présenter. Néanmoins je voudrais mentionner que j'ai lu un jour dans un ouvrage de Trotsky une remarque qui m'a paru hautement intéressante : l'auteur se demandait pourquoi le prolétariat avait besoin dans sa lutte d'organisations centralisées et disciplinées alors que la bourgeoisie avait réussi sa Révolution en France avec l'organisation beaucoup plus lâche et décentralisée des Clubs et des Sections ; et il répondait — à juste titre, me semble-t-il — que la bourgeoisie ayant déjà le pouvoir économique et social avait acquis les cadres mentaux, la conscience de classe qui orientaient spontanément son action dans un sens révolutionnaire. Il y a en effet, entre spontanéité et discipline, une relation dialectique qui rend la seconde d'autant moins nécessaire que la première est plus développée.

A la base des positions des anciens marxistes, de Kautsky à Lénine et de Bebel à Staline, il y avait l'intuition — et souvent la conviction — de l'absence de toute spontanéité révolutionnaire de la classe ouvrière, absence à laquelle devait suppléer précisément l'organisation hiérarchique et disciplinée. Mais si — comme je viens de le dire — la nouvelle classe ouvrière arrive, par son action, à conquérir des positions de contrôle de la production à l'intérieur même de la société capitaliste, elle se trouvera dans une situation analogue à celle de la bourgeoisie d'avant 1789. L'exercice de ces fonctions économiques et sociales entraînera une formation psychique et intellectuelle suffisante pour permettre d'augmenter considérablement la spontanéité et la démocratie dans les organisations à venir, que les théoriciens devront découvrir à partir de l'expérience historique future comme leurs prédécesseurs ont découvert jadis les syndicats en Occident ou les soviets en Russie.

Les formes futures d'organisation devront sans doute — pour être fonctionnelles et efficaces — se débarrasser de tout ce que l'enthousiasme et le radicalisme des étudiants de 1968 avaient d'intempestif, d'irresponsable et d'exagéré. Il n'en reste pas moins que leur refus de la hiérarchie et de la discipline bureaucratique — ces deux caractéristiques du mouvement ouvrier des dernières décennies —, leur exigence profonde de liberté et de démocratie contenaient en germe, et sous une forme sans doute anticipatrice, une profonde et puissante intuition du monde moderne en train de naître et des formes que prendront probablement les valeurs humanistes, l'organisation de la lutte pour le socialisme et les structures du pouvoir et que, par cela même, les étudiants de mai 1968 étaient en avance sur la conscience bureaucratique des défenseurs des structures antérieures, devenues oppressives et en train d'être dépassées par l'Histoire.

TABLE

Genèse et structure.	17
Critique et dogmatisme dans la création littéraire.	31
La sociologie de la littérature : statut et problèmes de méthode.	54
Le sujet de la création culturelle.	94
Conscience réelle et conscience possible, conscience adéquate et fausse conscience.	121
Philosophie et sociologie dans l'œuvre du jeune Marx.	130
L'idéologie allemande et les Thèses sur Feuerbach.	151
Économie et sociologie : à propos du Traité d'économie politique *d'Oscar Lange.*	197
Pour une approche marxiste des études sur le marxisme.	220
L'esthétique du jeune Lukács.	227
Jean-Paul Sartre : Question de méthode.	242
Réflexions sur la pensée de Herbert Marcuse.	259
Socialisme et humanisme.	288
De la rigueur et de l'imagination dans la pensée socialiste.	312
Pouvoir et humanisme.	327

DU MÊME AUTEUR

nrf

LE DIEU CACHÉ
RECHERCHES DIALECTIQUES
POUR UNE SOCIOLOGIE DU ROMAN
INTRODUCTION A LA PHILOSOPHIE DE KANT

Aux Presses Universitaires de France

CORRESPONDANCE DE MARTIN DE BARCOS, ABBÉ DE SAINT-CYRAN

Aux Éditions de l'Arche

RACINE

Aux Éditions Gonthier

SCIENCES HUMAINES ET PHILOSOPHIE *(Collection Médiations)*

OUVRAGES PARUS

1. Albert Camus — *Le mythe de Sisyphe.*
2. Jean-Paul Sartre — *Réflexions sur la question juive.*
3. Sigmund Freud — *Trois essais sur la théorie de la sexualité.*
4. Werner Heisenberg — *La Nature dans la physique contemporaine.*
5. Jean Rostand — *L'homme.*
6. Isaiah Berlin — *Karl Marx.*
7. Roderic Dunkerley — *Le Christ.*
8. Alain — *Propos sur le bonheur.*
9. Paul Valéry — *Regards sur le monde actuel.*
10. Simone Weil — *L'enracinement.*
11. Arnold J. Toynbee — *Guerre et civilisation.*
12. Max Brod — *Franz Kafka.*
13. Alain — *Éléments de philosophie.*
14. Emmanuel Mounier — *Introduction aux existentialismes.*
15. Lincoln Barnett — *Einstein et l'univers.*
16. Jean Wahl — *Tableau de la philosophie française.*
17. Bertrand Russell — *Ma conception du monde.*
18. Pierre Mendès France — *La République moderne.*
19. Raymond Aron — *Dix-huit leçons sur la société industrielle.*
20. Jean Fourastié — *Le grand espoir du XXe siècle.*
21. Simone de Beauvoir — *Pour une morale de l'ambiguïté,* suivi de *Pyrrhus et Cinéas.*
22. Anansa K. Coomaraswamy — *Hindouisme et bouddhisme.*
23. André Breton — *Manifestes du surréalisme.*
24. Roger Caillois — *L'homme et le sacré.*

25.	Sœren Kierkegaard	*Traité du désespoir.*
26.	Pierre Naville	*La psychologie du comportement.*
27.	Nicolas Berdiaev	*Les sources et le sens du communisme russe.*
28.	Hegel	*Principes de la philosophie du droit.*
29.	Paul Claudel	*Réflexions sur la poésie.*
30.	J. R. Oppenheimer	*La science et le bon sens.*
31.	Jean-Paul Sartre	*Baudelaire.*
32.	Mircea Eliade	*Aspects du mythe.*
33.	Jean Vilar	*De la tradition théâtrale.*
34.	Maurice Nadeau	*Le roman français depuis la guerre.*
35.	Herbert Marcuse	*Le marxisme soviétique.*
36.	Albert Camus	*L'homme révolté.*
37.	Alain	*Système des beaux-arts.*
38.	Henry Corbin	*Histoire de la philosophie islamique.*
39.	Gordon Childe	*De la préhistoire à l'histoire.*
40.	Etiemble	*Parlez-vous franglais ?*
41.	Karl Marx	*Œuvres choisies, tome I.*
42.	Nathalie Sarraute	*L'ère du soupçon.*
43.	Albert Soboul	*La Révolution française, tome I.*
44.	Maurice Duverger	*Introduction à la politique.*
45.	Alain Robbe-Grillet	*Pour un nouveau roman.*
46.	Albert Soboul	*La Révolution française, tome II.*
47.	Raymond Aron	*La lutte de classes.*
48.	André Gide	*Dostoïevski.*
49.	Marc Paillet	*Gauche, année zéro.*
50.	Nietzsche	*Le gai savoir.*
51.	Georges Friedmann	*Le travail en miettes.*
52.	Simone Weil	*La condition ouvrière.*
53.	Etiemble	*Connaissons-nous la Chine ?*
54.	Paul Valéry	*Introduction à la méthode de Léonard de Vinci.*
55.	A. de Tocqueville	*L'ancien régime et la révolution.*
56.	Léon Trotsky	*La révolution permanente.*
57.	Georges Magnane	*Sociologie du sport.*
58.	Jean-Paul Sartre	*Qu'est-ce que la littérature ?*

59. Jean Ziégler — *Sociologie de la nouvelle Afrique.*
60. Wolfgang Köhler — *Psychologie de la forme.*
61. Michel Butor — *Essais sur les modernes.*
62. Spinoza — *L'éthique.*
63. C. Northcote Parkinson — *L'évolution de la pensée politique,* tome I.
64. Jean Rostand — *Esquisse d'une histoire de la biologie.*
65. Robert Joly — *Hippocrate.*
66. Georges Duveau — *1848.*
67. Aurel David — *La cybernétique et l'humain.*
68. Miguel de Unamuno — *Le sentiment tragique de la vie.*
69. C. Northcote Parkinson — *L'évolution de la pensée politique,* tome II.
70. Raymond Queneau — *Bâtons, chiffres et lettres.*
71. Carlo M. Cipolla — *Histoire économique de la population mondiale.*
72. Maurice Bertrand — *Pour une doctrine militaire française.*
73. Gaston Bachelard — *La psychanalyse du feu.*
74. Georges Friedmann — *Fin du peuple juif ?*
75. M. Merleau-Ponty — *Éloge de la philosophie.*
76. Mircea Eliade — *Le sacré et le profane.*
77. Arthur March — *La physique moderne et ses théories.*
78. Pierre Massé — *Le plan ou l'anti-hasard.*
79. Gaston Defferre — *Un nouvel horizon.*
80. Jean Lecerf — *Histoire de l'unité européenne.*
81. Marcel Proust — *Contre Sainte-Beuve.*
82. Alain — *Spinoza.*
83. Alban G. Widgery — *Les grandes doctrines de l'histoire.*
84. Sœren Kierkegaard — *Le journal du séducteur.*
85. François Châtelet — *Platon.*
86. André Cœuroy — *Wagner et l'esprit romantique.*
87. F. J. J. Buytendijk — *L'homme et l'animal.*
88. Raymond Aron — *Démocratie et totalitarisme.*
89. Daniel Guérin — *L'anarchisme.*
90. J.-J. Rousseau — *Discours sur l'origine et les fondements de l'inégalité.*

91.	Alfred Métraux	*L'île de Pâques.*
92.	Jacques Madaule	*Histoire de France*, tome I.
93.	Lucien Goldmann	*Pour une sociologie du roman.*
94.	E. M. Cioran	*Précis de décomposition.*
95.	Albert Ollivier	*La Commune.*
96.	Jean Fourastié	*Les conditions de l'esprit scientifique.*
97.	Joël Carmichael	*Histoire de la Révolution russe.*
98.	Jacques Madaule	*Histoire de France*, tome II.
99.	Henri Lefebvre	*Le langage et la société.*
100.	Paul Valéry	*L'idée fixe.*
101.	Jean-Paul Sartre	*L'imaginaire.*
102.	Abram Kardiner et Edward Preble	*Introduction à l'ethnologie.*
103.	Helmut Schelsky	*Sociologie de la sexualité.*
104.	Geneviève Serreau	*Histoire du « nouveau théâtre ».*
105.	Thure von Uexküll	*La médecine psychosomatique.*
106.		*Kierkegaard vivant.*
107.	Eugène Ionesco	*Notes et contre-notes.*
108.	Jacques Madaule	*Histoire de France*, tome III.
109.	Karl Marx	*Œuvres choisies*, tome II.
110.	Henri Fluchère	*Shakespeare.*
111.	Jean Rostand	*Maternité et biologie.*
112.	Etiemble	*Confucius.*
113.	Nietzsche	*La généalogie de la morale.*
114.	Antonin Artaud	*Le théâtre et son double.*
115.	Jean Duvignaud	*Introduction à la sociologie.*
116.	M.-A. Burnier	*Les existentialistes et la politique.*
117.	Jean Cazeneuve	*Bonheur et civilisation.*
118.	Edgar Faure	*Prévoir le présent.*
119.	Gabriel Marcel	*Essai de philosophie concrète.*
120.	Gilbert Lely	*Sade.*
121.	Michel Carrouges	*André Breton et les données fondamentales du surréalisme.*
122.	André Chandernagor	*Un Parlement, pour quoi faire ?*

123.	Robert Lafont	*La révolution régionaliste.*
124.	Richard Popkin	*Les assassins de Kennedy.*
125.	Roger Caillois	*Les jeux et les hommes.*
126.	Jérôme Peignot	*De l'écriture à la typographie.*
127.	Jean Servier	*Histoire de l'utopie.*
128.	Georges Bataille	*La littérature et le mal.*
129.	Ludwig Marcuse	*La philosophie américaine.*
130.	José Ortega Y Gasset	*La révolte des masses.*
131.	Georges Friedmann	*Où va le travail humain ?*
132.	Gregorio Marañon	*Don Juan et le donjuanisme.*
133.	Montaigne	*Apologie de Raimond Sebond.*
134.	Jean Grenier	*Essai sur l'esprit d'orthodoxie.*
135.		*La médecine contemporaine.*
136.	Jean Giraudoux	*Littérature.*
137.		*Science et synthèse.*
138.	Sigmund Freud	*Moïse et le monothéisme.*
139.	Proudhon	*Œuvres choisies.*
140.	Jean-Paul Sartre	*Questions de méthode.*
141.	Lénine	*Cahiers sur la dialectique de Hegel.*
142.	Lucien Bianco	*Les origines de la révolution chinoise.*
143.	Paul Bénichou	*Morales du grand siècle.*
144.	Denis de Rougemont	*Les mythes de l'amour.*
145.	Ezra Pound	*A. B. C. de la lecture.*
146.	Lucien Goldmann	*Introduction à la philosophie de Kant.*
147.		*Tribunal Russell.*
148.	Christopher Layton	*L'Europe et les investissements américains.*
149.	R. S. et W. S. Churchill	*Victoire dans le désert.*
150.	Platon	*Apologie de Socrate, Criton, Phédon.*
151.	Emmanuel Berl	*Nasser tel qu'on le loue.*
152.	Simone de Beauvoir	*Le deuxième sexe,* tome I.
153.	Simone de Beauvoir	*Le deuxième sexe,* tome II.
154.	Sigmund Freud	*Métapsychologie.*
155.	Maurice Blanchot	*L'espace littéraire.*
156.	Henri Laborit	*Biologie et structure.*
157.	Gaëtan Picon	*Lecture de Proust.*
158.	Yves Battistini	*Trois présocratiques.*
159.	Saint-Just	*Œuvres choisies.*

160.	Alain	*Études.*
161.	Claude Roy	*Défense de la littérature.*
162.	Henri Lefebvre	*La vie quotidienne dans le monde moderne.*
163.	Gustave Cohen	*La grande clarté du Moyen Age.*
164.		*Tribunal Russell II.*
165.	James Baldwin	*La prochaine fois, le feu.*
166.	Sylvain Zegel	*Les idées de mai.*
167.	M. Davranche et G. Fouchard	*Enquête sur la jeunesse.*
168.	A. de Tocqueville	*De la démocratie en Amérique.*
169.	Sigmund Freud	*Ma vie et la psychanalyse.*
170.	J.-M. Font et J.-C. Quiniou	*Les ordinateurs mythes et réalités.*
171.	Roger Garaudy	*Pour un modèle français du socialisme.*
172.	U. Bergmann, R. Dutschke, W. Lefèvre et B. Rabehl	*La révolte des étudiants allemands.*
173.	Paul Hazard	*La crise de la conscience européenne, tome I.*
174.	Paul Hazard	*La crise de la conscience européenne, tome II.*
175.	Raymond Aron	*L'opium des intellectuels.*
176.	Charles Péguy	*Notre jeunesse.*
177.	René Guénon	*La crise du monde moderne.*
178.	Alain	*Mars ou la guerre jugée.*
179.	Lao-tseu	*Tao tö king.*
180.	A. Sakharov	*La liberté intellectuelle en U.R.S.S. et la coexistence.*
181.	Albert Memmi	*Portrait d'un juif.*
182.	Marcel Jouhandeau	*Algèbre des valeurs morales.*
183.	Paul Valéry	*Monsieur Teste.*
184.	Marc Ferro	*La Grande Guerre 1914-1918.*
185.	Sigmund Freud	*Le rêve et son interprétation.*
186.	Jean Lecerf	*L'or et les monnaies.*
187.	Georges Bernanos	*Français, si vous saviez.*

188.	Michel Butor	*Essais sur le roman.*
189.	Brassaï	*Conversations avec Picasso.*
190.	Paul Claudel	*Mémoires improvisés.*
191.	Mircea Eliade	*Le mythe de l'éternel retour.*
192.	Jean Ziégler	*Sociologie et contestation.*
193.	Sœren Kierkegaard	*Le concept de l'angoisse.*
194.	Oswald Spengler	*L'homme et la technique.*
195.	L. Leprince-Ringuet	*Des atomes et des hommes.*
196.	Nietzsche	*La naissance de la philosophie à l'époque de la tragédie grecque.*
197.	S. Kierkegaard	*Riens philosophiques.*
198.	Sigmund Freud	*Le mot d'esprit et ses rapports avec l'inconscient.*
199.	Emmanuel Berl	*Europe et Asie.*
200.	Gandhi	*Tous les hommes sont frères.*
201.	Hegel	*Morceaux choisis*, tome I.
202.	Hegel	*Morceaux choisis*, tome II.
203.	Descartes	*Les passions de l'âme.*
204.	Roger Garaudy	*Le grand tournant du socialisme.*
205.	André Breton	*Les pas perdus.*
206.	François Perroux	*Aliénation et société industrielle.*
207.	Jean-Marie Benoist	*Marx est mort.*
208.	Albert Camus	*L'envers et l'endroit.*
209.	Raymond Aron	*Marxismes imaginaires.*
210.	Nietzsche	*La naissance de la tragédie.*
211.	Montesquieu	*De l'esprit des lois.*
212.	A. Mitscherlich	*L'idée de paix et l'agressivité humaine.*
213.	André Breton	*Point du jour.*
214.	Jean Cazeneuve	*Les pouvoirs de la télévision.*
215.	Marcel Proust	*Pastiches et mélanges.*
216.	Henri Lefebvre	*La révolution urbaine.*
217.	Henri Lefebvre	*Le manifeste différentialiste.*
218.	Maurice Nadeau	*Le roman français depuis la guerre.*
219.	Hegel	*Leçons sur l'histoire de la philosophie*, tome I.
220.	Hegel	*Leçons sur l'histoire de la philosophie*, tome II.
221.	Marquis de Sade	*Journal inédit.*

222. Jean Perrin — *Les atomes.*
223. André Breton — *Les vases communicants.*
224. René Guénon — *Le règne de la quantité et les signes des temps.*
225. Georg Lukács — *Soljenitsyne.*
226. Jean Paulhan — *Les incertitudes du langage.*

ACHEVÉ D'IMPRIMER LE
5 DÉCEMBRE 1970 SUR LES
PRESSES DE L'IMPRIMERIE
BUSSIÈRE, SAINT-AMAND (CHER)

— N° d'édit. 15498. — N° d'imp. 1433. —
Dépôt légal : 4ᵉ trimestre 1970.
Imprimé en France